2 西安半坡遗址

1 河姆渡文化稻谷堆积遗存

4 陕西秦始皇陵兵马俑

3 三星堆遗址出土的
青铜面具

5 嘉峪关魏晋墓壁画中的进食图

6 北魏木板漆画

7　山西五台山佛光寺大殿

9　陕西法门寺地宫出土的秘瓷

8　敦煌莫高窟壁画中的住宅

10　[宋]张择端《清明上河图》（局部）

11　宋画《村童闹学图》

12　《圆明园图咏》中的"方壶胜境"和"武陵春色"

13 林则徐

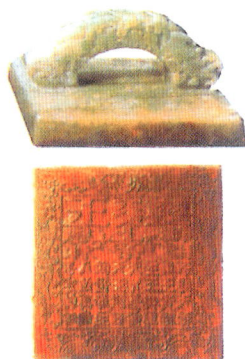

14 太平天国天王玉玺

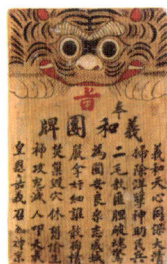

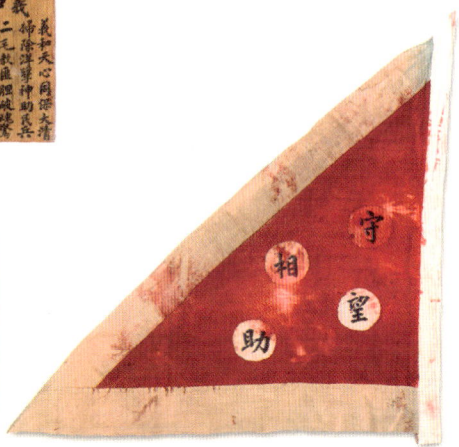

15 义和团团牌、团旗

16 孙中山像

17 《青年杂志》创刊号

18 中国共产党第一次
全国代表大会会址

19　长征途中红军强夺泸定桥

20　宛平城顺治门

22　中华人民共和国开国大典

21　中国人民解放军占领南京

24　许海峰在第 23 届奥运会上
为祖国夺得第一块金牌

23　中英香港政权交接仪式

中等职业学校课本

中 国 历 史

（全一册）

全国中等职业学校历史教材编写组　编著

人民教育出版社

图书在版编目（CIP）数据

中等职业学校中国历史：全一册/全国中等职业学校历史教材编写组编著. —2版. —北京：人民教育出版社，2005.6（2022.8重印）
ISBN 978-7-107-18720-9

Ⅰ. ①中… Ⅱ. ①全… Ⅲ. ①中国史课—中等专业学校—教材 Ⅳ. ①G634.531

中国版本图书馆CIP数据核字（2012）第028400号

中等职业学校课本 中国历史 全一册

出版发行 人民教育出版社
（北京市海淀区中关村南大街17号院1号楼 邮编：100081）
网 址 http://www.pep.com.cn
经 销 全国新华书店
印 刷 人民教育出版社印刷厂有限公司
版 次 2005年6月第2版
印 次 2022年8月第39次印刷
开 本 787毫米×1092毫米 1/16
印 张 17.75
插 页 2
字 数 300千字
定 价 25.00元
审图号：GS（2017）908号

前　言

为了适应我国职业教育的发展，提高中等职业学校的教学质量，我们委托人民教育出版社在调查中等职业学校文化课教学情况，听取对现行文化课教材使用意见的基础上，拟订各科教材的编写方案，重新编辑出版了这套中等职业学校文化课教材。

新编教材力求贯彻中等职业学校的培养目标，适合中等职业学校的教学实际，努力提高中等职业学校学生的文化素养，为进一步学习和工作打下良好的基础。新编教材由教材专业编辑和教学第一线人员合作，并得到了有关省市教委和学校的大力支持。

这套教材（包括课本和教学参考书）2001 年出版了第 1 版。本次经过大修订，为第 2 版。希望各地在使用教材过程中提出宝贵意见，以便进一步修改和完善。

教育部职业技术教育司

2005 年 6 月

说　明

　　中等职业学校历史教科书分为《中国历史》和《世界历史》各一册。由于各种职业对历史课的要求不同，各地职业学校对历史课时的安排也不尽一致。这两册教材为适应多种职业教育的要求，共安排了101个课时的内容。其中本书安排61课时，用一个学期学完。历史课时多的学校，教师根据实际情况或需要，可以补充一些内容。历史课时少的学校，可以对课本的内容进行精简或选讲。

　　由于中等职业学校的学生在初中阶段学过《中国历史》，为尽量避免与初中历史内容重复，本书对政治、经济部分只作一般概述，着重讲述我国优秀的传统文化，包括科学技术、哲学、宗教、文学艺术、教育和体育等，使学生对我国悠久的文化有一个基本的了解，提高学生自身的文化素质。

　　本书采用大小字方式编排，具有较大弹性。大字用宋体编排，是教学的基本内容；小字用楷体编排，是基本内容的补充、展开或延伸，主要供学生阅读。

　　参加本书编写的人员有：

　　臧嵘（中国古代史第一章、第二章）、余桂元（中国古代史第三章、第四章）、史明迅（中国古代史第五章、第六章）、马执斌（中国近代史第一章、第二章、第三章）、李伟科（中国近代史第四章、中国现代史第一章、第二章、第三章、第四章、第五章）、李隆庚（中国近代史第五章、第六章、第七章、第八章）。

　　审订：王宏志

　　主编：史明迅

　　责任编辑：余桂元　马曙慧

　　地图编绘：中国地图出版社教材出版分社

　　2022年，对书中部分图片进行了更新。

　　编写适合中等职业学校特点的高质量的历史教科书，是我们努力追求的目标。本书编写过程中，曾得到天津、湖北、广西、四川等地有关学校和教师的大力支持和帮助，我们在此表示谢意。对于本书存在的缺点和不足，诚恳希望广大教师和学生提出宝贵意见，以便作进一步修改，使教材日臻完善。

全国中等职业学校历史教材编写组

2022年8月

目 录

中国古代史

中国近代史

中国现代史

中国古代史

第一章 先秦时期社会概况和文化

先秦，这里是指我国自有人类居住直到秦统一以前的漫长历史时期。距今二三百万年前，地球上出现了人类；我国现存已知最早人类遗址和化石，距今一百七十多万年。当非洲的埃及开始进入文明社会的时候，我国正处于绚丽的彩陶文化时代，古老的炎黄文明也已经崭露头角。古埃及、古巴比伦、古印度文明互相竞进的时期，我国正经历文明勃兴的夏、商、周奴隶制王朝。而当希腊、罗马城邦国家繁荣之时，我国恰好也处于春秋战国诸子百家的文化昌盛时代。东西方文明交相辉映，地中海和中国，逐渐形成世界两大文明中心。

第一节 先秦时期社会概况

我国原始社会 我国是一个具有悠久文明的国家。我国的历史可以上溯到距今一百七八十万年前。在云南发现的元谋人，是现在已知祖国境内最早的远古居民。此外，我国辽阔的土地上，到处都有原始社会早期的人类化石和文化遗物。北起辽宁，南至云南，西至陕西、西藏，东到安徽、台湾，都可以找寻到我国远古祖先的踪迹。其中以距今约七十万至二十万年前居住在北京西南周口店的"北京人"，最为世界闻名。北京人的遗址和头盖骨，最初发现于20世纪的20年代，到现在已经出土了六个比较完整的头盖骨和几万件的原始石器。大量的考古材料，把我国原始人类的生活情况，基本上记录下来了，证明他们已经会制造和使用较为粗糙的石制工具，会使用火，这是人类区别于其他动物的重要特征。他们的活动，揭开了我国历史的第一页。

大约距今三万年，在北京周口店龙骨山的山顶洞里，又生活着一种原始人类，我们把他们叫作"山顶洞人"。山顶洞人的体型基本上和现代人一样了，他们已经开始过着氏族公社的生活。我国的氏族社会经过了母系和父系氏族两个阶段。距今约七千年的浙江余姚的河姆渡文化和距今五六千年的陕西西安半坡文化，是母系氏族公社繁荣时期的典型。四千多年前山东大汶口文化中晚期，是父系氏族公社的典型。氏族公社时期，已经开始使用比较进步的磨制石器，有原始农业、原始畜牧业和原始手工业，有固定居住的房屋，生活有一定的保障。到氏族公社晚期，即父系氏族时期，开始出现了私有制和贫富分化，随之产生了阶级，原始公社制度不可避免地崩溃了。

河姆渡猪纹陶器

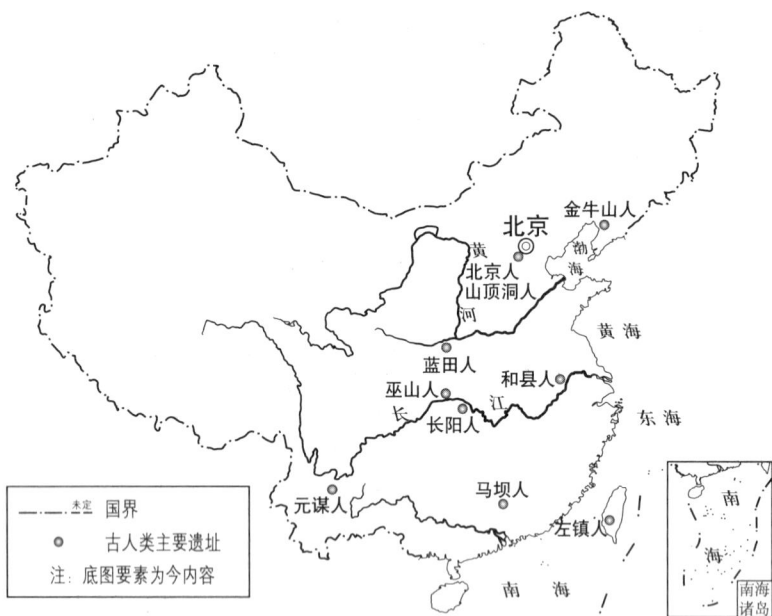

我国古人类主要遗址的分布图

　　在我国古文献中，有不少关于我国原始社会的神话和传说。黄帝，是我国古老传说里的华夏族祖先。他是四千多年前黄河流域一位部落联盟的首领，对我国文明作出过重要贡献。在他以后的尧、舜、禹，都是古代有名的部落联盟首领，他们有许多优秀的品德，被我国人民视为古代的圣贤。那时候，部落联盟实行推选贤者任联盟首领的制度，历史上称为"禅让"。大禹治水，是我国古代一项艰巨的工程，禹为此作出巨大的个人牺牲，为百姓谋福利，因此博得了后人深深的崇敬。

夏、商、周奴隶制王朝 我国的奴隶社会是从禹开始的，禹建立了历史上第一个王朝——夏朝。夏以后有商、周、春秋。这四个时期，构成我国奴隶社会全部历史，共经历了大约一千六百年。奴隶社会统治非常残酷，但它是比原始社会进步的一个社会阶段。我国奴隶社会的广大劳动者和发明家们，创造出灿烂的古代文明。

夏朝大约建立于公元前2070年，当时已经使用铜器，人们也逐渐懂得运用水利，掌握了原始的灌溉技术。夏朝奴隶制国家设置了军队，制定了刑法，修造了监狱，建筑了城墙。夏朝也有了剥削人民的贡赋制度。夏朝共统治了四百多年。夏朝最后一个王夏桀，是个著名的暴君。他生活奢侈荒淫，对人民进行暴虐的统治。夏桀自以为能像太阳一样永存，人民愤怒地诅咒他："时日曷丧，予与汝偕亡！"意思是，你这个可恨的太阳何时灭亡？我们宁愿与你同归于尽。居住在黄河下游的商部落，在汤的领导下，约公元前1600年乘机打败了夏桀，夏朝覆亡了。

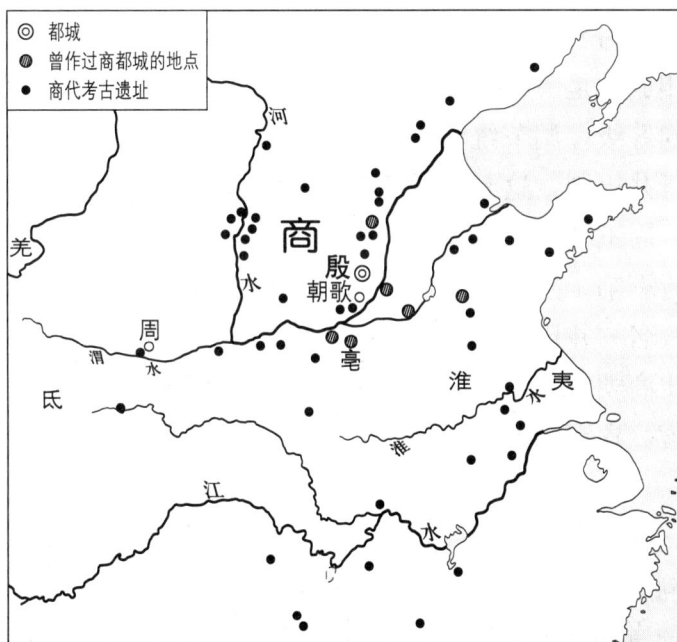

商统治区域图

亳	今河南郑州	殷	今河南安阳	周	今陕西岐山东北
淮夷	分布在今淮河流域	朝歌	今河南淇县		

商朝由汤在约公元前1600年建立，到公元前1046年灭亡，共存在五百多

年。商朝是一个强大的奴隶制国家。到约公元前 1300 年时，商王盘庚把都城迁到殷，因此，商朝又称"殷朝"。商朝社会经济有很大发展，农业由奴隶集体耕作，青铜冶炼等手工业水平很高。商朝有比较成熟的文化。甲骨文和青铜艺术，是商朝文明的象征。商朝是当时世界上的一个大国，势力最大的时候，东到大海，西达陕西西部，东北到辽宁，南至长江流域。周围地区尚有一些属国。

商朝的奴隶制统治十分残酷，奴隶主把成百上千的奴隶任意屠杀掉，作为"人牲"和"人殉"，祭祀祖先或作为陪葬。商朝最后一个王纣，也是历史上著名的暴君。他用炮烙等惨无人道的酷刑，镇压人民的反抗，对付那些反对他的人。泾水、渭水流域的周部落，逐渐发展起来。首领周武王顺应人民反抗的怒潮，起兵伐纣。公元前 1046 年，打败了商军，纣王自杀，商朝灭亡了。历史上把这一事件称为"武王伐纣"。

武王建立的周朝，都城在镐京①，历史上称为"西周"。西周是一个更为强盛的奴隶制国家。周王为了巩固自己的政权，把王族、功臣和其他贵族分封到各地做诸侯，这就是分封制。通过分封诸侯，周王朝发展了它的势力，扩大了影响，成为一个疆域空前广大的国家。与此同时，西周实行宗法制。宗法制与分封制相辅相成，是一种以血缘亲疏与嫡庶来确定继承关系与名分的制度，用来确定贵族的等级，调节统治阶级内部的矛盾。

周朝还实行井田制。这是一种奴隶社会的土地国有制。全国的一切土地都属于周王所有，周王把土地分赐给诸侯臣下，不许转让和买卖。奴隶主利用井田制对奴隶进行剥削。奴隶在广大的原野上从事艰苦劳动，原野上阡陌纵横，像井字形状，故名"井田"。

西周经济比商朝发展，农田水利和耕作技术都比以前进步，农民已懂得施肥和防治病虫害。青铜生产规模大，器具生活化。周朝的髹漆工艺广泛用于制车行业。

西周后期，奴隶主贵族日益腐朽。公元前 841 年，爆发了以平民为主的"国人暴动"。周王仓皇逃跑，政权由共伯和执掌，历史上称为"共和行政"。以后西周政局一直动荡不安，公元前 771 年，少数民族犬戎攻破西周都城镐京，西周结束了。

---

① 镐京，今陕西西安西。

春秋时期奴隶制的瓦解 公元前 770 年，周平王东迁洛邑①，历史上称为东周。东周又分为春秋和战国两个时期。春秋时期，从公元前 770 年开始，到公元前 476 年为止，是奴隶社会的最后一个阶段。这一时期，是我国历史上一个重大的变革时期。周王室东迁后，已经不再有力量统治天下，各诸侯间进行频繁的争霸战争，先后出现齐桓公、宋襄公、晋文公、秦穆公、楚庄王等霸主，史称"春秋五霸"。

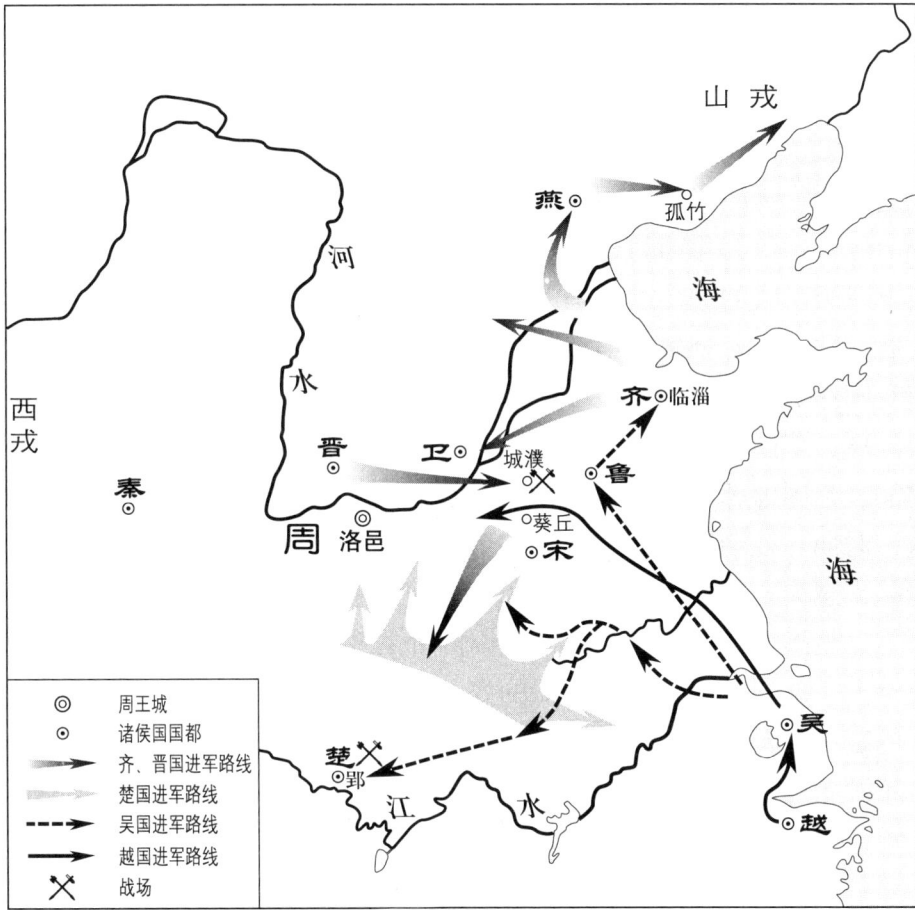

春秋形势图

周	今河南洛阳	晋	今山西翼城东南	齐	今山东淄博北	孤竹	今河北卢龙
宋	今河南商丘南	吴	今江苏苏州	秦	今陕西宝鸡东	葵丘	今河南兰考东
燕	今北京	鲁	今山东曲阜	楚	今湖北荆州西北	城濮	今山东鄄城西南
越	今浙江绍兴						

---

① 洛邑，今河南洛阳。

春秋时期，生产力有巨大发展，铁工具在农业和手工业部门普遍使用，也开始用牛耕地，农耕技术大大提高了。奴隶主贵族驱使奴隶开辟井田以外的荒地，据为己有，称作"私田"。私田产品不向国君交纳，数量越来越多，影响各诸侯国的收入。公元前594年，鲁国进行税制改革，规定不论公田、私田，都要向国家按照田亩的实数交税，历史上叫作"初税亩"。这一规定，实际上承认了私田主对土地的所有权。私田越多，就越影响公田，井田制逐渐瓦解了。奴隶主又逐渐改用一种新的封建剥削制度代替旧的奴隶制剥削制度。新兴地主的势力越来越大，也在政治上要求革新，奴隶制便慢慢趋向瓦解。春秋时期，在文化、思想、科学、技术等各方面，出现了新的飞跃，时代孕育出众多杰出的思想家、教育家、科学家和文学艺术家。

我国封建社会的开始——战国 战国时期是我国封建社会的开始，一般都把公元前475年作为我国封建社会开始的一年。从奴隶社会发展到封建社会，是历史上一个巨大的进步。战国时期，我国无论农业、手工业和商业，都有极大的发展。铁器在各个生产部门，得到更广泛的使用，铸铁柔化处理技术的应用，使我国在炼铁技术方面达到世界先进水平。战国时期，水利事业大大发展，都江堰、郑国渠等，都是当时著名的水利工程。商业和城市繁荣，出现了齐国临淄、赵国邯郸、魏国大梁等商业中心。各诸侯国总人口达到二千万。

这一时期，社会发生了根本性的变化。新兴地主阶级社会地位越来越高，权力也越来越大，他们要求完全取代旧的奴隶主阶级的统治，因此在政治上提倡革新，这就形成了战国时期各诸侯国内部的变法运动。所谓变法，实质上就是从政治上由新兴地主阶级取代旧的奴隶主阶级的统治。魏国李悝的变法，楚国吴起的变法和秦国商鞅的变法，是这些变法运动中最有名的几次，而以公元前356年开始的商鞅在秦国的变法，取得的社会效果最大。商鞅变法废除了井田制，承认土地私有，从法律上保证了封建土地所有制的发展。商鞅还通过奖励军功，取消奴隶主贵族世袭特权等措施，提高新兴地主阶级的政治地位。商鞅变法后不久，秦国成为战国时期最强盛的国家。通过各国变法，新的封建制度确立起来。

战国时期，各诸侯国战争更加频繁。许多小诸侯国逐步被大诸侯国吞并，余下的诸侯国已经不多了，其中最强的有七个国家，即齐、楚、燕、韩、赵、魏、秦七国，历史上称为"战国七雄"。七国继续进行兼并战争。从西方崛起的秦，从公元前230年到公元前221年，通过战争，依次灭掉了东方的韩、赵、魏、楚、燕、齐六国，统一了全国。战国时代结束了。

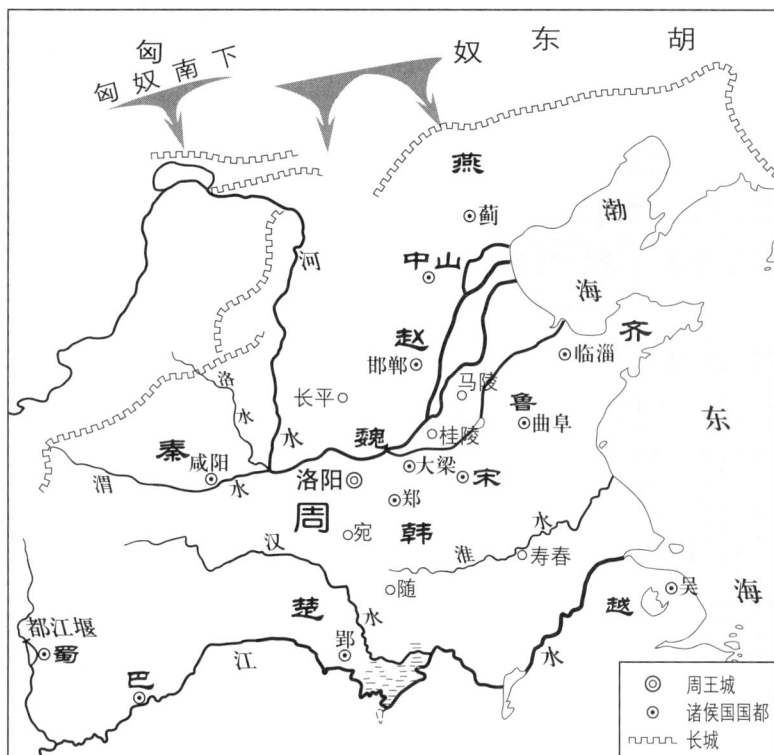

战国兼并形势图

临淄	今山东淄博北	邯郸	今河北邯郸	蓟	今北京
咸阳	今陕西咸阳东北	长平	今山西高平北	郢	今湖北荆州
桂陵	今河南长垣北	大梁	今河南开封	郑	今河南新郑
马陵	今河南范县西南①	寿春	今安徽寿县		

第二节 中国文化的起源

原始文化艺术和宗教信仰 中国最早的文化艺术可以追溯到距今约三万年。在山顶洞人的遗址里，出土了一批穿孔的兽牙、海蚶壳、石珠和小砾石等。据考古学家研究，这是当时人们佩戴的装饰品，穿孔是为了系带，然后套在脖子上。这些穿孔石珠、兽牙等，有的呈现微绿色，有的染上赤铁矿的红色，五颜六色，相映成趣，表明我国的原始居民，已经有了审美的观念。这是我国最早的艺术品。

到距今约七千年的河姆渡文化时代，我国先民艺术美感进一步萌发。河姆

---

① 马陵，一说在今山东郯城马陵山。

渡多姿多彩的陶器上，装饰着大量弧线、圆圈线、波曲线，对称、整齐、匀称。河姆渡人已懂得用玉璜、玉玦①和淡绿的莹石装扮自己。河姆渡玉器的出土，表明我国使用玉的历史相当悠久。玉器工艺，后来有很大发展。距今四五千年的浙江良渚文化遗址，有大量玉器出土。一座墓葬出土玉璧、玉琮56件，玉琮外方内圆，外表饰有兽面纹、鸟纹，还有浮雕式的花纹，工艺精美。此外，红山文化遗址中，还出现了多件原始居民雕刻的玉鸟、玉龟、玉鱼，形象活泼可爱。

到半坡文化时期，我国原始文化艺术有了进一步发展。当时陶器上的彩绘图案，色彩鲜艳，独具风格，反映出五六千年前我们祖先的出色智慧。这些彩陶大多为生活用具，图案种类很多，取材广泛，有生活中常见的飞禽走兽、鱼虫花草，也有经过艺术提炼的几何花纹。有的彩陶盆，内壁上画有人面鱼纹，画面以人头为主，辅以鱼纹，眉眼口鼻安排恰当，比例适中，既反映了当时人食鱼的生活习惯，又把动物拟人化，画面简洁，图案对称，具有较高的艺术性。

半坡人面鱼纹陶盆

陶塑人体艺术，是我国原始美术的重要表现。距今约五千年的辽宁红山文化牛河梁遗址发现了一座"女神庙"，陶塑残块中有体型较大的主神，也有小型众神。有一尊完整的女性神像，大小与真人接近，面部美观柔和，颇具内蕴神态。这尊像体现了当时高超的陶塑艺术。值得注意的还有我国西藏和台湾地区的陶器文化。卡诺遗址是西藏新石器时代著名的文化遗址，出土有红、

红山文化玉器和女神像

①　璜是半璧形的玉，玦为半环形有缺口的玉。

黄、灰、黑四种颜色的原始陶器，都有刻画和彩绘的篮纹或菱形纹、涡纹等。台湾的新石器文化受到河姆渡文化的明显影响，其彩绘陶和黑皮陶与河姆渡、良渚文化风格类似。

我国音乐的起源也比较早，在河姆渡遗址出土的骨哨和陶埙（xūn），就是两种古老的吹奏乐器。陶埙为球形或橄榄形，中有吹孔。此外，在青海出土过原始社会时期的陶号，河南出土过陶钟。这些说明我国氏族公社时期，乐器的种类已经很多，为后来音乐的发达奠定了基础。

原始社会生产力低下，人们对于许多自然现象不可能有科学的解释，因此产生了迷信思想和宗教信仰。大汶口文化遗址众多的殉葬品，说明人们已有鬼神和灵魂的观念。对图腾的崇拜，是原始宗教信仰的另一种表现。图腾是英文Totem的译音，原为北美印第安人的语言，意为某一氏族的徽号或标志。图腾崇拜是相信人与某种自然界动物、植物或自然现象有特殊关系。图腾是神圣不可侵犯的，是氏族的祖先和保护神。西安半坡彩陶盆上所绘的人面鱼纹图案，就可能是一种以鱼为神灵的图腾。

龙、凤是中华文明的象征，也是炎黄子孙远古始祖的图腾。目前所知的我国最早的龙的艺术形象，是河南濮阳西水坡发现的一处原始社会古墓中的龙、虎蚌壳摆塑，被称为"华夏第一龙"，距今约六千年。此后又有辽宁丹东后洼的陶龙、红山文化的玉龙。在中原二里头文化中也发现过龙纹陶器残片。以后在商周青铜器中，夔龙纹已成为常见的装饰。就这样，中国成了龙的故乡，中华民族称为"龙的传人"。凤也是中华古老的吉祥图像，早在大汶口文化、红山文化、河姆渡文化中都有凤鸟的图腾形象。龙、凤图腾和艺术形象的演化发展，象征着中华各民族融合的过程。

原始社会后期，人们已相信占卜。在山东、河南、陕西一些地区出土过这一时期的动物卜骨，说明当时人们已开始认为占卜可以预测吉凶祸福。这为后来商代甲骨文的出现创造了条件。

我国文字的起源　我国文字究竟始于何时？以前都认为最早的文字是商代的甲骨文。最新考古成果证明，我国文字的起源远远早于商代。6 000年前半坡遗址出土的彩陶器具上，已经出现了60种不同符号，可以认为这是我国文字的萌芽。山东出土的距今4 500年的大汶口文化遗址晚期陶器上，出现了更为复杂的象形符号。近年来在河南登封夏文化遗址的陶器上，发现了更为完备的真正意义上的文字。这样，我国文字的历史将提前数百年以至千年，可以确定我国文字起源在距今四千多年。

商代的甲骨文，已经形成了有严密结构的文字系统。所谓甲骨文，是指刻画或书写在兽骨或龟甲上的文字。当时的奴隶主贵族很迷信，凡重要大事都要询问上天的意旨，便利用占卜这种方式，来烧灼兽骨或龟甲，视火烧的裂纹来决定吉凶祸福，然后用刀刻或书写出占卜的结果。这些记录，内容十分广泛，从经济到政治，从祭祀、战争到生产、生活和社会意识、天文历法各个方面，几乎无所不包。甲骨文给我们提供了研究我国奴隶社会极为丰富的史料。甲骨文的大量发现，开始于1899年，地点在河南安阳小屯，历史上把这一地点叫作"殷墟"。现存甲骨十多万片，共整理出甲骨文单字四千五百个左右，目前能辨识的有一千五百字左右。从文字学角度说，甲骨文已是相当发达的文字，象形、会意、指事、形声、假借等，它都具备了。我国汉字的发展，到商代后期已经基本成熟。

商代甲骨文

到西周春秋时候，甲骨文发展成为金文。金文又称钟鼎文或铭文，是铸刻在青铜器上的文字。西周末年毛公鼎上铸的文字497字。我国文字的发展，金文以后，又经过大篆、小篆等几个阶段。春秋战国时期各国文字不统一。秦始皇统一六国后，在全国范围内统一标准字形，称为小篆。以后又有隶书、草书、楷书、行书等等。

黄帝的传说与中华文明　在我国古老的传说中，黄帝是中华民族共同的祖先。古书里有许多关于他和他的臣下创造发明的传说，写道：上古时，人们都穿树叶兽皮制成的衣裳。黄帝的妻子嫘（léi）祖教人们养蚕缫丝，制作衣裳；又有另外的大臣教人们制作冠冕鞋靴，从此人类有了全身的装束。古人受饮水限制，定居者靠河流，游牧者靠水草，直到黄帝发明了井，人们才利用人工凿井来饮水。古时候，人们不会造房子，住在洞穴和树巢里。黄帝教他们砍伐树木，筑作宫室，躲避风雨。传说黄帝还发明了舟、车、弓、箭，使人们行路、狩猎更加方便。他还命令部下仓颉编制文字，伶伦创作音乐，隶首造出算术和数字，大挠编成干支纪年法等等。上述民间神话传说，说明人们对黄帝这位祖先十分崇敬，以至把人间一切美好事物的发明，都归到他的名下。其实，任何一项发明，都是广大人民在劳动实践中逐渐发展形成的，不可能是一个人的功劳。黄帝，只是中华民族文明的象征。现在，陕西省黄陵县黄帝庙大殿的门额上，悬挂着"人文初祖"的匾额，便是说的这个意思。

黄帝陵

第三节　科学技术

我国早期历法和天文、数学成就　我国是世界上使用历法最早的国家之一。早在原始社会后期，就有历法。古书上说，尧时曾命天文学家羲和作出历法，教给人们按天时规律进行农事活动。到了夏代，历法有了进一步发展，明确划分出一年为 12 个月，还出现了《夏时》和《夏小正》这样的历书。夏朝有专门掌管天象四时的官职，负责记录天文现象。《左传》记述当时的一次日食情况说，当日食出现时，人们十分惊慌，鸣鼓相告，四处奔走。这是世界上最早的日食记录。到商朝时，历法有了进一步发展，已经开始使用阴阳合历，有闰月和大小月之分。纪日则用干支相配的方法，从甲子到癸亥，60 天为一周。在殷墟的甲骨文中有刻写完整的干支表。春秋时期，我国的天文历法有更大的成就。鲁国天文学家有许多关于恒星的观测记录，还观测到 37 次日食的现象，其中 30 次已为科学界证明可靠，这在古代世界是罕有其匹的。最可贵的是公元前 613 年，鲁国天文学家观测到一颗彗星扫过北斗。这是世界上关于哈雷彗星的最早记录。战国时期，我国已出现了观测星辰运动的专著。齐国的甘德和魏国的石申，在他们的天文著作中，精密地记录了 121 颗恒星的位置。他们测定的恒星记录，是世界上最古的恒星表。

夏、商、周时期，数学也有相当水平。殷墟出土的甲骨文中，最大的数目是三万。商代还能绘制比较复杂的几何图形。周朝时，数学已经发展成为一门独立的学科。在周王朝的贵族学校里，有一门"数"的课程，对学生进行专门的数学知识训练。现存的《周髀算经》，记载了西周初年周公旦和著名数学家商高的一段对话，涉及了勾股定理的内容，提到了"勾三股四弦五"的特例。按商高的说法，如果勾长为三，股长为四，弦长必定为五。这个定理，欧洲最早提出的是希腊人毕达哥拉斯。他生活在公元前6世纪，过去称为毕氏定理。从上述记载看，我国人民懂得勾股定理，比西方要早好几个世纪。

春秋时期，数学比西周更有发展，现今通行的九九乘法口诀，在那时已经出现。当时人还能够熟练掌握加减乘除四则运算的方法。《左传》记载，晋国有人问一位老人的年龄，这位老人用乘除法的演算方法，巧妙地答出了他的准确岁数。这一实例，反映了当时人们的数学水平。战国时期，我国数学也有较大进展。现存战国时人著的《考工记》一书，记载了许多角度的名称，对直角和大于或小于直角的角，都有一定的称呼。传说为墨子学生所写的《墨经》中，更出现了点、线、面、方、圆等几何概念。

筹算和十进位制，是我国古代人民在数学方面的一大创造。大约春秋战国以前，我国就出现筹算。这是一种用小竹木棍作为算筹进行数学计算的方法。十进位制的记数法，是我国古代劳动人民在筹算的基础上总结出来的一项极为出色的创造。公元7世纪，印度才有采用十进位制的明显证据，10世纪以后传到欧洲。英国科学史家李约瑟说："如果没有这种十进位制，就几乎不可能出现我们现在这个统一化的世界了。"可见，我国人民的这一创造对世界科学有多么大的贡献。

医药学的发展　先秦医药学有很大发展。商朝甲骨文中所见各种疾病记载达到39种，包括眼、耳、口腔、肠胃等各种病患。商代遗址中还出土了古人治病用的医疗用具石砭镰，可知当时已用针砭治疗方法。春秋战国之际的名医扁鹊，被后来医家奉为"脉学之宗"。他用望、闻、问、切四诊法诊断疾病，并从脉征中诊出病源、病状和疾病发展状况。四诊法后来一直为我国中医所

明朝人绘制的扁鹊神像

沿用。《内经》是战国时期开始编写的著名医书①，提出了病理学说，介绍了311种疾病和汤液、针灸、按摩等治疗方法，反映了我国早期医学的重要成就。后来，《内经》传到日本、朝鲜、阿拉伯、波斯等国。

商朝的青铜器

金属冶炼技术和工艺 我国是世界上较早使用青铜器的国家之一。大约在原始社会末期，即公元前二千年左右，就已进入青铜时代。夏朝时候，青铜用具的使用已经较为普遍。河南偃师二里头文化遗址，发掘出成批的锡铜合金的凿、锥、刀、钩和镞等青铜工具，以及爵、戈等青铜器皿和武器。商朝的青铜器，冶炼和制造技术，都已达到相当高的水平。著名的司母戊鼎②，典型地代表了高度发达的商代青铜文化。这件方鼎，重832.84千

司母戊鼎

克，通耳高133厘米，长110厘米，宽80厘米，形制雄伟，是我国现已出土的最大青铜器。经化学分析，司母戊鼎所含铜、锡、铅比例合理，符合古书上所说的"六分其金而锡居一"的传统比例。铸造这样的巨型铜器，技术非常复杂，需要二三百人的密切协作，才能制成，充分反映了当时我国青铜冶炼和铸造的高度技术水平。代表高超工艺水平的，还有商代另一件称为禾大方鼎的青铜器。这是一件中型方鼎，造型庄重，鼎腹四壁的纹饰是四个大的人面，双目凝视，比例匀称，神态严肃，给人一种端庄肃穆的感觉。四川省广汉市三星堆

①　《内经》最后成书在西汉时期。

②　司母戊鼎，有学者认为应释读为后母戊鼎。

遗址出土的商朝时候的青铜器，风格独特，造型夸张，堪称震惊天下的艺术珍品。

西周春秋时期，我国青铜手工业有了更大发展。湖北大冶铜绿山发现的春秋时期大型矿井，有六座炼铜竖炉，设有通风沟、炉缸、鼓风口等科学装置，反映了此时铜矿采掘和冶炼技术的高度水平。西周春秋的青铜器，形制和雕镂艺术方面，都比前代更为精美。春秋晚期的莲鹤方壶，器形壮丽，以蟠龙作主纹，两耳配以雄健华美的怪兽，四角攀缘有翼的飞龙，足下伏有咋舌双龙，壶顶莲瓣中还有展翅欲飞的立鹤。把一组生动的动物图案，巧妙地结合在一件整体优美的器皿之上。

大方鼎的制作

我国从西周后期出现冶铁器具，到春秋战国时期，铁器在广泛的地区使用。春秋晚期，我国已掌握生铁铸造的技术，这是对人类进步的一大贡献。这项发明比国外早一千八百多年。春秋战国之交，我国又创造出铸铁柔化处理技术。这又是世界铸铁史上一大进步，比欧美早两千年以上。铁器的使用，标志着社会生产力有了显著提高。

第四节　哲学和教育

《周易》　　《周易》是周代形成的一部哲学著作，原为古人卜卦用的书。古人用蓍草茎若干根，排成各种组合，称为卦，以此判断事情的吉凶。《周易》讲述了许多阴阳矛盾的关系，反映了古人的朴素辩证法思想，对以后我国哲学的发展有很大启发。《周易》中的某些观点，如"天行健，君子以自强不息""君子终日乾乾，夕惕若"①　等，对形成中华民族精神和个人修养规范，有积极意义。《周易》后来被儒家尊崇为"经"，成为教育青少年必读的内容。《周

---

①　第一句意为：天道永远是健康向上的，要求君子不停地自强。第二句意为：君子应整天戒愁戒惧，晚上也要时刻警惕自己。

易》中有许多迷信唯心的内容，也被后代"神仙"方士所神化，演变成为骗人的方术，给后世以不良影响。

著名的古代哲学家老子 老子是我国早期的哲学家和思想家，道家学派的创始人。他生活在春秋晚期，曾任东周王朝掌管图书的官职，比孔子大约二十岁，史书上有孔子向老子问礼的记载。老子姓李名耳，又叫老聃（dān），楚国人，在东周任职；后来西出函谷关，客死秦国。

老子留下的著作主要有《道德经》，又称《老子》。老子对劳动人民的"饥"和"贫"深表同情，一针见血地指出，人民之所以饥饿，是因为统治者加在他

老子石像

们身上的赋税太多的缘故。他还认为"盗贼充斥"，是因为统治者对"财货"占有过多。社会不均，才有盗贼。这些都是老子政治思想的进步方面。但是，老子错误地设计出"小国寡民"，回到古代氏族社会的理想蓝图，认为社会达到"邻国相望，鸡犬之声相闻，民至老死不相往来"的状况，才是理想境地。

老子思想的精华部分，是他的辩证法哲学思想。他提出，各种事物都有对立面，对立的双方会互相转化。他说："祸兮，福之所倚；福兮，祸之所伏。"这一辩证思想，对人们总结经验教训，有很大的借鉴作用。老子的思想对后世有重要影响。西汉初年的"黄老无为"，魏晋时期的玄学，宋朝理学家朱熹，明朝唯物主义思想家王夫之，都受到老子思想的深刻影响。

大思想家、大教育家孔子 孔子名丘，字仲尼，春秋末期鲁国人。他是我国历史上最有影响的大思想家和大教育家，儒家学派的创始人。其影响所及，甚至到整个东方，是一位对世界文化的发展有贡献的人物。

孔子年轻时当过管理仓库和牛羊的小官，后来聚徒讲学。五十多岁时离开鲁国，到宋、卫、蔡、齐、楚等国出游。他的政治主张得不到各国诸侯的重视。到晚年，孔子又回到鲁国，继续讲学，并编订古代文化典籍。公元前479年，孔子逝世，终年73岁。

孔子主张在政治上用"德治"和"仁政"，反对残杀。他说"善人为邦""胜残去杀"，用德政治国，远胜于残杀为主的统治。他主张使用民力要限在一

定的时间之内，不应影响他们正常的农业生产。孔子主张"爱人"，把被统治者也看作是人，"己所不欲，勿施于人"，不能伤害别人。他特别重视"礼"，要求人们严格遵守礼所规定的君臣父子、上下尊卑的社会秩序，做到臣子忠于君主，子女听从长辈，下级服从上级。

孔子是一位大教育家。他首先提出"有教无类"的口号，冲破了奴隶主贵族对教育的垄断，使平民百姓也可以接受教育。他是我国历史上首先创办私学的人。他广收门徒，据说他的学生达到3 000人，其中有较大成就的门徒有72人，被后人称为"七十二贤人"。

孔子（公元前551—前479），
春秋末期鲁国陬邑①人

杏　　坛
孔子曾经讲学的地方，在今山东曲阜孔庙

孔子在教育和教学方面的一整套主张，对后世有极大的影响。他主张因材施教，即针对每个学生的不同情况施以不同的教育。孔子实行启发式教学，不要求学生死读书，而要求他们触类旁通，提出了"举一反三"的诱导教学方法。他提倡学习要思考，说"学而不思则罔"。此外，孔子提出的许多教育原则与名言，如"温故而知新""知之为知之，不知为不知""三人行，必有我师焉""学而不厌，诲人不倦"等，都给后人以很大的启发，成为我国古代教育史上的宝贵财富。

孔子对我国古代文献的整理，作出了重要贡献。他本人是一位学识渊博的

————————————————

① 陬邑，今山东曲阜东南。

学者，教给学生诗、书、礼、易、乐、春秋六门课。孔子晚年，对《诗经》《尚书》《春秋》等古代典籍，进行了整理和编订，对我国古老文化的保存和发展，起了极为重要的作用。

百家争鸣　春秋战国，社会处于大变革时期，各种力量在争衡、较量。诸侯国都想富国强兵，相互兼并，取代周天子的地位。各诸侯国内部的新旧势力，也在激烈斗争。这一政治形势，反映在思想意识形态上，形成"百家争鸣"的局面。

"百家争鸣"是指：社会上各阶级、各阶层和政治思想的不同流派的代表人物，对社会各方面的问题提出不同见解；他们授徒讲学，著书立说，游说诸侯，相互辩驳。百家中最主要的是墨、儒、道、法、名、阴阳诸家。

战国时期，各家各派中以儒和墨两家势力最大。墨家的创始人为墨翟，由于学术地位之高和门徒之众，被尊称为墨子。

墨子，战国初期鲁国人。他出身贫贱，生活艰苦，墨子的学生也大都是身穿短衣和脚着木屐的劳动人民。他们的学派代表下层的小生产者阶层。

墨子主张"兼爱"和"非攻"。兼爱的意思是提倡有力者用力助人，有财者以财分人，使整个社会富裕起来。他主张"尚贤"，即不管贫富贵贱，选举社会上最贤能的人来做天子、公卿以至乡长、里长。墨子针对当时列国的不义战争，提出"非攻"的主张，即反对以强凌弱，以大欺小，相互攻打。

孟子是战国时期儒家的代表。孟子名轲，邹人，生活在战国中期。他十分尊崇孔子，以孔子的继承人自任。后世把孔子和孟子，合称孔孟。

孟子和孔子一样，周游了齐、宋、魏等许多国家，宣传儒家主张，都没有得到重用。晚年退居讲学，撰写著作，留下《孟子》一书。

孟子发展了孔子"仁"的学说，主张实行"王道"和"仁政"，认为"王道"应以"德行"治天下，施仁政于民，省刑罚，薄税敛，要使老百姓吃得饱、穿得暖。孟子还提出了"民为贵，社稷次之，君为轻"的著名观点，有一定的进步意义。孟子认为只要君王尊贤用能，收揽民心，则天下人心归向，他就会"无敌于天下"，天下也就"定于一"了。这种思想是适应当时地主阶级完成统一事业的政治要求的。

战国时儒家学派的另一代表是荀子。荀子名况，战国末期赵国人。荀子是一位唯物主义思想家，他最可贵的思想是关于人定胜天的论述。他认为自然界是完全按照自己的规律运行变化的，与人类社会的治乱毫无关系。但是，人类在认识自然、改造自然中能起主观能动作用，可以"制天命而用之"。他还提出了"君者舟也，庶人者水也。水则载舟，水则覆舟"的观点，把君和民的关系比作水与舟的关系。这一思想，后来为历代有见识的封建帝王所采纳，对封建时代的"治世"起了促进作用。

战国时期继承和发展老子道家思想的主要代表人物是庄子。庄子名周，宋国人，著有《庄子》一书。庄子生活在战国中后期，亲眼看到统治阶级为了争权夺利而互相攻伐，一切仁义道德都不再顾及，因此产生了对贵族统治者的抵触情绪和厌世思想。他尖锐地斥责那些"窃国者"，愤愤地抨击"彼窃钩者诛，窃国者为诸侯"的不平现象。庄子的思想体系是唯心的，他认为事物不可知，人们在自然界和社会变革面前无所作为，因此他竭力逃避现实。这是庄子思想中的消极部分。庄子的文章想象力丰富，说理透彻，优美动人，是我国先秦时代优秀的文学作品。

战国后期法家集大成的代表人物是韩非子。韩非子为韩国贵族，政治上一直主张变革，多次上书劝谏韩王革新，都未被采纳。秦始皇见到了他的著作，极为赞赏。韩非子到秦国，后来被丞相李斯所谗害。但他的政治主张，却为秦始皇所采用。韩非子留有《韩非子》一书。他认为历史是向前发展的，随着时代的进步，社会生活和政治制度一定要跟着变化，复古的思想是行不通的。他力主建立君主专制中央集权的封建制度，国家的大权应集中在君主一人手里。韩非子主张"法治"，对被统治者必须用暴力加以强迫，用严厉的刑法来镇压人民的反抗。韩非子有关社会变革和国家统一的思想，符合战国末期社会发展的要求。他主张用严刑峻法统治人民的思想，与封建君主专制集权的要求是一致的。

杰出的军事家孙武和孙膑　春秋战国，我国有两位杰出的军事家，一位是孙武，另一位是孙膑。孙武，春秋时期的齐国人，后在吴国做将军，以高超的军事指挥才能和出奇制胜的战略战术为吴王所赏识。他带领军队打了许多胜仗，使吴国成为春秋末年的强国。孙武留下的《孙子兵法》一书，是世界军事史上的名著，提出了"避实击虚""知彼知己"等重要军事思想，提出了集中优势兵力打击敌人的战术原则。

孙武在世界上享有"兵学鼻祖"之称，他的著作已翻译为多种国家的文字。近年来，国内外不断兴起"孙子热"，他的思想和原理，不仅为军事家所重视，而且被广泛应用于政治、外交、企业管理等领域。

孙膑是孙武的后代，战国时期齐国的军事家。他指挥齐军在围魏救赵、马陵之战中打败了强大的魏国，成为一代名将。他留下《孙膑兵法》一书，提出了弱可胜强、寡能敌众等战略思想。

第五节　文学、艺术和史学

《诗经》　《诗经》是我国第一部诗歌总集，收集了我国从西周早期到春秋末年的305篇诗作。这些诗歌大约由当时各地的乐师们所搜集，然后汇集到周朝政府，慢慢流传下来。到春秋末年，又经过孔子亲手整理，编订成书。

《诗经》分为风、雅、颂三个部分。风，指国风，即为西周春秋时候，各诸侯国流传的民歌。雅、颂都是赞美诗，为周政府进行隆重典礼时配乐的诗章。雅，又分大雅和小雅，是周王朝的朝廷乐曲歌辞；颂为宗庙祭祀的舞曲。雅和颂都是西周时期的作品。《诗经》中保存了丰富的商周时期的史料，《商颂》和《周颂》是记载商周两朝先代功勋的史诗。大雅反映了周族先人艰苦创业的事迹。

《诗经》大体上反映了西周春秋时代社会风貌和各阶层的生活。

《诗经》的国风部分，数量最多，广泛地反映了劳动人民的生活和他们的痛苦。《豳（bīn）风·七月》叙述了农民一年四季的生活。他们耕织、打猎、盖房、藏冰、造酒，什么都得为奴隶主贵族去干，自己却只能勉强糊口，"无衣无褐，何以卒岁"？《魏风·伐檀》则表现出了被压迫被剥削的劳动者愤怒的反抗情绪。诗中写道："不稼不穑，胡取禾三百廛（chán）兮？不狩不猎，胡瞻尔庭有悬貆（huán）兮？彼君子兮，不素餐兮。"意思是，那些不稼不穑、不狩不猎的剥削者们，有什么理由获取大量的粮食和猎物呢？

《诗经》里的诗，表现了高度的艺术水平，一些手法对后世有很大的借鉴作用，如比、兴①的描写方法，重章叠句的艺术形式，都为后来文学家们所继承。《诗经》对后世文化有重要影响，它的人文精神和现实主义的创作态度，在世界文化史上永放光芒。《诗经》是我国上古文化精神的诗的凝聚，成为中国后世社会文化教育的光辉经典。

伟大诗人屈原　屈原是战国时期楚国人，我国伟大的诗人。

屈原生活在战国后期，出于对楚国和家乡的热爱，他提出改革主张，一度受到楚王的信任。后来，他遭到保守贵族的反对和排挤，被楚王斥逐出朝廷。楚国在奸佞的控制下，国势越来越弱，政治日益腐败。屈原的远大理想和抱

---

①　比，是指比喻的描写手法。兴，指先借他物引起所咏的事物。

屈原（公元前340—前278），
相传为湖北秭归人

负，无法施展。他有对国家和人民的无限热情，却遭到讥讽和斥逐。他只好把满腔悲愤，写进他的诗篇。公元前278年，楚国都城失陷，国难当头，人民流离失所。屈原流放中听到这一不幸的消息，就在五月初五这天，于湖南投汨（mì）罗江而死。

屈原利用楚国的民间歌谣体裁，采用大量方言，加以大胆想象，创造出一种辞藻瑰丽、音韵铿锵的"楚辞"体裁。他留下不少不朽诗篇，代表作为《离骚》。离，是被离间的意思；骚，指忧愤之辞。诗人在《离骚》里，写出了他的大半生不幸遭遇，他的政治抱负和被迫害后的心情，以及坚持理想至死不屈的崇高精神和对楚国对人民依依不舍的眷念之情。《离骚》是我国古代最长的一首抒情诗，全诗373句，2 990字，堪称浪漫主义的杰作。屈原在诗中运用形象的比喻，夸张的手法，热情奔放地抒发了高洁的感情。《离骚》的浪漫主义色彩还表现在诗人驰骋的想象方面，他在诗中引用了大量神话传说中的人物，使日月风云人格化，构成一幅异常雄奇壮丽的画面。屈原在诗中描写他早晨离开南方的苍梧，日落前就赶到西北的昆仑山。他还让太阳神缓辔徐行，趁着日落之前"上下而求索"。跟随他一起巡游太空的，还有月神、风神、雷师等一批天上的神仙。屈原这种浪漫主义的手法，把现实的政治抱负和梦幻中的美丽理想，结合得十分巧妙，形成一个优美动人、和谐完满的整体。

除《离骚》外，屈原留存的诗作还有《九章》《九歌》《天问》等。《九章》是屈原编纂的不同时期的作品，著名诗篇有《橘颂》《哀郢》等。《橘颂》借喻橘树表现诗人坚定不移的性格和高尚的情操；《哀郢》是屈原被放逐时的作品，表现了诗人的痛苦心情和念念不忘楚国的深厚感情。《九歌》本为楚国民间流行的祭祀诗，曾经经过屈原的加工、润饰。诗的内容大部分描写神鬼故事，表现了纯洁的爱情和强烈的爱国精神。《天问》是屈原的一首构思奇特的名篇，全诗共370句，表达了诗人对自然、历史和社会的看法。作者用设问的方式，一连提出了一百七十多个问题，从天体的结构问到地面的形成，从远古的神话问到有史可载的时代，表现了屈原学识的渊博和追求真理的精神。

屈原受到我国人民的深深热爱和尊敬。他死后，人们用不同方式纪念他。我国民间盛行的端午吃粽子和龙舟竞渡等传统风俗，都是为了追念这位伟大的诗人。屈原的作品被译成多种文字，在世界流传，1953年他还被列为世界文化名人。

艺术　早在夏、商、周三代，我国古代艺术就有很大发展，尤以青铜雕塑最为突出。四川广汉三星堆出土的一批商代晚期的大型青铜铸像，典雅庄重。有一尊高达1.81米的青铜人像，头戴华冠，粗眉大眼，身著云龙纹长袍，神态威武肃穆，艺术感极强。

根据金文记载，西周初年就有庙堂壁画。到春秋战国时期，绘画更为普遍，许多贵族府第都装饰了壁画。《庄子》记载的"叶公好龙"的故事，就叙述了叶公"室屋雕文，尽以写龙"。战国时期，已经有了帛画。长沙出土的楚国的两幅帛画《妇女凤鸟图》和《御龙图》，画中战国时妇女、骑龙人物和龙、凤等形象，栩栩如生，是我国现存最古老的帛画。

商周和春秋战国时期，音乐也达到较高水平。湖北随州出土的战国时期的全套青铜编钟，说明了那时音乐的发展。编钟音色优美，音域宽广，能演奏古今乐曲。

三星堆青铜铸像

《尚书》《春秋》和《左传》　我国古代，历史编纂学由来已久。殷商的甲骨文中，就有"史"字，甲骨文是当时人留下来的档案史料。西周时有专门的史官"太史"。《尚书》是我国现存的最古的史书，是夏、商、周时代一些历史文献和传说资料的汇编。其中，还包括远古时代的史事纪录。"尚"就是"上"，《尚书》也就是上代的书。

《春秋》，是史官编写的史书。春秋，原为我国古史编写的一种体裁，齐、燕、宋、鲁，各国都有。现存的《春秋》一书，是鲁国留传下来的一部史书，由孔子晚年整理编辑。这部《春秋》为编年体，用鲁国的纪元，按岁时月日，由远而近地记载鲁国历史，同时也兼及春秋时期其他诸侯国的政治大事。时间自鲁隐公元年①至鲁哀公十四年②，前后共242年。这是我国第一部编年体的

---

① 鲁隐公元年，公元前722年。

② 鲁哀公十四年，公元前481年。

通史。

《春秋》文辞简约，据说一字一句都经孔子深思熟虑，寄寓他对每一历史事件的褒贬，后世把这种褒贬叫作"春秋笔法"。

但《春秋》对史实的记载太简单，不便于阅读。比孔子稍后的史学家左丘明，根据《春秋》史事作出注释，这就是《春秋左传》，简称《左传》。

《左传》作者左丘明，史书记载为一盲者。他的著作由他口述，别人笔录补充完成。《左传》比《春秋》详明得多，叙述史实有头有尾，委婉曲折，注重修辞，不仅是我国古代一部珍贵的史书，也是我国古典文学中优美文字的典范。

《左传》具有进步的史学观点，对一些历史事件，作者表示自己鲜明的态度。它肯定了"利民""卫社稷"等对人民有利的政治措施，批判了统治阶级骄奢淫逸的行为。《左传》擅长写战争，不少历史上的著名战争场面写得十分生动。《左传》也善于写人物，常常用很少笔墨，就勾画出人物鲜明的形象。

第二章　秦汉时期社会概况和文化

　　公元前3世纪末至公元3世纪初的秦汉王朝四百余年间，西方正处于希腊帝国瓦解，罗马帝国欣欣向荣时期。公元1世纪，东方和西方，分别矗立着东汉和罗马两个强大的帝国。2世纪末，这两个文明古国开始通使往来。与此同时，中亚先后兴起了大月氏、贵霜、大宛和康居王朝，今天的伊朗一带，安息王朝雄威一时。印度半岛长期处于小国林立状态，与中国有直接的海上往来。东方的朝鲜和日本，先后出现了卫氏王朝和倭奴国，与汉朝有密切的经济文化交流。中国北方的草原地区，强大的匈奴王国，与秦汉帝国时战时和，匈奴民族和中原的汉民族不断接触与融合。

第一节　秦汉时期政治经济概况

　　我国第一个统一的多民族的中央集权的封建王朝——秦　秦灭六国后，建立了我国历史上第一个统一的封建王朝——秦。秦朝的第一代皇帝就是秦始皇①。他为巩固国家的统治，采取一系列的措施，加强了中央集权。他规定封建国家的最高统治者称皇帝，自称始皇帝，表示自己崇高无比。秦始皇把全国的政治、经济、军事等大权都集中到自己手里，政事无论大小，都要经他一人裁决。秦始皇还在全国范围内实行郡县制度，把全国划分为36郡，郡下设县。郡和县是地方行政单位，郡、县的长官都由

秦始皇嬴政

---

　　①　秦始皇，公元前246年即王位，公元前221年称始皇帝，公元前210年死去。

皇帝直接任免。为巩固统一，秦始皇统一了全国货币、度量衡和文字。规定把秦国的圆形方孔钱，作为统一货币，通行全国。以后，这种样式的钱，为历代沿用。秦始皇规定了全国长度、容量、重量的统一标准。他还下令把小篆作为全国统一的标准字体，以后这种字体又演变成为隶书、楷书，书写更加方便了。上述措施，对巩固统一的中央集权的国家，起了重大作用。

秦始皇是一位具有雄才大略的皇帝。他为巩固北部边防，派大将蒙恬等从匈奴手中夺得河套地区，把内地人民迁徙到那里垦荒，发展了边地生产。秦始皇征发农民，大规模地修筑长城，筑起一道西起临洮①、东到辽东的坚固的防线。这道防线，合一万多华里②，因此称为"万里长城"。秦始皇还在珠江流域越族地区，建置了郡县，迁移中原50万人到那里和当地人杂居，把中原先进技术带到广东、广西地区，使那里的经济得到发展。秦朝的疆域，超过以前的任何一代。在秦朝的国土上，生活着许多民族。秦朝是我国历史上第一个统一的多民族的封建国家。

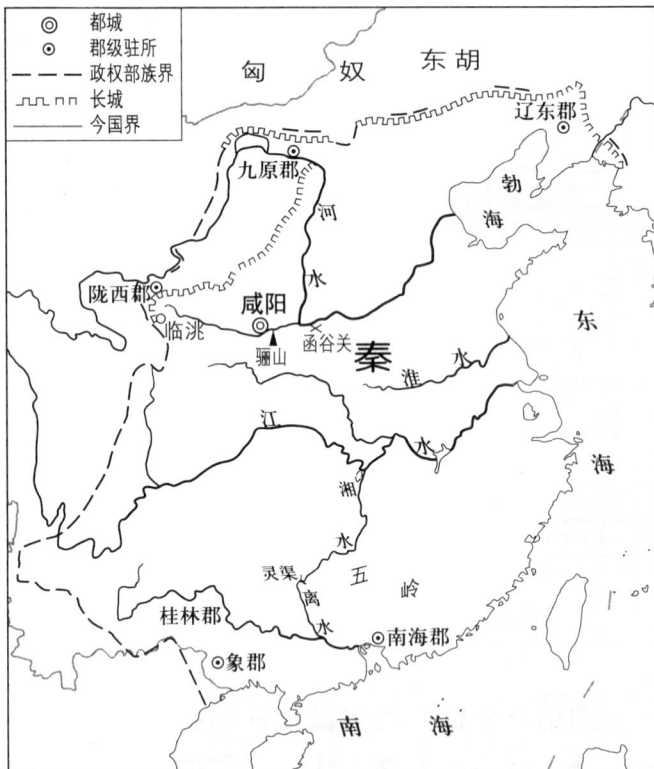

秦朝形势

陇西　郡治在今甘肃临洮　　　桂林　郡治在今广西百色东北
九原　郡治在今内蒙古包头西　象郡　郡治在今广西崇左
辽东　郡治在今辽宁辽阳　　　咸阳　今陕西咸阳东北
南海　郡治在今广东广州

秦朝末年，统治阶级的暴政，激起了我国历史上第一次大规模的农民起义。贫苦农民陈胜、吴广于公元前209年在大泽乡首举义旗，后在陈县建立张

---

① 临洮，今甘肃岷县。

② 华里，1华里等于0.5千米。

楚政权。此后刘邦、项羽相继起义。公元前207年，刘邦率领起义军攻入秦都咸阳，秦朝灭亡了。

陈 胜 墓

两汉政治、经济的发展 刘邦进入咸阳后，项羽率领的另一支起义军也到达关中。刘邦和项羽为争夺帝位，双方进行了时达四年的战争，历史上称为"楚汉战争"。最后刘邦取胜，于公元前202年做了皇帝，建立了西汉王朝，都城长安。

西汉王朝初期，实施"休养生息"的政策，恢复社会经济，减轻对农民的剥削，农业、手工业和商业得到了很大发展，出现了"文景之治"的小康局面。到汉武帝时，国力富强了，社会经济呈现出空前的繁荣。

汉武帝时在关中地区兴修了许多水利工程，并调集几万民工修治黄河。农耕和农具方面有若干新成就，二牛一人的牛耕法、耧车的使用和代田法的实施，使农业生产水平大大提高。手工业也有许多新发明，纺织业已经使用提花机，是纺织技术的一大进步。冶铁业开始用煤作燃料，大大提高了炼铁技术水平。商业、城市有新发展，出现了居民达到数十万以至百万的大都市长安、洛阳。西汉和东汉最盛时期的人口总数达到六千多万。

在充实的物力基础上，汉武帝进一步加强了统治。强化了中央集权，削弱了诸侯王的势力，

汉武帝刘彻
（公元前140—前87年在位）

同时接受董仲舒"罢黜百家，独尊儒术"的建议，用儒家经书来统一全国的思想。同时，展开了同北部匈奴民族的长期战争，把匈奴势力赶到蒙古大沙漠以北。汉武帝还派遣使臣张骞出使西域，沟通了中国同中亚、西亚、欧洲的交通，使"丝绸之路"畅通无阻。汉武帝还在西南四川、贵州、云南等地建立了郡县。汉武帝建立了一个空前繁荣和强盛的封建大帝国。

西汉后期，土地兼并严重起来，大批农民被迫离开土地，成为无家可归的流民。农民阶级和地主阶级的矛盾日益尖锐化。公元9年，外戚王莽乘机夺取了西汉的政权，改国号为新。王莽施行对土地制度、奴婢制度和货币等的改革，史称"王莽改制"。他由于着意于制服政敌和掠夺财富，因此社会更加混乱。王莽又先后发动了对周围少数民族的不义战争，更加深了人民的痛苦。

公元17、18年，先后爆发了绿林、赤眉农民大起义。起义军推翻了王莽的新朝政权。在农民起义过程中乘机增长势力的西汉皇族刘秀，兼并了农民起义队伍，并打败了各地的地主割据武装。公元25年，刘秀建立东汉王朝，都城洛阳。刘秀就是东汉光武帝①。

东汉统治前期，注意对农民采取缓和措施，释放了大批在战乱中沦为奴婢的农民，使他们恢复自由的身份，并废除了王莽时期的苛捐杂税，使社会经济又得到一定发展，出现了"光武中兴"和明帝、章帝时期的安定局面。东汉的国力也强盛起来，派兵北击匈奴，并派班超出使西域，恢复了对西域的统治。

东汉后期，由于豪强地主对农民的残酷压迫和剥削，加上宦官、外戚交替把持政权，东汉社会十分黑暗。广大农民无衣无食，灾祸频仍，人民实在活不下去了。184年，终于爆发了全国规模的黄巾大起义。黄巾起义瓦解了东汉政权，中国从此进入了长期分裂的三国、两晋、南北朝时期。

第二节　科　学　技　术

天文、历算、地学　秦汉时期，我国天文学家对木星、土星、金星等五大行星的运行情况，进行了细密的观测，留下了精确的记录。近年来在湖南长沙马王堆汉墓中出土的帛书《五星占》，是距今二千一百多年前世界罕见的关于五大行星的观测记录。早在西汉时期，我国就有太阳黑子的记载，《汉书》上所写的公元前38年一次黑子位置和出现时间的记录，是现今世界上最早的有

---

① 东汉光武帝，公元25年至57年在位。

关黑子的记录。欧洲这方面记录直到公元807年才出现，比我国晚九百年。

秦汉时期，我国历法日趋完善，为后世历法的发展提供了楷模，已经形成了一个独有的体系。秦朝沿用战国时秦国的历法，以十月为岁首，一年为365.25日，闰法为十九年七闰。这种历法是当时世界上最为精确的。它的用法与西方古代名历——儒略历大致相同，但比儒略历早四五百年①。秦汉时，我国现在常用的二十四节气，也已广泛应用，并根据节气变化来安排农业生产。这是我国劳动人民的杰出创造。从汉武帝开始，我国正式改为以正月为岁首，由唐都、司马迁、落下闳等制定太初新历。这一历法首次提出以没有"中气"②的月份为闰月的原则，把季节和月份的关系调整得十分合理。这个方法在我国农历中一直沿用到现在。太初新历有利于农时的安排，是我国历法史上一个划时代的进步。

秦汉时期，我国数学也有较大进展。约在公元前1世纪成书的《周髀算经》，是我国现存的最早数学著作，著名的商高定理，就被记录在这本书里。《九章算术》，是西汉时期另一部著名数学专著。这部书曾经汉初著名数学家张苍删订，全书共分九章，搜集了246个数学问题的解法，记载了当时世界上最先进的分数四则和比例算法，以及各种面积、体积的计算，还有利用勾股定理进行测量的问题，开平方、开立方的方法。特别是应用负数概念和正负数的加减法运算法则，在世界数学史上属于首创。《九章算术》不仅对我国古代数学产生极大影响，而且对日本、朝鲜数学的发展，也有重要作用。目前这部数学名著，已被译成许多种文字出版。

这一时期，我国的地理学也有很大成就。马王堆汉墓出土的帛书地形、城邑等三幅图，是世界上现存最早的以实测为基础的地图。这是世界地图史上极为珍贵的材料，对今天科学研究具有重要价值。

张衡是东汉时期集大成的学者。他不仅是伟大的天文学家、数学家和地学家，还是杰出的文学家、哲学家。张衡最重要的成就是天文学和地震学方面的贡献。

张衡总结前人天文学成就，创制了浑天仪和地动仪。浑天仪是用水力转动的一种天体仪，是用铜铸成的一个球体，球面上布满了星宿，转动时星宿出没

---

① 在欧洲，罗马人采用儒略历为公元前43年。我国采用十九年七闰在春秋末或战国时期，西方比我国约晚四五百年。

② "中气"是指一年二十四节气中的逢双的雨水、春分、谷雨、小满、夏至等。

张　衡（78—140），南阳人

地动仪模型

和移动的情况和真正的天象相符合。张衡在科学上的更大贡献是地动仪。这是一种测定地震方位的仪器，用铜制成，圆径八尺，状如酒樽，中有立柱，连着八个方向的机械，外面有八个龙头，口衔铜丸，下有八个蛤蟆，口向上张。哪个方位有地震，那个方向的龙口就吐出铜丸，落在蛤蟆口中。有一次地动仪西面的一个铜球掉下来，但人们都没有感到有地震。不久，陇西地方来报告那里发生了地震，人们才叹服地动仪的准确性。张衡的地动仪发明在公元132年，是世界上最早测定地震方位的仪器，比欧洲第一台地震仪要早一千七百多年。

张衡还留下两部重要的天文著述。一部《灵宪》，简要地总结了当时天文学的成就。另一部《浑天仪图说》，是为他所制作的浑天仪写的说明书。这两部书都包含有许多值得后人参考的内容。

医学　秦汉时期出现了许多名医，其中，张仲景和华佗，是最杰出的。

张仲景本名张机，东汉末年人。他的最重要贡献是撰写了《伤寒杂病论》一书。这部书五万余言，收集了三四百种药方和

长沙马王堆汉墓出土的导引图

治疗方法，并创造性地总结了我国古代医学理论。《伤寒杂病论》被后世医家誉为"众方之宗，万方之祖"，称为"万世宝典"，是我国医学史上影响最大的著作之一。此书还流传到朝鲜、日本、越南等国，对当地医学发展起了重要作用。

华佗是东汉末年又一位杰出的医学家。他发明了麻醉术，用"麻沸散"给病人进行全身麻醉，然后施行手术，以减轻病人的痛苦。华佗还创作了"五禽戏"。这是一种模仿鹿、熊、虎、猿、鸟五种动物的动作形态的医疗体操，可以强健身体和治疗百病，达到延长寿命的目的。

农学　秦汉时期农学有重要发展。据《汉书》记载，当时农学著作有九家之多，《氾胜之书》是其中最著名的一部。《氾胜之书》总结了古代农业生产的主要成就，把农作物栽培过程作为一个有机的整体来研究。它科学地叙述了不误农时、土壤改良、施肥、中耕锄草和收获的辩证关系。此书还总结了十多种农作物的不同栽培方法，奠定了我国古代农书传统的栽培学理论的基础。

造纸术的发明　造纸术的发明是我国人民对世界文化的一大贡献。纸发明之前，我国曾用龟甲、兽骨、金石、竹木简、绢帛等作为记事的材料。商代甲骨文、西周春秋的钟鼎文，就是这样传下来的。战国以后又有帛书、帛画，来传播人们的思想和文化。但是，甲骨、金石和竹简都太笨重，刻写一部书，往往得用几十斤的书写材料。西汉文学家东方朔向汉武帝上的一个奏章，要由两个人吃力地抬进宫去。这些都是用竹木简写的，写、看都极不方便。帛比竹木简轻便多了，但价值太昂贵。随着文化的不断发展，迫切需要寻找廉价易得的新型书写材料。经过长期探索和实践，我国人民发明了植物纤维纸。

1957年，在西安东郊灞桥，出土了西汉武帝时期的纸。经化验，确认它由大麻和苎麻纤维制成。1986年，我国考古工作者在甘肃天水放马滩发现了更早的纸。据鉴定，为西汉早期文帝、景帝时候的遗物，纸上绘有地图。这一发现把我国造纸术的发明提前到公元前2世纪，即距今两千一百多年。此外，我国其他地方，也发现了若干西汉时期的纸，如新疆的罗布淖尔纸、陕西的中颜纸、甘肃的金关纸等。

早期的麻纸较为粗糙。经过多次反复实践，到公元2世纪初，东汉宦官蔡伦改进造纸方法，监制和组织生产了一批良纸。蔡伦造的纸，用树皮、麻头、破布、旧鱼网做原料，经过水浸、切碎、蒸煮、漂洗等工序，制成纸浆，再经脱水、干燥后，制造纸张。蔡伦曾被东汉政府封为龙亭侯，因此他造的纸又叫"蔡侯纸"。这种纸，原料便宜，质地好，便于书写，便于大量生产。到公元

汉代造纸示意图

3 至 4 世纪，纸已经基本上代替了帛、简，成为我国最主要的书写材料。

我国的造纸术，在 4 世纪以后传到朝鲜和日本，8 世纪传到印度和阿拉伯，后来又经过北非传到欧洲。16 世纪时，纸张流行于全欧洲，取代了传统的羊皮和埃及的纸草。造纸术的发明，大大推动了世界文化的交流和发展。

第三节　哲学、宗教与史学

董仲舒和经学　董仲舒是西汉时期著名的哲学家、思想家，汉朝儒学的代表人物，经学大师。

由于汉武帝"罢黜百家，独尊儒术"，《诗》《书》《礼》《易》《春秋》等五部儒家典籍，被汉政府法定为"经"，尊为"五经"。另外，记录孔子言行的《论语》和专讲儒家伦理道德的《孝经》，也成为吏民士人必读之书。研究和传授这些儒家经典的学问，称为"经学"。两汉时期，经学又有今文经和古文经之分。今文经，是指当时在社会上流传的儒家经书，用汉朝通行的文字隶书写成。古文经，是指汉武帝时从孔子故宅断壁中得到的儒家典籍，因为是用秦以前的古文字写成，故称为古文经。西汉和东汉时，今文经、古文经两个学派为争正统，进行过几次较大的学术论争，史称"今古文经之争"。直到东汉末年经学大师郑玄才把二者统一起来。他由此成为我国经学的训诂大家。

董仲舒为适应汉武帝加强中央集权的需要，提出"大一统"的主张。他认为封建大一统是天经地义，国家必须有统一的思想，制定统一的法令，一切不利于统一的思想，都必须加以禁止。董仲舒主张加强君权，认为天子受命于天，人民受命于天子。但是，董仲舒同时主张君主要对人民行仁政。天子行政，应以王道、仁政为主，以仁义礼智教化百姓。如果人君过于残暴，天就会用灾异对他们进行谴告。这就是"天人感应"说。董仲舒还用"三纲""五常"① 学说，来规范封建社会人们的伦理道德行为。

董仲舒把儒家学说发展到一个新阶段。他是西汉以后封建社会重要的儒家学派的代表。他的儒家思想，不仅成为西汉王朝的统治理论基础，而且成为我国整个封建社会的统治理论基础。因而，董仲舒一直被唐、宋、元、明、清许多朝代的帝王所尊崇。

董仲舒(公元前179—前104)，广川②人 　　　　王　充 (27—97)，会稽上虞③人

东汉杰出的唯物主义思想家王充　汉武帝"罢黜百家，独尊儒术"后，儒家思想逐步在我国封建社会里占统治地位，而董仲舒"天人感应"说的消极部分，在两汉时代得到了急剧发展，尤其是西汉末东汉初，谶纬神学统治了整个思想界。"谶"，是指用诡秘的预言作为神的启示，向人们昭告吉凶祸福的图录；"纬"，则是假托神意来注释儒家经典。谶纬，其实质是一种庸俗儒学和封建迷信的混合物，是统治阶级用来证明封建帝王的统治是天命所归的谬说。

在谶纬之说毒化社会的时候，一批进步思想家坚持唯物主义观点，对封建迷信思想进行了猛烈的批判。王充是其中最杰出的一位。王充幼年学习很努

---

① 三纲，是指"君为臣纲""父为子纲""夫为妻纲"。五常为仁、义、礼、智、信。

② 广川，今河北景县西南。

③ 会稽上虞，今浙江上虞。

力，由于贫穷买不起书，就到书铺看书，经过刻苦的学习，终于成为学识渊博的学者。他经过30年的艰苦努力，写成了不朽哲学著作《论衡》。

王充针锋相对地批判谶纬神学，揭露贵族地主们有关贫贱富贵是命中注定的封建说教。他指出：人是自然界的一部分，和万物一样。任何人都不能生而知之，一个人的富贵贫贱也不是天命授与的。天不过是一种自然的存在，日月运行有一定的规律。日食月食，云雨霜露，也都是自然现象。这些都和人类的祸福没有必然联系。农民所以造反，是因为没有粮食吃，饥寒所迫，而不是大自然的惩罚。王充有力地批驳了鬼神迷信思想，认为人的精神从属于形体，人死了血脉枯竭，形体腐朽，变成灰土，精神就消失了，不会变成鬼神。鬼神是由人们的幻想引起的。王充不迷信权威，在儒家思想占绝对统治地位的时代，大胆地对儒家创始人孔子的言论表示怀疑。他反对"珍古而不贵今"的复古学风，认为这样培养的人才只会死背经典而"不知当世"，是无用之才。这些思想，在当时的历史条件下，是十分难能可贵的，表现了王充作为一个唯物主义者的勇敢战斗精神。

佛教的传入和道教的兴起　佛教是起源于古印度的宗教，西汉末年传入我国中原地区。东汉明帝派使者到西域求佛法，佛教在我国逐渐传播开来。相传，洛阳的白马寺，就是从那时候建起来的。佛教宣传灵魂可以脱离肉体永恒存在，能够转生来世。人的今生若能忍受苦难，虔诚信佛，来世可以得到幸福。东汉以后，佛教受到封建统治者的欢迎和扶持，一些贵族供奉佛像，建造寺庙，有人还把佛经翻译成汉文。佛教的传入，对我国文化的发展，产生了深远的影响，其影响所及，包含文学、哲学、音乐、美术、建筑等各个方面。

道教是我国土生土长的宗教，来源于战国时期的道家思想和神仙方术，到东汉时期在民间兴起。道教主张修身养性，炼制丹药，以求长生和成仙得道，由此迎合了历代封建统治者追求长生不老的欲望，得到他们的提倡。道教文化对我国后世文化的发展也有

白马寺大门及寺中的佛像

深远影响，我国古代化学、医药学、哲学和文学等方面，都从道教文化中汲取了积极的营养。

司马迁与班固　秦汉时期，我国史学无论体裁和内容，都比前代有极大地发展。这一时期史学成就最高的，是司马迁的《史记》和班固的《汉书》。这两部书后来成为我国传统正史二十四史的开篇，人们把司马迁、班固合称为"班马"，评价很高。

司马迁是我国伟大的史学家。他生活在汉武帝的时代，小时候在家乡种过地，放过牛羊，和劳动人民有一定接触。10 岁后，随父司马谈到长安，受到当时西汉名儒的指导。司马谈也是一位历史学家，曾任西汉朝廷的太史令，对史料十分熟悉。司马迁自幼受到家庭熏陶，青少年时代起，就立志做一名正直的史学家。20 岁以后，他遍游天下名山大川，到处搜访史迹。后来，司马迁被任命为太史令，有机会读到皇家收藏的大量史料。

司马迁（公元前 145—约前 87），夏阳①人

42 岁开始，司马迁着手撰写《史记》，一直到他的晚年，前后一共写了 16 年之久。在这中间，司马迁曾因为给汉武帝提意见，遭遇不幸，受了重刑。但他忍辱负重，终于把《史记》写成。

《史记》是一部杰出的史学著作。司马迁创造性地运用纪传体的编写体例，为我国以后各朝各代的正史编纂提供了范例，"二十四史"都按照这种体例编写。《史记》是一部通史著作，全书 130 篇，五十二万多字，记叙从传说中的黄帝直到汉武帝时 3 000 年的历史，分为 12 本纪、30 世家、70 列传以及表、书等。本纪是各朝帝王的传记，世家、列传为各诸侯、将相名人的个人或家世传记，表为年表和世系表，书讲述典章制度，包括天文、地理、经济等各方面的内容。全书体系完整，内容十分丰富。

司马迁在《史记》里贯穿着进步的历史观点。他以饱满的热情，歌颂了农民起义领袖陈胜、吴广等人的事迹；无情揭露统治阶级的暴虐、奢侈和愚昧，连当时最高统治者汉武帝也不例外，对他求神仙、信方士给予冷嘲热讽。《史记》也是一部杰出的文学著作，司马迁描写的人物栩栩如生，有个性，语言生动。《史记》被鲁迅誉为"史家之绝唱，无韵之《离骚》"，对后世的史学和文

---

①　夏阳，今陕西韩城南。

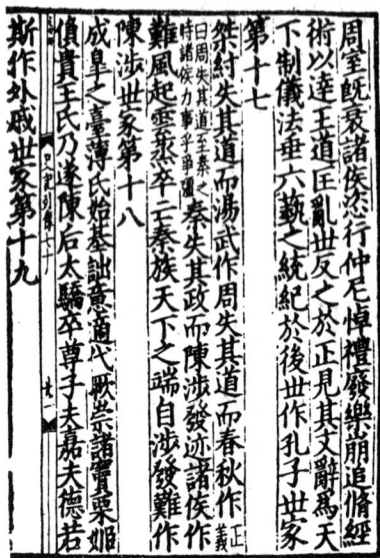

《史记·陈涉世家》书影

学产生了巨大的影响。

《汉书》，是继《史记》以后的又一部史学名著。作者班固，东汉初期人。他是东汉时通西域的著名将领班超的哥哥，父亲班彪也是著名的史学家。班固继承父业，前后用了二十多年时间，写成《汉书》100 卷。《汉书》基本沿袭了《史记》的体例，全书也分为本纪、列传等部分，只是把书的部分改称为志，内容比《史记》更有扩大。《汉书》和《史记》的不同之处在于，《史记》是一部通史，而《汉书》只记西汉一朝事迹，是我国第一部纪传体的断代史，时间从刘邦建汉写到王莽败亡，共 230 年。《汉书》首次编写了《地理志》《艺文志》《刑法志》《食货志》等专章，为后人保存了我国西汉和西汉以前宝贵的经济、刑律、地理沿革和文化典籍方面的资料。

第四节　文学和艺术

汉赋和乐府诗　赋是一种韵文文体，最初始于战国后期，在两汉时候流行起来，通常称为"汉赋"。这种文体的特点是善于运用形象的比喻、铺陈的描写方法和大量辞藻的堆砌。两汉时期赋的作家，主要有西汉的贾谊、枚乘、司马相如、东方朔和东汉的张衡等人。

贾谊是西汉文帝时候人，年轻时就文才出众，受到文帝重用。他提出一系列的改革主张，遭到贵族官僚的反对，被贬为长沙王太傅，年仅 33 岁就抑郁而死。贾谊最主要的诗作有《鵩（fú）鸟赋》。传说在他谪居长沙时，有一只鵩鸟飞到他的房子里，人们认为这是不祥的鸟，贾谊联想到自己一生的不幸遭遇，悲感自己的身世，遂作此赋。他还有一篇《吊屈原赋》，将屈原的遭遇与自己对比，借古人不幸抒发自己情感，字里行间流露出怀才不遇的心情。贾谊同时也是一位政论家，他的《过秦论》，以犀利的笔锋揭示了秦王朝兴亡的原因。

枚乘与贾谊生活同时，曾在西汉吴王刘濞门下做官，后看清了刘濞反叛的野心。他的代表赋作《七发》，就是为给刘濞提出警告而写的。《七发》假借一个吴国客人去探望身患重病的楚太子，用七件事情从正反两方面去启发他，要他快点醒悟。枚乘的《七发》，具有鲜明的思想性，批判了统治阶级上层的腐朽生活方式；在写法上也很有特色，层次性强，比喻形象，为汉代新体赋开了先河。

司马相如是汉赋中成就最高的作家，生活在汉武帝的时代，蜀郡成都人。传说他年轻时家境贫寒，结识了蜀中临邛①富豪卓王孙，和卓王孙的女儿卓文君相爱。因婚姻遭到卓王孙的反对，他们双双从临邛逃到成都，以卖酒为生。司马相如很有才情，受到了汉武帝的赞赏，被召进宫中为官。司马相如写了很多赋，最有名的为《子虚赋》《上林赋》《大人赋》等。前两首假借子虚、乌有、亡是公三个虚构人物的对话，描写天子游猎的盛大场面和宫苑的豪华富丽，后一首描写帝王游仙的乐趣。这几首赋反映了西汉武帝时期国家的强盛和富饶，同时也对奢侈的帝王生活提出适当的劝谏。

东方朔在汉武帝朝廷地位不高，但常以诙谐的警句向汉武帝进谏，因而获得人民的好感，民间流传不少关于他的有趣传说。东方朔的代表赋作有《答客难》，抨击了封建社会帝王用人的弊端。

班固的《两都赋》和张衡的《两京赋》，都对西汉都城长安和东汉都城洛阳的豪华壮丽，作了淋漓尽致的描写，使人们对那个时代的社会风貌有较为形象的了解。

两汉时期，我国民歌有很大发展。汉武帝专设的掌管音乐和采集民歌的机构，叫作乐府，乐府对民歌创作的昌盛起了促进作用。经过历代战乱，两汉乐府民歌现存四十首左右。有的民歌反映了民间的疾苦，如《战城南》："战城南，死郭北，野死不葬乌可食。"呼喊出了人民反对统治者发动战争和徭役的心声。《十五从军征》："十五从军征，八十始得还。道逢乡里人，家里有阿谁？遥望是君家，松柏冢累累。"反映了人民在统治阶级的不义战争中家破人亡的痛苦。另一类民歌反映了上层社会的腐朽和丑恶，如《陌上桑》，叙述一个太守侮辱采桑女子的故事，一方面揭露了贵族官僚的荒淫无耻，另一方面歌颂了劳动妇女秦罗敷的坚贞美丽。乐府民歌还反映了妇女在封建社会里地位低下、命运悲惨和孤儿饱受欺凌虐待等等。乐府的内容涉及了社会各个角落，题材的广泛和深刻，表现了鲜明而强烈的现实主义精神。

两汉乐府民歌中，最杰出的诗篇是《孔雀东南飞》。这是一篇较长的民间

---

① 临邛，今四川邛崃。

叙事诗，千百年来一直在人民中传诵，是我国民间文学中的瑰宝。《孔雀东南飞》长达一千七百多字，详尽地写出了东汉末年一个封建家庭悲剧的全部经过，有力地揭露了封建礼教的罪恶。主人公刘兰芝是一个善良、勤劳、美丽的女子，17岁嫁给焦仲卿，两人感情深厚。但焦仲卿的母亲却由于封建思想的影响，对兰芝备加虐待，最后兰芝被迫返回娘家。她盼望着有一天能重返团聚，但兰芝的兄长又威逼她嫁给太守之子。婚期前一天，兰芝和仲卿私相约会，誓死抗拒母兄之命。在太守迎亲之夕，兰芝跳水自杀，仲卿也吊死树上。这个故事控诉了封建制度摧残年轻一代的罪恶，对被封建礼教迫害的人物，寄予深深的同情。《孔雀东南飞》描写人物性格鲜明，故事生动，一直深深感动着后人，是我国古代现实主义文学中的杰作。

汉朝文人五言诗《古诗十九首》 《古诗十九首》是后人收录的汉朝文人写的我国最早一批五言诗的汇集，其中有许多佳作。这些诗的作者大部分是地位低下、怀才不遇的文人，他们在诗中抒发着种种苦闷与忧愤，反映了当时民间的疾苦。有些诗句，抒情写景，很是感人。如《明月何皎皎》中的"明月何皎皎，照我罗床帏。忧愁不能寐，揽衣起徘徊"，描写了在外长年客居游子的思乡情绪。《青青河畔草》中"青青河畔草，郁郁园中柳"、《西北有高楼》中"西北有高楼，上与浮云齐"的写景抒怀，都保存着清新自然的特色，用简洁生动的语言，表达了深挚的感情。这些言短情长的诗，被后人称为"五言之冠冕"。

音乐和美术 秦汉时期已经有专门的政府音乐机构。秦始皇陵出土的铜钟，上铸"乐府"二字，这是当时的音乐官署。汉武帝时乐府机构有较大发展，乐府诗的大量涌现与此有关。当时还出现了著名的音乐家李延年，专门为宫廷作曲。东汉时乐府的名称改为"黄门鼓吹署"，继续搜集整理民间音乐。乐府乐歌大体分为两类，一种是军中和仪仗、祭祀用的"鼓吹曲"，汉高祖刘邦所作的《大风歌》就常在这类活动中演唱。另一种称为"相和歌"，往往用于民间街巷田野互相唱和，类似后世的对歌形式，如《江南可采莲》，歌词是：

〔唱〕江南可采莲，莲叶何田田，鱼戏莲叶间。

〔和〕鱼戏莲叶东，鱼戏莲叶西，鱼戏莲叶南，鱼戏莲叶北。

两汉时期，吸收了少数民族文化和外来文化，中原乐器种类大大增多。如从南越传入中原的筌篌，从西域传进的琵琶等等，后来都成为我国的传统乐器。我国的乐器和乐曲也传到周围邻国，如朝鲜有著名的古乐《箜篌引》，日本有仿自中国编钟的古铜铎等。

这一时期的绘画也有相当发展。长沙马王堆汉墓出土的彩绘帛画，画面上有一个老妇人，在她的前面，有两人跪迎，捧进食物，后面还有三个侍女随从。画的其他部分还绘有许多怪鸟、鳌鱼、虎豹、人首蛇身神等，象征着墓主人上升天国的情景。这幅画，布局合理，人物形象生动，已注意到人物的表情，线条变化多端，着色艳丽多彩，采用了我国绘画中传统的渲染画法。它表明了我国秦汉时代的画工已有相当高的艺术修养和绘画水平。

两汉时期，壁画和画像石、画像砖很流行。广州的南越王墓和河南永城梁王墓中的壁画，色彩绚丽，十分壮观，尤其是梁王墓壁画上的青龙、白虎、朱雀，形态矫健，栩栩如生。汉代墓祠的画像石，分布地区广大，遍及我国华东、华北、西北、西南十多个省。其中以山东嘉祥的武梁祠画像石最为有名。武梁祠是武氏后人于东汉末年为祖先造的祠堂，全部石刻像都出自良工巧匠之手，保存了大量的人

马王堆彩绘帛画

物故事画面，如中国远古神话传说人物伏羲、女娲、神农、黄帝、尧、舜、禹的故事，春秋战国时期齐桓公的故事以及荆轲刺秦王的故事等等。武梁祠画像石，不仅具有珍贵的艺术价值，同时也具有重要的历史价值，是不可多得的艺术瑰宝。

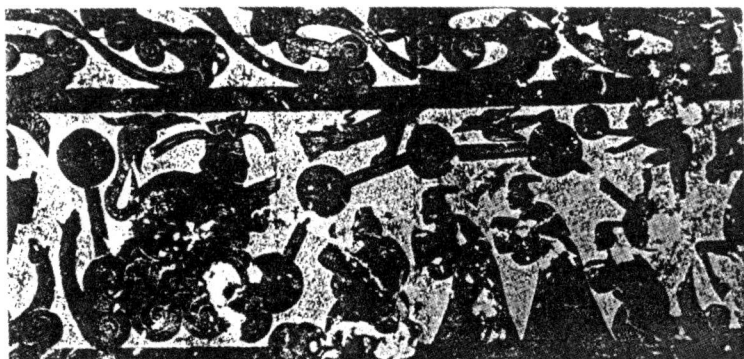

山东嘉祥画像石

第三章　三国、两晋、南北朝
社会概况和文化

　　3至6世纪，是中国的魏晋南北朝时期。这一时期有两个特点：一是国家的大分裂大动荡，一是民族的大迁徙大融合。社会经济虽然遭到严重破坏，但江南得到迅速的开发，科学技术取得一些新的成就，哲学思想也处于活跃状态。在中国封建社会，魏晋南北朝居于承上启下的重要位置。同一时期的世界局势，与中国有许多相似之处。在东方，大和奴隶制国家开始兴起并统一日本；在西亚，萨珊波斯帝国已经形成。在西欧，罗马帝国由盛转衰，分裂为东西两部。西罗马帝国灭亡，标志着西欧奴隶制崩溃。法兰克王国兴起，西欧开始进入中世纪。基督教在罗马帝国取得国教的地位。这一时期的中国，与罗马、波斯、朝鲜、日本等国保持着经济文化的交往。

第一节　三国两晋南北朝时期
政治经济概况

　　三国的鼎立　黄巾起义瓦解了东汉的统治，各地刺史、郡守拥兵自重，形成割据局面。军阀董卓自西北进入都城洛阳，一度专擅朝政。各地军阀混战不已，使北方经济遭到很大破坏。

　　公元200年，曹操在官渡之战中以少量兵力战胜了北方最大的军阀势力袁绍，不久统一了北方。曹操是三国时期杰出的政治家，他在政治上用人唯才，三次发布"唯才是举"的命令，主张一个人不

曹操（155—220），谯县①人

---

　　①　谯县，今安徽亳州。

论门第高低，只要有治国强兵之术，就可以受到重用。曹操在经济上积极恢复生产，实行屯田，使战乱中被迫流亡的农民，重新回到土地上，进行农业生产。北方经济得到一定恢复，曹操的军粮有所保证，势力日益壮大。

公元208年，曹操集中了二十多万兵力，向江东①的孙权和荆州②的刘备大举进攻，企图进一步统一南方。刘备与孙权组成联军，共抗曹操。曹操率军顺江而下，孙刘联军溯江而上，双方在赤壁隔江摆开了阵势。联军利用火攻，以不到五万的弱势兵力，打败曹操。这就是历史上著名的"赤壁之战"。曹军战败，主要原因在于：北方士兵不习水战，南下后又染上疾病，疲惫不堪；刚刚收编的原荆州之兵心怀狐疑，曹军军心不齐；曹操骄傲轻敌，指挥失误，战舰连锁给孙刘联军以可乘之机。赤壁之战影响深远，它决定了此后三国鼎立的基本格局。赤壁之战以后，曹操退回北方，致力于经济的恢复与社会的安定；孙权在长江下游的统治更加巩固；刘备在湖北、四川扩大了地盘。

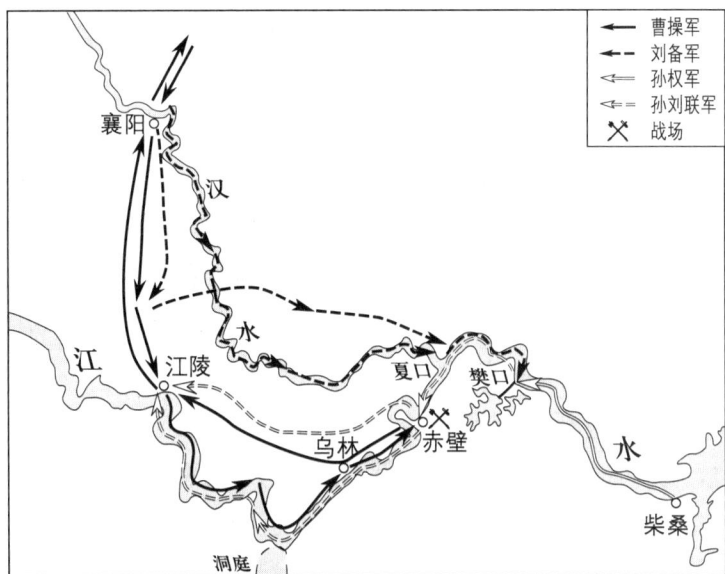

赤壁之战形势

江陵	今湖北荆州	夏口	今湖北武汉	樊口	今湖北鄂城西
赤壁	今湖北嘉鱼东北	柴桑	今江西九江西南	乌林	今湖北洪湖东北
襄阳	今湖北襄阳				

公元220年，曹操之子曹丕废掉东汉最后一个皇帝汉献帝，自称皇帝③，

———————

① 江东，今江苏、浙江一带。

② 荆州，今两湖及河南西南部。

③ 曹丕，即魏文帝。

建立魏国，都城洛阳；第二年，刘备在四川称帝①，建立蜀国，都城成都；公元222年，孙权也在江东称王②，建立吴国，都城建业。三国中，魏国地域最广，实力最强，但"吴有长江之险，蜀有崇山之阻"，吴、蜀与魏势成三分鼎足，我国历史进入三国时期。

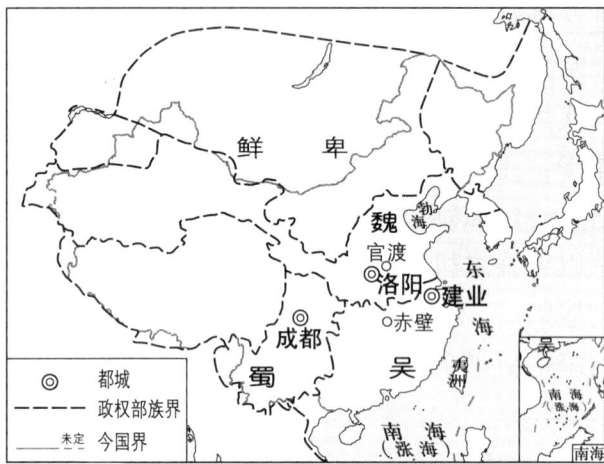

三国鼎立形势图

洛阳　今河南洛阳东　　官渡　今河南中牟东北　　成都　今四川成都
建业　今江苏南京　　　赤壁　今湖北嘉鱼东北

　　三国时期，统治者都比较注重社会治理和经济发展。在曹魏，为了取得士族的支持，政府实行"九品中正制"，即以有声望的士族担任州郡大小中正，按人才优劣，分九等搜荐士人，帮助吏部铨选官吏。士族因品评、升降士人，取得了政治上的垄断。魏明帝在位期间③，消灭了辽东的割据势力，成功地抵御了蜀汉的北伐，曹魏统治进入全盛时期。刘备死后，后主刘禅即位，由诸葛亮辅政。诸葛亮是中国古代杰出的政治家、军事家。他治理蜀国，对外力主维持孙刘联盟，共同对付曹魏，曾多次出兵北伐；对内发展生产，实行法治，改善与当地人的关系，注意对南中地区的开发。孙权任江东之主，时间很长，前半生有

诸葛亮（181—234），字孔明，琅玡阳都④人

---

　　①　刘备，即蜀汉昭烈帝。
　　②　公元229年，孙权称帝，即吴大帝。
　　③　魏明帝即曹叡，公元227—239年在位。
　　④　琅玡阳都，今山东沂南。

所作为，晚年以偏安为满足。230 年，孙权派将军卫温、诸葛直，率领万人船队到达夷洲，这是大陆同台湾联系的最早记载。

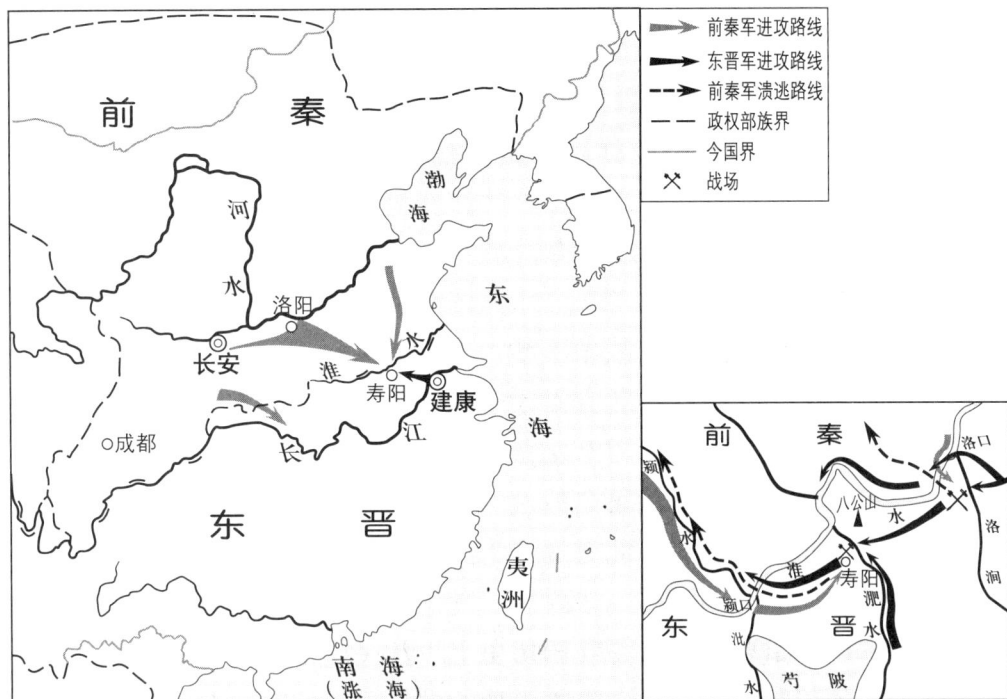

淝水之战形势图

建康 今江苏南京	洛阳 今河南洛阳	洛涧 今安徽淮南东
成都 今四川成都	寿阳 今安徽寿县	八公山 今安徽寿县北

西晋的短期统一和东晋十六国 魏明帝死后，曹魏继位的皇帝年幼无知，由大将军曹爽、太尉司马懿辅政。不久，司马懿控制了国家大权。266 年，司马懿之孙司马炎自立为帝，国号晋，魏国灭亡。司马炎就是晋武帝。诸葛亮死后，蜀国君昏臣暗，政权逐渐被宦官操纵，加上连年出征，兵疲粮乏，"经其野，民皆菜色"。公元 263 年，蜀汉被北方的魏国灭亡。吴国最后一个皇帝孙皓，是三国时代有名的暴君。他经常施行剥面皮和凿眼的酷刑，搞得"人人忧恐，各不自保"。公元 280 年，晋武帝派兵灭吴，全国出现了短暂的统一局面。晋建都洛阳，史称"西晋"。西晋统一南北后，一度呈现繁荣局面。全国户口增加，劳动人口复归土地，出现小康景象。然而，晋武帝大封同姓王，诸王以郡为国，拥有自己的军队，集财权、兵权和行政权于一身，形成国中之国，给西晋政权的稳定留下了隐患。晋惠帝时，八个宗室封王为了争夺皇权，进行了长达 15 年之久的内战，史称"八王之乱"。八王之乱削弱了西晋统治，使社会

生产遭到极大破坏。人民流离失所，社会上到处是失去家园和土地的流民。那时候，西、北少数民族不断大规模向中原迁徙，这既促进了民族融合，也加速了西晋政权的灭亡。西晋对少数民族施行歧视和压迫政策，民族矛盾十分尖锐。西晋末年，终于爆发了流民起义和各民族上层的反晋起兵。公元316年，西晋王朝覆灭。

317年，西晋皇室司马睿（ruì），由逃亡到江南的贵族地主和当地地主拥戴，在建康①重建了晋王朝，历史上称为“东晋”。与东晋同时，北方先后有鲜卑、匈奴、羯、氐、羌等五个少数民族，建立了许多政权，其中主要的有十六国。历史上把这一时期称为“东晋十六国时期”。

东晋十六国时期，南北方战争不断，人民遭到屠杀，城邑遭到焚毁，经济受到极大破坏。公元383年，北方由氐族建立的前秦和南方的东晋之间，进行了著名的淝水之战，东晋以8万兵力战胜了前秦90万大军。淝水之战是我国历史上以少胜多、以弱胜强的著名战例。

南北朝 淝水战后不久，北方逐渐为鲜卑族建立的北魏统一。北魏统治时期，我国北方各民族得到了进一步融合。魏孝文帝②在促进民族融合和发展北方生产方面作出了重要贡献，是我国历史上少数民族中杰出的政治家。他在位期间，实行了均田制，使战乱中失去土地的农民重新被安置在土地上，农业生产逐渐恢复，经济发展较快。魏孝文帝还大力提倡学习汉族文化，吸取中原的先进制度，任用汉族知识分子做官，鼓励汉族和鲜卑族通婚，下令鲜卑贵族说汉话、穿汉服，并把鲜卑姓氏改为汉姓。公元494年，魏孝文帝把都城从平城③迁到洛阳。这样，鲜卑贵族逐渐封建化了，北方的民族融合得到进一步发展。魏孝文帝死后，北魏统治阶级逐渐腐朽，阶级矛盾和民族矛盾都日益尖锐起来。

从534至535年，北魏分裂为东魏、西魏。不久，东、西魏又分别为北齐、北周所取代。后来，北周灭掉北齐。公元581年，北周大臣杨坚篡夺了政权，建立隋朝。历史上把从北魏开始，经历东、西魏到北齐、北周，合称为“北朝”。

淝水之战以后，东晋继续偏安东南一隅。公元420年，刘裕取代东晋的统

---

① 建康，今江苏南京。
② 魏孝文帝，公元471年至499年在位。
③ 平城，今山西大同。

治，建立宋朝。南方自刘裕建宋后，前后又经历了齐、梁、陈各朝，这些王朝，都在建康建都，历史上合称为"南朝"。刘裕代晋后建立宋朝，史称刘宋。刘裕即是宋武帝。宋文帝时，刘宋社会经济得到恢复，江南出现了一个相对安宁的小康时期。梁，又称萧梁。梁武帝时发生了"侯景之乱"。侯景之乱是南朝历史上的一次大浩劫，它使南朝人口锐减，富庶的江东成为一片废墟。南朝时，士族经历了由盛转衰的过程，寒门庶族逐渐掌握军政大权，取代士族的地位。公元589年，陈朝为隋所灭，全国归于统一。历史上把南朝和北朝，总称为"南北朝"。

三国两晋南北朝时期，虽然分裂割据多于统一安宁，但经济还是有所发展，主要表现为南方和西南经济得到较快的开发。南方成为全国重要的粮食产地，为中国的经济重心向南方转移奠定了基础。

第二节　科　学　技　术

历法和数学　魏晋南北朝时期，天文历法和数学都有很大发展，尤其是数学方面成就最高。

三国时东吴人王蕃制成尺寸合适、转动灵活的浑天铜仪。前赵史官孔挺根据张衡遗制又铸造浑天铜仪。这座浑天仪在刘裕破后秦时被运到建康，一直使用到梁朝末年。梁朝时，祖暅在高山顶上造八尺长的铜表作为日晷①，下面和石圭连接，圭面掘沟，倒上水，以定水平，这是后世定水平方法的开端。他还利用圭表来测定南北线的方向。祖暅等人还改进了计时工具漏刻。

漏刻即漏壶，是钟表发明以前的计时工具，分单壶和复壶两种。单壶只有一个贮水壶，壶底穿一孔，壶中直立一箭，箭上刻有度数。壶中装满了水，水按漏渐减，箭上所刻度数依次显露，这样就可以知道时间。

这一时期，天文历法的最大成就，是发现了"岁差"。长久以来，天文学家不知道"天周"和"岁周"之间还有差数，误以为天周，即太阳绕地球一周，就是岁周，即一年。东晋天文学家虞喜根据仔细观察发现，太阳运行一周实际并不回到原来位置上，而是每50年向西移动一度，这种岁周和天周的差数就是"岁差"。南北朝时，祖冲之把这一岁差应用到他新制定的《大明历》中，使历法更加符合日月星辰的运行规律。祖冲之还具体计算出一回归年的日

---

① 日晷（guǐ），即日规，古代的测时仪器。

数是 365.242 814 81 日，与现代科学所得日数相比，只相差约五十秒，是当时世界上最先进的历法。

这一时期，涌现了许多杰出的数学家。三国曹魏的刘徽在注释《九章算术》的过程中，算出球体积是球径立方的十六分之九。他又发明了割圆术，从圆内接正六边形开始，计算到内接正十二边形、正二十四边形以至正一百九十二边形，确定圆周率值为 3.141 6，后世把这称为"徽率"。南朝的祖冲之，继承他的成果，作进一步的研究，更精确地推算出圆周率的数值在 3.141 592 6 和 3.141 592 7 之间。他是世界上第一位把圆周率数值准确计算到小数点后七位数字的数学家，比外国算出这个数值要早近一千年。人们为了纪念祖冲之这一功绩，把这一圆周率称为"祖率"。

祖冲之是南朝宋、齐时期人。他不仅是我国伟大的数学家，同时也是天文历法家、物理学家和机械发明家。除圆周率的精确计算外，他还著有重要的数学著作《缀术》，这本书长期被我国、朝鲜、日本等作为学生必读的数学课本。祖冲之还创造过以机械发动的日行百里的"千里船"，改造了诸葛亮的木牛流马和重制了魏晋后失传的指南针。

祖冲之（429—500），范阳遒①人

完成于十六国北朝时期的数学著作《孙子算经》，是考证古代筹算法的重要资料。书中所选的应用题大都浅近易晓，对初学数学者很有帮助。书中最著名的题是："今有物不知其数，三三数之剩二，五五数之剩三，七七数之剩二，问物几何？""答曰：二十三。"《孙子算经》的"物不知数"问题，解法巧妙，颇有猜谜的趣味，流传到后世，成为科技文娱活动中的一个节目。西方数学家则把"物不知数"问题的解法称为"中国剩余定理"。

地理学 魏晋南北朝时期，我国在地理学方面也有杰出成就，裴秀和郦道元是这一时期最著名的地理学家。裴秀生活在魏晋时代，曾在晋武帝司马炎一朝官至尚书令、司空。当时尚书令总理中书政务，掌握着国家户籍、土地、田亩赋税等工作，负责各种测量和调查，这使他熟悉许多地理和图籍资料。裴秀创造出我国第一套科学的绘制地图的方法，称为"制图六体"，规定出用比例

---

① 遒，今河北涞水。

尺、定方位、距离等为基础的六条原则。除了经纬线和投影外，其余今天地图学上所考虑的主要问题，他都已经提到了。他还根据这些原则，编制出了包括疆域、行政区域、山川城市等在内的《禹贡地域图》。这是我国前所未有的一部详备的综合地图。裴秀的绘图理论对我国后世地图学的发展有深远影响，一直到清代以前还沿袭他的制图方法。当时，西晋政府绘制了一种《天下大图》，是用80匹绢绘制而成的。裴秀认为使用起来很不方便，就用"一分为十里，一寸为百里"的比例，把《天下大图》缩制成《方丈图》。这种《方丈图》携带容易，使用方便。

郦道元是北魏时期的杰出地理学家。郦道元从十几岁起就对祖国的山川有特别的爱好，年长以后曾先后在山西、河南、河北、山东等地做官，每到一处，都留心考察当地水道等地理现象。郦道元一生的最重要著作为《水经注》。相传《水经》原书为汉代人桑钦所著，但此书叙述过于简单。郦道元根据桑钦所叙述的142条河流加以大大扩充注解，详细叙述了每条河流所经过地区的地理沿革及有关历史、物产等情况。据统计，郦道元在《水经注》里涉及的河流达到1252条，全书共计40卷，30万字。郦道元著书时态度谨严，实地考察了许多地方，浏览了大量文字资料，引述前人著作达三百几十种。《水经注》除记述我国水道而外，还牵涉到许多的国外情况，如朝鲜的大同江、印度的印度河，以至西到伊朗和咸海地区，南到越南和柬埔寨，都有所记叙。《水经注》保存了我国自然地理和经济地理的丰富材料，至今仍有重要的参考价值。例如，书中记载了山西大同的火井温泉，延长、玉门一带的石油矿，以及石炭使用的情况，还介绍了山西永济的名酿桑落酒等。

魏晋南北朝时期，有许多地理学著作问世。它们有的记述州郡地理，有的专记名山大川，有的记叙征途所见所闻，有的兼记土产异物。较著名的有三国时沈莹的《临海水土异物志》、西晋时周处的《阳羡风土记》、东晋时顾夷的《吴郡记》、刘宋时山谦之的《吴兴记》、盛弘之的《荆州记》、东魏时杨衒之的《洛阳伽蓝记》等。

农学 北魏时期贾思勰（xié）的《齐民要术》，是这一时期反映我国农业生产水平最重要的农学著作。

贾思勰，山东益都①人

---

① 益都，今山东青州。

贾思勰曾在北魏任过太守，后来回到家乡山东，以农牧为业。大约在北魏末年和东魏时期完成了《齐民要术》的写作。

《齐民要术》一共92篇，内容极为广泛，包括有农业、园艺、畜牧、农产品加工和其他手工业等各方面的记述。贾思勰在书中提到了季节、气候和不同土壤对不同农作物的关系，提出要因时制宜、因地制宜。他在耕作方面提出了一套完整的有效恢复地力的轮作制，还把绿肥的运用编排到轮作制之内。这种耕作制，西方18世纪30年代才开始采用，比我国晚一千多年。贾思勰还指出选择优良品种对提高产量的重要意义，创造性地提出培育禾苗、扦插、嫁接等繁殖优良品种的方法。《齐民要术》的特色，是在总结农业生产经验的同时，根据北方生产的特点，总结了北方民族畜牧业生产的经验。他提出了选种羊应注意的季节，肉用畜肥育的方法，和选择优种鸡的方法等。

贾思勰对我国古代农学的发展有重大的贡献。他的《齐民要术》是我国现存最早、最完整、最全面、最系统的农业科学著作，也是世界上最早的农业科学著作之一。

医药学　魏晋南北朝时期，我国医药学有很大发展。魏晋之际医学家王叔和的《脉经》，和同时代皇甫谧（mì）所著的《甲乙经》，是当时两大医学名著。王叔和继承秦汉以来脉学的理论，将脉的生理、病理变化及疾病的关系，归纳为24种脉象，作出详细的理论性叙述，这是我国诊断学上的重大进展，是对我国传统脉学的总结和系统化。皇甫谧的《甲乙经》，是对魏晋以前我国针灸术的总结，它确定了穴位的总数，介绍了针灸操作方法，并就各种疾病定出医疗的不同穴位。《甲乙经》是现存最古老的系统的针灸学专书，不仅对我国传统医学产生重大影响，对日本等国针灸学的发展，也有一定作用。

东晋的葛洪，是道教理论家、炼丹术家，同时也是医学家，著有《金匮药方》100卷、《肘后救卒方》3卷。《肘后救卒方》卷帙不多，携带便利，备列急性传染病、各脏器急慢性病，以及六畜病的治疗方药，涉及外科、儿科、皮肤科、眼科等。书中对每种疾病，都讲到病源、病状、治法和药方。由于药方从"便""廉""验"三方面着眼，因此这部书流行很广。

葛洪采录名医验方，集成《金匮药方》。因感到它篇幅太长，内容繁重，且各家的备急方"多珍贵之药"，不能为穷人所易得，于是着手编写一部简易的方书。它多记易得、便宜之药，篇幅又少，可以随身挂在肘后，所以取名《肘后救卒方》，简称《肘后方》。

这一时期药物学的成就，应当首推陶弘景的《本草经集注》。陶弘景，南朝人，多才多艺，对琴棋书画，天文地理，无不精通。对药物学尤有特别钻研。当时战乱频仍，医书大多散失，陶弘景隐居茅山，用多年的精力，对古传《神农本草经》中的药物进行了一次全面的总结，将传统流传的三百多种药物，逐一整理鉴别，纠正了原书之误，又增加了三百多种药物，合为730种。陶弘景按药物的品种，将收集的本草分为玉石、草木、虫兽、果菜、米食等七类，分门别类进行论述。陶弘景这本书，集魏晋以前本草（药物）之大成，是中国药物学承先启后的著作。

机械发明　三国时曹魏的马钧，是一位巧思绝世的发明家。他发明的织绫机，提高生产效率四五倍；他制造的翻车，能够源源不断地引水灌溉园圃，而且轻便灵巧。这种翻车又叫龙骨水车，是当时世界上最先进的生产工具之一。西晋时，杜预发明了连机水碓，利用水力带动几个碓同时舂米。后赵时，有人发明了"记里鼓车"。它的构造是利用车轮的转动，带动车体上四种不同的齿轮装置。每当车行一里，车上的木人就击鼓一次。

翻 车 图

第三节　哲学和宗教

魏晋玄学　玄学是魏晋时封建文人的一种思潮。"玄"是玄虚的意思。玄学家把老庄的唯心主义加以发挥，主张虚无的"道"，宣扬"无"是产生万物的根本。基于这种思想，他们认为政治上应当"无为"，生活作风上要任其"自然"，社会风气中崇尚"清谈"。这种思潮的形成，和魏晋南北朝时期统治阶级内部的频繁政治残杀有关。从东汉末年开始，曹操在篡权建魏过程中，严厉打击异己的大族名士，名士的代表人物开始崇尚清谈和玄虚。曹魏政权建立后，司马氏又和曹氏争夺政权，勾心斗角，愈演愈烈，一时热心政治的名士都在政治斗争中死于非命，这就使逃避现实的玄学之风更为盛行。西晋时期，最高统治阶层内部矛盾和斗争更加激烈，一些政治风云人物朝不保夕，大批地主阶级士大夫在战乱中死亡，在朝代更替中也有不少名士被杀，主张虚幻的玄学更为士人所热衷。

魏晋玄学崇尚老庄，实际是主张君主无为，门阀专政。他们认为，《周易》的"寡以制众""变而能通"，《老子》的"崇本息末""执一统万"，《庄子》的"不谴是非""知足逍遥"，对巩固世家大族的利益来说，都是有用的思想资料，因此就推崇这三部书，当时称之为"三玄"。

魏晋玄学的发展可分为三个时期。玄学的最早代表人物为曹魏时期的何晏和王弼。在曹氏和司马氏的政治斗争过程中，何、王站在曹氏一边，曹氏失败后他们遭到杀害。玄学在魏晋交替时期的代表人物，是嵇康和阮籍。他们在政权的激烈争斗中也为曹氏一党，司马氏夺权后，心情上感到极大的苦闷与恐惧，政治上对司马氏采取消极的不合作态度。他们在思想上更加趋向庄子消极的神秘主义，生活作风上表现为放纵和颓废。他们在文学上形成一个名为"竹林七贤"的派别，纵情山水，放荡不羁。嵇康等由于对当权的统治者极端不

竹林七贤（部分）

满，在他们的诗文和言谈中，也常常出现一些反对封建礼教的思想。阮籍的《大人先生传》《咏怀诗》和嵇康的《述志诗》，都表现了对现实政治的不满，揭露了封建礼教的虚伪和当权者的残暴。后来嵇康为司马氏所杀害。玄学在西晋时期的代表人物是王衍。王衍为著名大族，在他的提倡下，玄学完全成为有闲阶级的点缀。这时玄学家故作姿态，口谈玄虚，有的还以此作为沽名钓誉、攫取禄位的手段。东晋时期，玄学依旧盛行，但此时的玄学，已逐渐和儒学、佛学合流，成为儒、道、佛混杂的一种思想了。

嵇康曾寓居河南山阳县①，与阮籍、山涛、向秀、阮咸、王戎、刘伶友善，游于竹林，号称"七贤"。后来，人们称他们为"竹林名士"。嵇康不事权贵，喜欢奖进寒素，在太学生中拥有很高的声望。他反对司马氏篡魏，遭到司

---

① 山阳县，今河南修武县西北。

马氏的迫害。嵇康下狱以后，3 000 太学生联名上书，请求释放嵇康，让他担任太学博士。嵇康善谈玄理，写得一手好文章，又善于弹琴。传说，有位神秘的人曾传授给他一曲声调绝伦的《广陵散》。嵇康临死前，要来一把琴，弹起了这首不曾教人的妙曲，并说："《广陵散》于今绝矣！"洛阳东市，亦称马市，是嵇康被杀的地方，后人为了纪念嵇康，马市也成为凭吊这位诗人和哲学家的名胜处所。

南朝宋时，刘义庆等选择关于世家大族、名士显宦的言语应对、人物品题等符合当时清谈风尚的材料，撰成《世说新语》一书。《世说新语》语言简明，保存了当时流行的一些口语。这部书文字虽简，表达能力却很强，往往三言两语，即把一个人的性格面貌，勾画得形象生动。

佛教在我国的传播 佛教在汉朝时候传入我国，东汉明帝时开始有佛经的翻译，以后又陆续有佛教徒来中国传教。魏晋南北朝时，从古印度东来传教和我国去古印度求经的僧人越来越多，大量佛经被翻译出来，总数达到一千多部，三千四百多卷。

佛教宣传人的肉体死亡，灵魂可以永在，可以转生来世。假如今生能够甘心忍受痛苦，虔诚信佛，把财产施给佛寺，死后就会升入天堂，或来世享受荣华富贵。这种宣传带有极大的欺骗性，麻痹了人民反对封建剥削和压迫的斗志，因此为统治者大力推崇。同时，魏晋南北朝时期，长期战乱给人民带来无穷的灾难，人民受尽阶级压迫和民族压迫之苦。人们在现世得不到幸福，就把希望寄托到来生，这也促进了佛教的广泛流行。

《礼佛图》

东晋南北朝时候，佛教在社会上有很大势力，许多名僧都可以参决国家大事，在后赵、前秦、后秦、北魏、南朝齐、梁诸朝，不少僧人受到皇帝重用。各朝皇帝大兴佛寺，鼓励佛教发展。北魏时全国佛教寺院竟达到三万所，僧尼二百多万。南朝梁武帝把佛教抬高到"国教"的位置，仅都城建康就有寺院五百多所，僧尼十余万。梁武帝萧衍还三次舍身寺院，表示愿为佛教门徒。佛教的寺院地主拥有大量财富，他们霸占民田，作恶多端，使不少农民流离失所。史书记载，北魏迁都洛阳不到两年，洛阳民居就有三分之一为寺院侵占。梁武帝舍给寺院的"赎身费"，一次就花钱一亿万。寺院成为社会的赘疣，佛教迷信思想在人民中起着显著的消极作用。

5世纪初，著名高僧法显西行取经，对佛教在中国的发展，具有很大影响。法显从长安出发，经玉门关、葱岭，到达天竺。他在那里学梵书、梵语，搜罗抄写佛经，406年又去释迦牟尼诞生地迦毗罗卫城朝拜。后来，他经斯里兰卡、爪哇回国。法显西行历时13年，从天竺带回了许多佛教经典。他后来写成的《佛国记》，是研究中国与印度等国交通和历史的重要史料。

杨衒之的《洛阳伽蓝记》中说："京城表里，凡有一千余寺。"洛阳是东汉、曹魏、西晋的京都。北魏孝文帝迁都洛阳，洛阳再度成为北方的政治、经济、文化中心。北魏分裂后，东西魏长期战争，洛阳"城郭崩毁，宫室倾覆，寺观灰烬，庙塔丘墟"。在这种情况下杨衒之撰写了《洛阳伽蓝记》。书中记述了城内外著名寺庙的结构和帝都风物、庭园景色，记载了洛阳商市的情形，还介绍了南北方饮食嗜好的殊异情况。书中综述了宋云等人西行求法的经过，还保留了古代西域和中印文化交流的重要史料。

范缜和《神灭论》 在魏晋玄学和佛教迷信思想弥漫的时候，有不少唯物主义思想家不断向唯心主义思想展开斗争。魏晋之际的裴頠（wěi）和东晋的鲍敬言，都专门著述阐明唯物主义观点的文章。鲍敬言的《无君论》，不仅论证了天地是物质的自然存在，而且在文中还设计了一幅"无君无臣"的理想的平等社会图像。这一时期最杰出的唯物主义思想家是南朝齐、梁时期的范缜。他生活在佛教极盛的时期，公然提出了"神

范缜（450—510），南阳舞阴①人

---

① 舞阴，今河南泌阳西北。

灭论"，和佛教的神不灭论展开了激烈论战。

范缜出身贫寒，自幼勤学好读，博通经书，成为当时为人所推崇的学者，被南齐的贵族竟陵王萧子良招至府中作宾客。萧子良虔信佛教，相信人的精神不死，迷信于因果报应。范缜不畏权贵，针锋相对地提出无佛观点。萧子良问他：你不信因果，为何人有富贵贫贱，难道不是佛的安排吗？范缜回答说，这就像树的花一样，随风飘落，有的落在茵席之上，成为贵族；有的落在厕中，成为贫贱之人，完全出于偶然，根本不存在因果关系。范缜进一步写了《神灭论》一书，系统地批判灵魂不灭的谬论。萧子良召集了许多僧徒和贵族，与他辩论，想以人多势众压倒他，也终于不能取胜。萧子良又对他进行利诱，对他说：你坚持神灭论，有损名教。如果放弃这种观点，像你这样有才能的人，不怕做不到中书郎①的高官。范缜大笑说：如果卖论取官，我怕尚书仆射②这样的高官也做到了，何况中书郎？梁朝建立后，笃信佛教的梁武帝对范缜发动了一次更大的围攻。他动员了一批王公权贵和高级僧侣，先后发表了75篇文章，攻击《神灭论》。范缜始终不屈，以有力的论证，一一回击了他的论敌，坚持了唯物主义无神论的观点。

范缜的《神灭论》，是我国古代哲学史上一篇光辉的唯物主义著作。他提出了形神合一的论点，指出"形存则神存，形谢则神灭"。即：有了肉体，才有精神，肉体死了，精神也就随之消灭。他作了一个形象的比喻，说肉体好比刀刃，精神好比锋利，没有了刀刃，自然就不存在锋利；同样，没有了肉体，也就不会有精神。范缜坚持宣传唯物论，目的是很明确的。他曾回答质问者说：我深感佛门的危害，担心社会风尚败坏，希望把人们从迷信思想中拯救出来，才提出了神灭论的观点。范缜不仅在言论上坚持唯物论，在行动上也身体力行。

北魏太武帝和北周武帝曾先后两次灭佛。周武帝灭北齐后，召集僧侣，宣布灭佛。著名高僧慧能对周武帝说："陛下今天以权灭佛，是受了魔，地狱是不分贵贱的，难道您不害怕吗？"周武帝听完后不为所惧，果断下令灭佛。北周的灭佛有利于社会生产的发展，为以后代周而起的隋朝统一全国奠定了基础，但对佛教文化也有损害。

道教的发展　魏晋南北朝时期，道教首先在民间得到发展。道教经过东晋

---

① 中书郎，宰相的助手。
② 尚书仆射，相当于宰相一级的官职。

道士葛洪改造，许多士族也开始信仰。葛洪的《抱朴子》一书，内篇讲神仙方药、鬼怪变化、养生延年；外篇讲人间得失，世事好坏，是道教发展中的重要著作。萧梁时，道教经典大量增加。

第四节　史学和文学

史学　魏晋南北朝时期，是我国史学发展的一个重要时期。一方面，各朝皇帝十分重视修撰国史，以宣扬创业开国之功德；另一方面，私修史书也还未加以禁止，因此这一时期，各种体裁的史书纷纷涌现。仅写东汉一朝断代史纪传体的《后汉书》，就有七八种之多。此外，还有纪年体裁的《后汉纪》，综述少数民族所建王朝历史的《十六国春秋》[①]，以及专写地方史的《华阳国志》[②]，等等。

这一时期，史学成就最高的当数陈寿的《三国志》和范晔的《后汉书》。这两部史书，与《史记》《汉书》一道，被后人称为"前四史"。

陈寿主要生活在西晋时代，在蜀汉做过官，所以对三国史事十分熟悉，在《三国志》里保存了许多可贵的第一手材料。《三国志》共65卷，分《魏志》《蜀志》《吴志》三部分。因为陈寿后为晋臣，晋又从魏篡政，所以《三国志》以魏为正统。《三国志》对三国时期一些主要人物评价基本是公允的，如赞誉曹操为"非常之人，超世之杰"。对诸葛亮，认为是"识治之良才"。《三国志》文字质朴，叙事得当，当时就有人称陈寿有"良史"之才。但陈寿身处晋初，当时政治派系斗争十分激烈，陈寿写书时常常不免有回护之处，这一点为后人所指责。

陈寿的《三国志》，写得"高简有法"，但失之于太简略。南朝宋时人裴松之"兼采众书"，为《三国志》作注。裴松之的《三国志注》引书达二百多种，有关三国的重要史料，几乎全部加以保留，其史料价值在陈寿本书之上。1996年，湖南省长沙市文物工作者在长沙市走马楼发现了数量巨大的孙吴纪年吴简。这些属于孙吴嘉禾元年至六年[③]的长沙郡档案，内容涉及政治、经济、军事、文化、地理、赋税、租调、户籍、司法、职官、仓储等各方面，将能极大

---

①　《十六国春秋》，北魏崔鸿著。

②　《华阳国志》，东晋常璩著。

③　嘉禾，孙权年号。嘉禾元年至六年为公元232—237年。

地补充三国史的史料。

范晔，南朝宋时人。他的《后汉书》共 90 卷，后人加上司马彪的志 30 卷，共 120 卷。此书博采前人所著之长，文字简洁，叙事明白，有些篇章写得相当生动。例如，后来成为我国民间脍炙人口的强项令董宣的故事，就出自范晔的《后汉书》。范书另一可取之处是在《后汉书》里，专门为妇女写了《列女传》。我国历史上著名的女史家班昭①，出色的女诗人蔡文姬，都在《后汉书》中有传。范晔还在书中表彰那些敢于和权贵阉宦作斗争的忠节之士，如范滂、李膺等，足为后世风范。

西晋武帝时，有人从汲郡的一座墓冢里发掘出大量的小篆漆书竹简，人们称之为汲冢竹简。这些竹简有的记载了夏朝至战国的史事，有的记录了神话传说、妖怪梦占等方面的内容，曾经轰动学界一时。其中很大部分被整理书写成当时通行的文字。可惜，除一小部分内容外，其余的到宋代已经散失。

建安文学　建安文学是指东汉末年到曹魏初年兴起的一个文学派别和集团。建安是东汉献帝的年号，时间从公元 196 年至公元 219 年。东汉末年，董卓擅政，牧守混战，百姓流离，统治阶级中的文人才子，也受到战乱的冲击。他们根据自己的切身经历，不仅唱出了东汉王朝末日的挽歌，同时也把所见所闻、可悲可泣的社会内容，通过诗赋的形式表达出来。这些作家和诗人的作品，大胆揭露社会的黑暗，对苦难的人民寄予深厚的同情。从艺术上说，他们追求苍凉的风格，反对绮靡柔弱的文风，强调作品的现实意义。后人常用"汉魏风骨""建安风骨"来形容这一时期的文学风格。

建安文学的代表作家，主要为曹氏三父子和建安七子。

曹操是建安文学的领袖人物。他不仅是一位杰出的政治家，同时也是一位卓有成就的文学家和诗人。在他的作品中，表达了自己的理想，希望通过"圣者贤明"的途径，达到一个人人富足的"太平盛世"。曹操的诗歌，节奏明快，抒情性强，史称曹操所"造新诗，被之管弦，皆成乐章"。曹操的诗歌，留传到现在的有二十首左右。他的《蒿里行》，对汉末战乱时人民的苦难表示了深切同情，写出了"白骨露于野，千里无鸡鸣。生民百遗一，念之断人肠"的充满感情的诗句。他的《龟虽寿》，历来为人传诵，用"老骥伏枥，志在千里。烈士暮年，壮心不已"，来形容自己的雄心壮志和积极进取的精神。他的《短歌行》，更唱出"山不厌高，水不厌深，周公吐哺，天下归心"的诗句，倾诉

---

① 班昭，为班固之妹。

出求贤若渴、借以成就统一大业的心情。

曹操的次子曹丕，也是建安时期的重要作家。他的《燕歌行》最为有名，用“秋风萧瑟天气凉，草木摇落露为霜”，“短歌微吟不能长，明月皎皎照我床”等诗句，细致地刻画了一位女子在不眠的秋夜，思念丈夫的心情。这首诗是我国现存最早的完整的七言诗。他的《上留田行》，则反映了贫富生活的悬殊：“居世一何不同，上留田①。富人食稻与粱，上留田。贫子食糟与糠，上留田。”曹丕还写了一部文学批评性的学术著作《典论》。这部书重视文学作品的地位、作用和特点，鼓励作家努力写作，在我国文学批评史上起了奠基作用。曹操的另一个儿子曹植，比曹丕更有才气，现存他的诗八十多首。曹植善于学习民歌技巧，诗中有许多令人赞叹的警句，如：“高台多悲风，朝日照北林”，“明月照高楼，流光正徘徊”，都历来为人们所吟诵。

曹植从小就受到良好的文学教养。曹丕称帝以前，他的诗除了反映战乱和人民疾苦，还表现政治抱负，向往建功立业。曹丕称帝以后，他的诗哀怨牢愁，对现实体会深刻。除诗以外，曹植的辞赋也写得很好。他的代表作《洛神赋》采用神话传说中洛水女神的故事作素材，刻画出一位“翩若惊鸿，婉若游龙”的神女形象。《洛神赋》整篇充满抒情气氛。

建安七子，主要指孔融、王粲、陈琳等七位诗人。他们都生活在东汉末年，经历了战争的离乱，了解人民的痛苦，因而在诗里有不少同情人民之作。王粲的《七哀诗》，是其中最著名的一首。在诗里，他把虐民祸世的军阀，比作吃人的“豺虎”。诗中写道：“出门无所见，白骨蔽平原。路有饥妇人，抱子弃草间。顾闻号泣声，挥涕独不还。未知身死处，何能两相完？”对战争中民间的惨状，寄予了深深的同情。东汉末年还有一位杰出女诗人蔡琰（yǎn），即蔡文姬，是诗人、书法家蔡邕（yōng）之女。她在军阀混战中，被董卓的军队所掳，后来又流入匈奴，居留 20 年之久，做了匈奴人的妻子，最后被曹操派人赎回。蔡文姬把她一生的痛苦经历，写成长诗《悲愤诗》和《胡笳十八拍》②。作品充满悲哀的感情，深刻细腻，真实动人。蔡文姬的经历，被后人编成民间故事和戏剧。

陶渊明的田园诗　陶渊明即陶潜（372—427），是东晋时期的著名诗人。他写了大量描写农村幽静景物和劳动生活的诗歌，给人恬淡自然之感，被人称

---

① 上留田，本为地名，这里作为曲调的余声，有音无义。

② 《胡笳十八拍》原作已佚。现在能见到的《十八拍》，杂有唐人诗格的诗句。

为"田园诗人"。

陶渊明家境贫寒，不得不经常参加农业劳动。后来，他做了彭泽县令。一天，郡中督邮①来县，县吏劝陶渊明整装迎接，以示敬意。他十分生气，对县吏说："我不愿为五斗米向乡里小儿折腰。"当天就离职回乡。他这一任县令只做了八十多天。归乡后，他写了著名的《归去来辞》，以表示永远归隐的决心。此后，他在家乡浔阳柴桑②从事农耕，维持一家生活，直到去世。

陶渊明的《归园田居》5首，以自己亲身感受的对农村无比喜爱的心情，写出了农村中恬静的环境、美好的景色和对劳动生活的热爱。诗中写道："种豆南山下，草盛豆苗稀。晨兴理荒秽，带月荷锄归"，"众鸟欣有托，吾亦爱吾庐，既耕亦已种，时还读我书。"这些，都给人一种美的享受，感染力极强。

归去来兮图——临清流而赋诗

陶渊明也有描写自己远大抱负和为被压迫者鸣不平的诗歌。如他在《杂诗》中写道，"日月掷人去，有志不获骋，念此怀悲悽，终晓不能静"，借以抒发自己有志难展的激愤心情。再如《读山海经》一诗，借神话中的刑天③这一形象，赞扬历史上许多壮烈的反压迫的牺牲者，"刑天舞干戚，猛志固常在"等等。

陶渊明最有名的作品，是《桃花源诗》和诗序《桃花源记》。诗和诗序虚构了一个人人丰衣足食、不纳赋税的世外桃源，寄寓了诗人的理想。诗中描写在这个桃花源里，"相命肆农耕，日入从所憩"，人人都要劳动，也都有足够的

---

① 督邮，协助郡守督察县乡治理的小吏。

② 柴桑，今江西九江西南。

③ 刑天，亦作形天，神话人物。因和天帝争权，失败后被砍去了头。他不甘屈服，以两乳为目，肚脐当嘴，依然拿着盾牌和板斧挥舞着。

休息，"春蚕收长丝，秋熟靡王税"，物产十分丰富，没有剥削者任意压榨。这样美好的图景和当时战乱的痛苦现实，形成了强烈的对比，表达了诗人对封建剥削和压迫的不满。

陶渊明的诗也有弱点，他吟咏的题材不广，境界不够开阔，而且一些诗里有消极逃避现实的情绪。

东晋南朝时，以王谢为首的北方南下世家大族经营江东一带，歌咏东土山川之美的山水诗得到发展。特别是在南朝刘宋初年，经谢灵运的倡导，山水诗得到新的发展。谢灵运的山水诗，"情必极貌以写物，辞必穷力而追新"。他的《山居赋》，注文中详尽地记述山庄景物之美。如作者注山庄南山景物时写道："南山是开创土居之处也。从江楼步路，跨越山岭，绵亘田野，或升或降，当三里许。途路所经见也，则乔木茂竹，缘畛弥阜，横波疏石，侧道飞流，以为寓目之美观……"这篇赋称得上是山水文学的代表作，对研究东晋南朝士族的田庄制度，具有重要的参考价值。

南朝时，一些文人写文章极力追求辞藻华丽和对偶工整，这种文体叫作骈文。骈文最适宜写辞赋，所以当时的贵族文人在辞赋上用功也最多。江淹的《恨赋》、庾信的《哀江南赋》，都是骈文中的佳作。庾信在《哀江南赋》结束时写道："幕府大将军之爱客，丞相平津侯之待士①……岂知灞陵夜猎，犹是故时将军②；咸阳布衣，非独思归王子③!"表达了自己流落北国，虽受种种优待，而思归之情愈切的心情。杜甫评价说："庾信平生最萧瑟，暮年诗赋动江关。"梁昭明太子萧统编订《文选》时，将赋列在第一位。骈文过于讲求对仗、用典、辞藻、声律，思想表达受到限制，内容易流于空虚和颓废。

丰富多彩的民歌　魏晋南北朝时候，我国民歌有进一步发展。南北民歌各有特色，显得丰富多彩。一般说，南方民歌偏于绮丽轻巧，缠绵婉转，大部分为爱情歌曲，其中有对封建礼法的大胆干犯，有的表现了恋爱生活的忧喜得失，离合变化。北方的民歌则表现风格豪放，慷慨激昂，反映出游牧民族的生活状况和思想感情，刚劲质朴而爽朗。例如著名的《敕勒歌》："敕勒川，阴山下，天似穹庐，笼盖四野。天苍苍，野茫茫，风吹草低见牛羊。"描绘了空阔

---

①　爱客，爱重宾客；待士，优待国士。
②　这里指庾信留居长安，原先也当过梁朝的右卫将军。
③　这里指庾信自己在长安也同样思归江陵故国。

无垠的大草原，景色如画，仿佛让人们亲眼看见了苍莽的塞外风光。北朝民歌中有一部分反映战争的题材，有的表达了北方民族的豪健，如《企喻歌》所述："男儿欲作健，结伴不须多。鹞（yào）子经天飞，群雀两向波。"有的则反映人民对战争残酷的反感："尸丧狭谷中，白骨无人收。"北朝民歌中最出色的一首是《木兰辞》。这首诗共三百多字，描绘一位代父从军的女英雄木兰的形象，表现出北方劳动妇女的淳朴、勇敢和坚强。诗中有些句子写得十分豪壮："旦辞爷娘去，暮宿黄河边。不闻爷娘唤女声，但闻黄河之水鸣溅溅。旦辞黄河去，暮至黑山头。不闻爷娘唤女声，但闻燕山胡骑声啾啾。"这首诗表明了我国古代人民一个可贵思想，即：女子和男子一样可以做出英雄豪杰的事业，对那个时代的重男轻女成见是有力的冲击。木兰的故事在我国家喻户晓，木兰也成为戏剧、绘画中经常描绘的动人艺术形象。

木兰从军

南方的民歌，主要有《吴声歌》和《西曲歌》。《吴声歌》是长江下游的民歌，即扬州一带的民歌。这类民歌内容比较丰富，有的描绘劳动生产，有的歌颂爱情，有的控诉封建礼制。如《子夜夏歌》描写青年男女共同生产，产生爱情："春倾桑叶尽，夏开蚕务毕。昼夜理机丝，知欲早成匹。"《西曲歌》是长江中游荆、襄一带的民歌，也有不少歌颂爱情的内容，如《作蚕丝》中唱道："春蚕不应老，昼夜常怀丝。何惜微躯尽，缠绵自有时。"荆、扬两地习俗不同，"吴歌"和"西曲"的风貌情调各异，但一般都用五言四句写成，从形式和内容上影响了唐代五言绝句的发展。

神话和志怪小说　这一时期出现了不少神话和志怪小说，著名的有西晋张华的《博物志》，东晋葛洪的《神仙传》、干宝的《搜神记》等。这些神话和志怪小说，保存一些民间故事，借助神怪题材，反映了人民群众的思想和愿望。既有文学价值，也有一定的史料价值。

《搜神记》讲过这样一个故事：闽越高山上有巨蛇常为民患，郡县官吏胆小无能，不思除害，而是于每年八月一日祭蛇，将从民间搜求来的女子送去喂蛇。九年过去，已有九女丧命。这一年，祭日又要来临，民女李寄主动应募，前往祭蛇。八月一日，李寄携带利剑、猎犬和美食，来到巨蛇洞穴前。她先用美食引蛇出洞，放猎犬撕咬蛇头，转移蛇的注意力，然后挥剑而上，从后面猛砍，终于斩杀巨蛇。民女李寄为民除害的英雄行为与官吏的怯弱无能，形成鲜明的对照。

第五节　艺术和体育

石窟艺术和雕塑成就　魏晋南北朝时期，佛教广泛传播，寺庙林立。在统治者的支持下，在今新疆、甘肃、陕西、山西、河南、四川等地，人们开山凿窟，建造起大量石窟寺。这些石窟寺，因地质岩石构造的不同，出现了不同类型的艺术形式。如大同云冈、洛阳龙门，艺术创作主要是石雕；敦煌千佛洞、天水麦积山，主要的艺术创作是壁画和塑像。这些统称为石窟艺术。

云冈石窟在今山西省大同市西武周山的南麓。大同是北魏前期的都城，云冈石窟的大部分主要建筑是在北魏迁都洛阳前完成的。云冈石窟现存石窟共53个，造像五万一千余尊，最早凿于公元453年。现存诸窟中第16窟至20窟都是北魏孝文帝之前的建筑物，因为是当时一位名叫昙曜（Tányào）的名僧所建，所以又称为"昙曜五窟"。这是云冈石窟中建造最早的石窟。其中第20窟的主佛，是云冈石窟雕刻艺术的代表作。

第20窟的主佛，是佛教创始人释迦牟尼的坐像，高13.7米，因石质坚硬，至今保存完好。这个佛像面部丰满，两肩宽厚，神情肃穆，造型雄伟。主佛后的背光火焰纹和两旁立佛，以及窟壁上嵌刻的无数或坐或跪的小佛和飞天，把这尊大佛衬托得更加庄严宏伟。原在这尊大佛前竖有立壁，辽代时塌毁，致使此佛露天，俗称为露天大佛。

北魏以后，隋、唐、辽、金以至清朝各代均有续建。石窟艺术丰富多彩，

敦煌飞天

云冈石窟第 20 窟露天大佛

具有强大的艺术魅力。从佛像来说，最大的高达 17 米，最小的高才几厘米。从窟壁上的浮雕说，有凌空飞舞、姿态飘逸的飞天，有活灵活现的龙、狮、虎、鸟等动物造像。从人物造像来说，有面相清秀英俊的主佛，有面貌威武的力士，还有手持各种乐器的乐伎，雕刻都十分精巧。这些艺术成就是研究我国古代美术史和音乐史不可多得的宝贵资料。

龙门石窟又称伊阙石窟，位于河南洛阳南郊的龙门口，是继云冈石窟之后陆续开凿的。现存窟龛二千一百多个，造像十万余尊。其中，北朝的作品占30%，最早的石窟开凿于北魏宣武帝时期。

西晋对坐书写陶俑

麦积山石窟位于甘肃天水以南。因山形似麦垛，所以叫作麦积山。麦积山现存石窟一百九十多个。窟中塑像约有一千多尊，另外还保存了一部分西魏和北周的壁画。这些作品具有清新俊丽的美感和较为浓厚的生活气息。

魏晋南北朝时期，雕塑艺术成就较大。许多名画家同时也是雕塑家，如东晋末年的戴逵父子。民间雕塑水平也较高。湖南长沙西晋墓葬中的陶俑、吐鲁番出土的十六国时期的泥俑以及数量众多的瓷器等，都是难得的艺术珍品。

与佛教艺术有关的建筑艺术，也有较大发展。特别是宝塔建筑，如北魏洛阳永宁寺木结构宝塔、河南嵩山嵩岳寺砖塔，建筑水平都相当高超。

嵩岳寺塔

嵩山嵩岳寺砖塔，创建于北魏，是我国现存最古的砖塔。塔高约四十米，共15级。这座筒型结构的砖塔，一千四百多年来历经自然力的损害，仍然基本完好。

书法 书法是我国特有的一门艺术。书法的历史和我国汉字的历史是密切地交织在一起的。自从有了汉字，如何书写就有讲究，这是书法艺术的萌芽时期。书法真正发展成为独立的艺术，是我国汉字从篆书转化为隶书开始的，而楷书、草书的兴起，又为书法艺术开拓了更大的领域。

东汉时我国已经出现了许多著名的书法家。那时候，国家专门设置有练习和传授书法的学校，出现了专为学习隶书而编成的习字范本《急就篇》。东汉末年著名的书法家蔡邕，既是文学家，又是经学大师。他的隶书对后世有极大影响。他建议把儒家经典的标准读本用隶书刻在石碑上，立在都城洛阳的太学门外。完工后轰动了全城，来观看的人和车马把洛阳的街巷，堵得水泄不通。

三国时期，汉字的楷书逐渐产生，我国书法艺术更加发展了。当时流行着楷、行、草三种书体，并有许多著名的书法家，曹魏的钟繇（yóu）成就最高。他对隶、行、草三种书体都很擅长，最成功的是楷书。后来书法家对他评价很高，说他写的字："点如山颓，滴如雨骤，纤如丝毫，轻如云雾。"那时，楷书开始定型化。

东晋南北朝时候，我国书法从两方面发展。北方以魏碑体为代表，南方则以王羲之、王献之父子为代表。所谓"魏碑"，是指那时刻在石碑和墓志上的文字。北魏重视佛教，常常在佛寺和石窟中刻上碑记和造像题记。那时注重门阀谱系，官员死后都要找名家写墓志铭，然后刻石，置于墓中。这就构成了北魏书法的几种主要形式，统称为"魏碑"。现在流传民间的著名的"龙门二十品"，就是清朝人从北魏龙门石窟造像题记中选取的石刻书法编次成帙的。魏碑的特点是：在楷书中保持隶书的风格，用笔方折劲健，质朴雄浑，表现出北方民族粗犷豪爽的性格。

王羲之，字逸少，是东晋时期最著名的书法家，也是我国书法艺坛的一颗巨星，后世称为"书圣"。王羲之吸取了魏晋诸家书法的精华，创立了独特的风格。他写的楷书，进一步摆脱了隶书的形迹，达到完美的境地。他还善写行书、草书，人们赞美他的字"飘若浮云，矫若惊龙"。他的书法代表作为《兰亭序》。此外，王羲之留下的著名书帖尚有《丧乱帖》《十七帖》等。王献之是王羲之的儿子，书法亦有极高造诣，他和王羲之被后人合称"二王"。

王羲之（321—379），琅玡临沂①人

据历史记载，公元353年，三月三日，王羲之和诗人名流谢安、孙绰等41人聚会于山阴②的兰亭。大家坐在水边饮酒作诗，然后将这些诗集在一起，称为"兰亭诗"，由王羲之写了一篇序言，这就是著名的《兰亭序》。这是一篇用行书写成的稿本，写得极为自然潇洒，集中体现了王羲之书法的艺术特点，对后世影响极大，被称为"天下第一行书"。唐太宗称赞王羲之的书法说："详察古今，精研篆素，尽善尽美，其惟王逸少乎？"据记载，唐太宗在宫中收藏

《兰亭序》（摹本·局部）

魏碑：《龙门二十品》之一

---

① 临沂，今山东临沂北。
② 山阴，今浙江绍兴。

的王羲之真迹达 3 600 张纸。他还将王羲之《兰亭序》墨迹拓本赐给皇太子或诸臣。他死后，《兰亭序》随之葬于昭陵。

湖南长沙走马楼发现了数十万枚三国孙吴纪年简牍。经初步研究，这些简牍是孙吴长沙郡的部分档案，详实地记录了当时人们的生活状况、社会交往和经济关系等，具有极其珍贵的文献史料价值。这些简牍的书法，别具特色，以隶书为主，兼有楷书和草书。草书又包括草隶、章草、行草。它反映了中国书法早期的发展状况，值得珍视。

绘画　魏晋南北朝时期，是我国绘画发展的一个重要阶段，主要表现在宗教画特别是佛教石窟绘画艺术的发展，并出现了一批优秀的画家。这一时期石窟绘画，主要是敦煌石窟壁画艺术，其中有许多属于北朝时候劳动人民进行生产斗争的场景，如渔猎、农事、营造、推磨等，画面甚为生动。其中有一幅北魏时期的《狩猎图》，表现了我国西北地区少数民族的狩猎生活，展示了卓越的绘画技巧。魏晋南北朝时期的画家，著名的有三国时的曹不兴，西晋时的卫协，东晋时的顾恺之，南朝的陆探微、张僧繇，北朝的曹仲达等。其中以顾恺之最为出色。

顾恺之，字长康，生活在东晋后期。他是个多才多艺的艺术家，人称"三绝"。三绝是才绝、画绝、痴绝。才绝，指他诗、赋都很出色。他写过不少文学作品，文章很美。比如描写浙江绍兴山水之美的"千岩竞秀，万壑争流；草木蒙笼，若云兴霞蔚"这段名句，至今读来，尚琅琅上口，有声有色。他的痴绝，实际上是指他作诗、绘画的认真，对人的真诚，到了痴迷的程度。

顾恺之（346—407），无锡人

顾恺之的画，主要着重人物传神。据历史记载，他曾为都城建康的瓦官寺壁绘画居士①维摩诘像。当时瓦官寺新建成，僧众会请都中官僚士大夫施舍，大家捐钱数没有超过十万的，唯独顾恺之写上百万。寺僧请他拿钱，他命寺僧备好一面墙壁，让他一个月内画成维摩诘像。像成那天，他将要给画像点睛，对寺僧们说：可以请大家来观看，第一天观者请施十万，第二天减至五万，第三天则可随意施舍。到点睛那天，落笔以后，光照一寺。大家备加赞

----

① 居士，不出家的佛教信徒。

《女史箴图》（摹本·局部）

《洛神赋图》（摹本·局部）

赏，捐款很快就超过一百万钱。这个故事，说明了顾恺之绘画技巧的高超，和他作品传神的特点。顾恺之一生绘画很多，但大部分散失，至今留传下来的只有摹本《女史箴（zhēn）图》《洛神赋图》和《列女图》三件。

东晋时的山水画，给人耳目一新之感。山水画中，原本作为人物背景的山水，地位有所提高。山水画的提倡与发展，对后世中国绘画的发展，产生了深远的影响。此外，大量保存至今的画像砖、石，数量很少的木板漆画等，也从一个侧面反映出这一时期的绘画艺术面貌。

魏晋墓画像砖牛耕图

音乐、舞蹈与杂技 两汉、魏、晋的乐府，来自民间。这些歌词合乐以后，用来作为宗庙的乐歌和军中的凯歌。西晋灭亡以后，南北形成两种不同的音乐体系。东晋南朝，流行的音乐是由汉代音乐发展而来的《清商乐》，乐器有钟、磬、琴、瑟等；十六国北朝流行的音乐是糅和秦汉音乐与少数民族音乐而成的《西凉乐》，乐器有竖箜篌、弹筝、琵琶、

晋墓纸绘生活图

五弦等。此外，当时流行的音乐中，还有来自少数民族的《龟兹乐》《疏勒乐》和来自国外的《安国乐》《康国乐》《高丽乐》《天竺乐》等。

魏晋南北朝时期的舞蹈，也分为魏晋南朝和十六国北朝两种体系。魏晋南朝，流行《鞞（bǐng）舞》①《杯盘舞》②《巾舞》③ 等；十六国北朝流行《兰陵王入阵曲》《城舞》等面具舞。

《兰陵王入阵曲》，亦称《大面》或《代面》，属于软舞的范畴。传说，北齐兰陵王高长恭貌美而勇武，常常戴假面具与敌人对阵，勇冠三军。齐人对此极为赞赏，于是摹仿兰陵王指挥击刺动作，创造了一种舞蹈，名为《兰陵王入阵曲》。舞者头戴假面具，紫衣金带，手持金桴（fú）④。这对后世戏剧的发展，有一定的影响。

魏晋南北朝时期的杂技，种类很多。有类似于狮子舞、龙舞的鱼龙烂漫之戏，有摹仿人与老虎、大象相处情景的传统剧目，有表演空中技巧动作的缘竿，还有扛鼎、翻筋斗等，但最受欢迎的是《角抵》。北朝时，《角抵》被推居《百戏》之首。

---

① 鞞舞，鞞亦作鼙，一种带柄小鼓。舞者一边摇鼓，一边舞蹈。有时执扇而舞，称为扇舞。鞞舞规模较大，一般由 16 人共舞，后来发展到 64 人共舞。

② 杯盘舞，持杯盘而舞的一种舞蹈。西晋以前，有盘无杯，舞者持盘多达 7 个。

③ 巾舞，常和古曲《公莫渡河曲》配合，亦称《公莫舞》，由 16 人或 8 人共舞。舞者穿"碧轻纱衣"。

④ 桴，鼓槌。

第四章　隋唐时期社会概况和文化

公元 7 至 9 世纪，欧洲处于中世纪黑暗时代，而东方的亚洲一片生机勃勃。西亚出现了横跨亚、非、欧三大洲的阿拉伯大帝国；东亚相继建立起东临太平洋、西达中亚的强盛的隋唐大帝国。隋唐是统一的多民族国家，实行强有力的中央集权，经济空前繁荣，对外交往频繁，文化辉煌灿烂。中国对当时的世界，作出了巨大的贡献，尤其是对东亚朝鲜、日本等许多国家的文化，产生了深刻的影响。

第一节　政治经济概况

隋朝的短暂统一　在两晋南北朝的几百年里，进入黄河流域过着游牧生活的各族人民，同汉族人民在一起，学会了农耕，逐渐过着定居生活。到 6 世纪

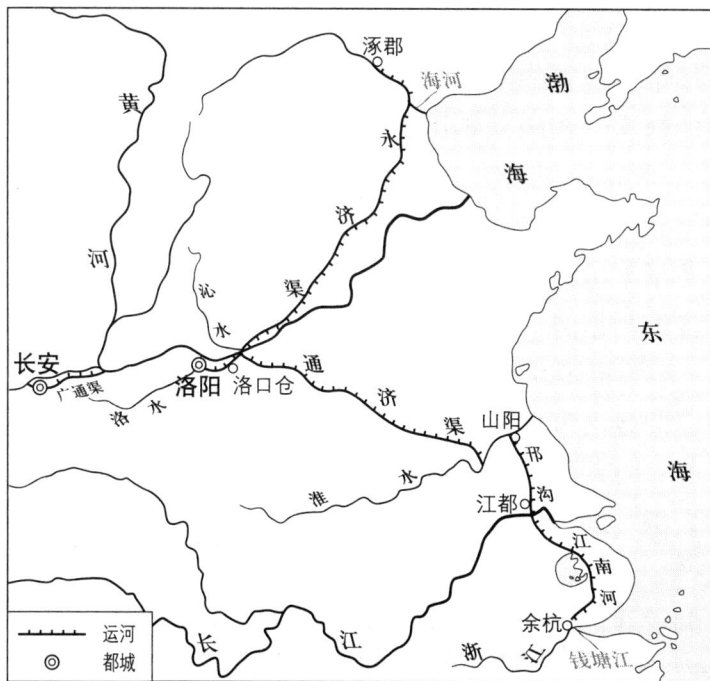

隋朝的大运河

后期，各族人民同汉族人民已经互相融合。同时，北方和江南经济都有了发展，彼此需要交流。南北分裂的局面，使正常的经济往来遭到破坏，不符合人民的愿望，南北实现统一的条件成熟了。581年，北周的外戚杨坚，夺取政权，建立隋朝，定都长安。杨坚就是隋文帝。589年，隋灭陈，结束了南北长期分裂的局面，统一了中国。

全国统一以后，社会秩序安定下来。为巩固统治，隋朝采取了一系列加强中央集权和发展经济的措施。例如，确立三省六部制，实行科举制，改革府兵制，颁布关于均田和租调的新令等。在统一的局面下，南北的经济文化得到交流，也有了进一步发展。贯通南北的大运河的开凿，是隋朝经济繁荣的突出表现，也更加有利于经济的发展。隋朝人口增长迅速，南北统一时只有七百多万户，606年增加到近九百万户。国家府库殷实，官仓、义仓①，都装满了粮食。长安等地积存的布帛更是不计其数。

隋朝的第二代皇帝隋炀帝，统治十分残暴。他对内大兴土木，穷奢极欲，滥用民力；对外穷兵黩武，激起人民无比愤怒。611年，从山东开始，爆发了隋末农民战争。这次农民战争，遍及南北，规模较大的有几十处之多。在战斗中，起义军汇合成几个强大的集团，其中最主要的是翟让、李密领导的瓦岗军。隋政权在瓦岗军和各地农民军的打击下，摇摇欲坠。618年，隋炀帝被围困在江都，他的部下见大势已去，杀死隋炀帝。短暂的隋朝灭亡了。

唐朝前期的繁盛 在隋末农民起义蓬勃发展的过程中，太原留守李渊乘机起兵，攻占长安。618年，李渊称帝，建立唐朝，定都长安。李渊就是唐高祖。唐高祖和他的儿子李世民，在八九年里，镇压了农民起义，消灭了各地割据势力，统一了全国。玄武门之变后，626年，李渊把帝位传给李世民。李世民就是我国历史上著名的政治家唐太宗。

唐太宗从隋朝的灭亡中吸取教训，任用敢于直谏、有才能的大臣，调整统治政策，以加强中央集权和发展社会生产。在政治制度方面，唐朝继续采用隋朝的三省六部制，并加以完善；进一步发展科举制，使门第不高的一般地主，

唐太宗（626—649年在位）

---

① 义仓，地方公共储粮备荒的仓窖。

隋唐手工业示意图

可以参加到政权中来，扩充了统治基础；注重立法，在前代法律的基础上，制定出《唐律》。《唐律》是我国现存最早的一部完整的封建法典。在经济制度方面，唐初统治者继续沿用北魏以来的均田制，又发展了隋初的纳绢代役制度，实行租庸调制。均田制和租庸调制的实行，使农民得到一定的土地，保证了生产时间，有利于农业生产的发展。唐太宗统治的时期，政治比较清明，社会秩序比较安定，社会经济出现了繁荣景象。历史上把这一时期的统治称为"贞观①之治"。

　　从"贞观之治"到"开元②盛世"，是唐朝前期国力强盛、经济繁荣发展的阶段。武则天统治时期，继续推行唐太宗发展生产的政策，破格提拔许多有才能的人。当代史学家郭沫若称赞她"政启开元，治宏贞观"。到了唐玄宗统治的前期，唐朝进入全盛时期。中国封建社会也呈现出前所未有的盛世景象。大量的荒地开垦出来，粮食和布帛装满了官家的仓库，人口大量增加。手工业生产也空前发

唐 三 彩

---

① 贞观，是唐太宗统治时期的年号，从公元 627 年到 649 年。
② 开元，是唐玄宗统治前期的年号，从公元 713 年到 741 年。

展，纺织、陶瓷、造纸等手工业的技术，大为提高。著名的唐三彩就是这个时期创制的。商业、城市和交通，也十分发达。都城长安是唐朝的政治、文化中心，也是国内最大的商业都市。城内的商业区东市和西市，异常繁华。来自全国各地的少数民族和亚洲各国的人，在市上经常可见。长安城既是国内的政治、经济和文化中心，也是一座国际性的大城市。

敦煌壁画中的西域各族人

边疆各族的发展　唐朝时候，我国统一的多民族国家得到空前的发展。统治者采取了比较开明的民族政策，边疆地区的少数民族有了进一步的发展，各族人民的联系也大大加强了。

6世纪中期，游牧在阿尔泰山一带的突厥族逐渐强大起来，控制了东起兴安岭、西到里海的广大地区。隋朝时候，突厥分裂成东突厥和西突厥。唐朝初年，东突厥不断发兵南下，威胁唐朝。唐太宗打败了东突厥，控制了西突厥。后来，唐朝在西域先后设立了安西都护府和北庭都护府，行使政治、军事权力。两个都护府是唐朝在西北边疆的最高行政和军事机构。

唐朝初年，在我国北部色楞格河一带，居住着维吾尔族的祖先回纥族。唐灭东突厥以后，回纥逐渐向南发展，首领骨力裴罗统一了回纥各部，接受唐朝的领导。8世纪后期，回纥改族名为“回鹘”。回鹘同汉族的经济、文化联系十分密切。

7世纪初期，居住在黑龙江、松花江、乌苏里江流域的靺鞨族，过着游牧生活。7世纪中叶，靺鞨族里的黑水和粟末两个部强大起来。黑水靺鞨分布在黑龙江下游两岸。8世纪前期，唐政府在黑水靺鞨地区设置黑水都督府，任命靺鞨首领做都督。粟末靺鞨在黑水靺鞨的南面，7世纪末建立了政权。8世纪初，唐玄宗封其首领为渤海郡王，加授渤海都督府都督。渤海境内经济发达，许多土特产受到内地欢迎。

唐朝初年，在云南西北洱海一带，分布着六个比较大的部落，叫作六诏。六诏包括今天彝族和白族的祖先。六诏中的南诏，归附唐朝，唐玄宗封其首领为云南王。在内地先进文化的影响下，南诏的经济文化迅速发展起来。

7世纪前期，居住在青藏高原的吐蕃强大起来，统一青藏高原的许多部落，建立了政权。吐蕃人是藏族的祖先。首领松赞干布几次向唐朝求婚，唐太宗把文成公主嫁给了他。文成公主入吐蕃，大大加强了唐蕃友好和联系，对发展吐蕃的经济、文化也作出了贡献。

对外关系的发展　隋唐两朝在世界上，是强大的封建国家，对外关系得到发展，和几十个国家都有贸易往来。唐政府在广州设市舶使，管理对外贸易。中国输出的主要商品是丝绸、瓷器和药材；输入的主要商品有香料、胡椒、珍珠、宝石、象牙、犀角等。当时的商道，陆路靠传统的丝绸之路，水陆开辟了从广州和福建出海的航线。在亚洲，唐朝和朝鲜、日本的关系十分密切；同印度的往来大大加强了；同西亚的波斯、大食也来往不断。

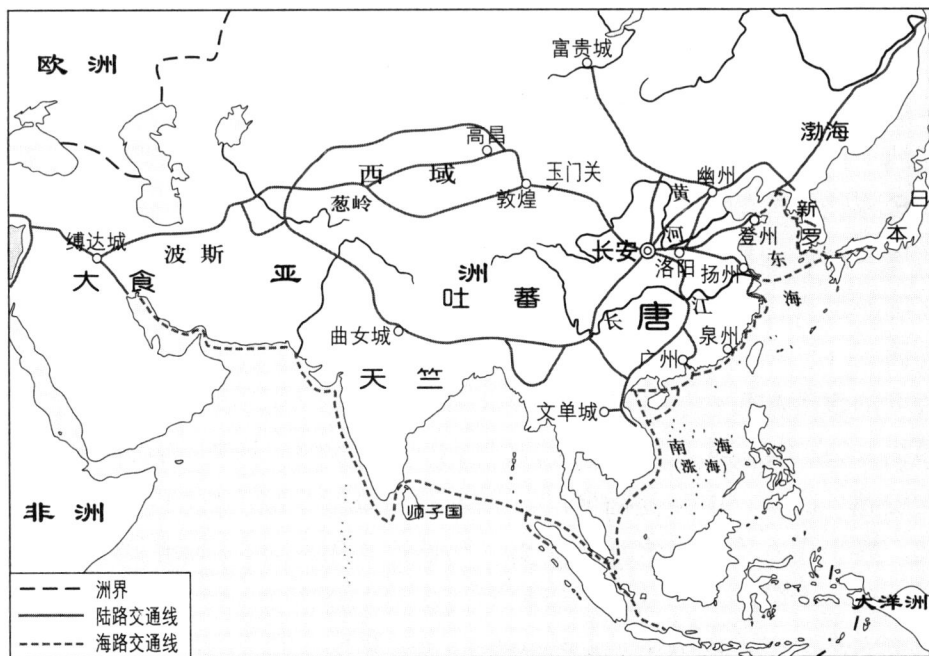

唐朝主要交通路线

隋唐时期，朝鲜半岛上有高丽、百济和新罗三个国家。后来，新罗统一了朝鲜半岛大部分地区。新罗和隋朝、唐朝一直保持着友好关系。新罗的留学生来到长安的很多。隋唐和新罗贸易往来频繁。

隋朝、唐朝和日本往来密切。日本"遣唐使"来到我国有13次之多。随同使臣来唐朝的还有不少官员、僧人和留学生。著名的日本留学生阿倍仲麻吕，年轻时来到中国，留居五十多年，直到逝世。我国著名的高僧鉴真，六次东渡，几经挫折，终于到达日本，致力于传播唐朝文化。唐朝文化对日本有很大影响。

唐朝称印度为天竺，唐太宗时，天竺多次遣使来我国通好。双方海上贸易往来频繁，文化交流也大大加强。唐朝著名高僧玄奘，西游天竺，对促进我国同印度半岛各国的文化交流，作出了不可磨灭的贡献。

日本奈良唐招提寺

隋唐时候，西亚的重要国家先有波斯，后有大食。波斯同隋朝、唐朝往来不绝。波斯国王和王子还在长安居住过。双方的特产通过丝绸之路，互相交流。大食派往中国的使节有三十多次，不少大食商人定居中国。

隋唐时期，国家统一强盛，经济发展处于世界先进地位，中外交通畅达，为文化的发展提供了极为有利的条件。隋唐的文化与前代相比，出现了全面繁荣的局面。

唐朝的衰落和灭亡　唐朝二百八十多年的历史，以755年爆发的安史之乱为分界线。755年以前为唐朝前期；以后为唐朝后期。唐玄宗统治前期，封建经济发展到了高峰，但封建社会的阶级矛盾和统治阶级内部的矛盾，也逐渐尖锐起来，终于爆发了安史之乱。安史之乱长达八年之久，唐朝的统治力量和社会经济遭到极大的破坏。从此，唐朝由强盛转向衰落。

安史之乱以后，唐朝中央政权力量削弱，地方节度使的力量越来越大，出现了藩镇割据的局面。藩镇之间、藩镇和中央之间，不断争战，社会经济继续遭到破坏。这种局面一直持续到唐朝灭亡。唐朝后期，中央政府内部矛盾剧烈，出现了宦官专权和朋党之争。藩镇割据、宦官专权和朋党之争，大大削弱了唐朝的统治力量。

唐朝后期，统治阶级贪婪地兼并土地，残酷地剥削农民，灾荒年月也照旧催收租税。广大农民生活不下去了。875 年，由王仙芝、黄巢领导的起义，首先在山东、河南爆发。后来，王仙芝战死，起义军在黄巢领导下，采取流动作战的方式，转战大半个中国。881 年，在长安建立政权，唐朝皇帝逃到了四川。黄巢领导的起义虽然在 884 年失败了，但是，这次农民战争瓦解了唐朝的统治。907 年，唐朝灭亡了。

第二节　发达的科学技术

天文历算的显著成就　隋唐时期，天文学取得了突出的成就。成就最卓著的是隋朝的刘焯和唐朝的僧一行。

刘焯所制的皇极历，是当时最先进的历法。皇极历创立了计算日月运行的新方法。这是我国天文学史上的一项重大变革。他还观测计算了五大行星的位置。他认为五大行星各有其近日点和远日点，从地球上观测，因季节不同，各有不同的位置。

僧一行继承前人的成就，对天文学作出新的贡献。724 年到 725 年，在一行的倡议和指导下，唐政府派人到全国 13 个点，进行天文观测，一行从实测中得出了子午线①的长度。这是世界上测量子午线的第一次。

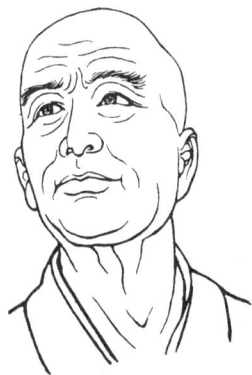

僧一行（683—727）

僧一行，原名张遂，青年时代即以学识渊博闻名长安。为避开武则天侄儿武三思的拉拢，他逃往嵩山，出家为僧。至唐玄宗时，僧一行才回到长安，主持天文观测和编订历法的工作。一行用他和梁令瓒改进的天文仪器进行实测，在世界上第一次发现了恒星位置变动的现象。

一行编制的大衍历，是我国历史上一部有名的历法。它以皇极历为基础，参考日影实测所得数据编制而成，较为正确地掌握了太阳运动的规律，内容和结构很有系统，是当时世界上最精密的历法。

隋唐时期的数学成就也很显著。唐朝初年著名数学家王孝通撰写的《缉古算经》里，创造出一元三次方程式的解法，是世界数学史上的巨大成就。

医学与药物学的发展　隋唐时期，医学有很大发展，主要表现为分科较细，名医辈出，出现了一些水平很高的医学和药物学著作。

---

①　子午线，地球上通过南北极的假想线。测量子午线的长度，对测知地球的大小有很大关系。

隋唐时的分科治疗，得到广泛的推广，已有体疗①、疮肿②、少小③、耳目口齿、针④、按摩等科。唐太宗时候，政府办了分科比较细的医学校，这比西方早二百年。唐高宗时候，政府组织人编写《唐本草》，共收药物844种，这是世界上第一部由国家编定颁布的药典，比欧洲早八百多年⑤。隋末唐初著名的大医学家孙思邈，世称"药王"。他撰写的《千金方》，集前代医学之大成，在我国医药学史上占有重要地位。这部书很快传到日本，对日本医学起了积极作用。

孙思邈（581—682）一生鄙薄功名利禄，拒绝了隋唐几个帝王请他出来为官的要求，专心研究医学，为百姓治病。他的医道很高，医德也很高。他认为"人命至重，有贵千金"，所以他把自己撰写的医书称作《千金方》。《千金方》里记载了八百多种药物和五千多个药方，发展了历代医学家的药物知识。

建筑技术的成熟　隋唐时期，我国的建筑技术已经相当成熟。隋朝杰出的工匠李春，设计、建造了著名的赵州桥。这是世界上最古老的一座石拱桥。我国有石拱的构造，年代已很久远。最早的石拱桥，是西晋时洛阳附近的"旅人桥"，这座桥早已不存在了。赵州桥原名安济桥，长50.82米，宽9.6米，石拱跨度37.37米，位于今天河北赵县城南的洨（xiáo）河上。桥面坡度平缓，

赵　州　桥

---

① 体疗，相当于内科。
② 疮肿，相当于外科。
③ 少小，相当于小儿科。
④ 针，相当于针灸科。
⑤ 1494年问世的意大利佛罗伦萨药典，是西欧最早的药典。

便于车马往来。桥的特点是大拱两端的上方各有两个小拱，可以减轻桥身的重量和桥基的压力，遇到洪水暴发，又可以增加排水量，减弱激流对桥身的冲击。整个桥型，由于大小拱相配，显得轻盈、匀称。赵州桥十分坚固。1966年，邢台发生大地震，震中离赵州桥很近，经过剧震，桥身安然无恙。赵州桥在中外桥梁史上居于重要地位。欧洲出现类似的桥，比赵州桥晚七百多年。

唐朝的都城长安，是座规模宏伟的建筑群。据考古实测，长安城南北长八千多米，东西宽九千多米，面积达84平方千米。整个城市的布局东西对称，棋盘式的街道宽阔笔直，整齐划一，宫殿楼阁巍峨壮丽。长安城的建筑，对国内外城市建设影响很大。当时，国内各大城市和日本国京都的建设，都竞相仿效唐长安城。

唐长安城的核心，是外城北部中央的宫城和皇城。西市和东市，分别位于皇城的西南

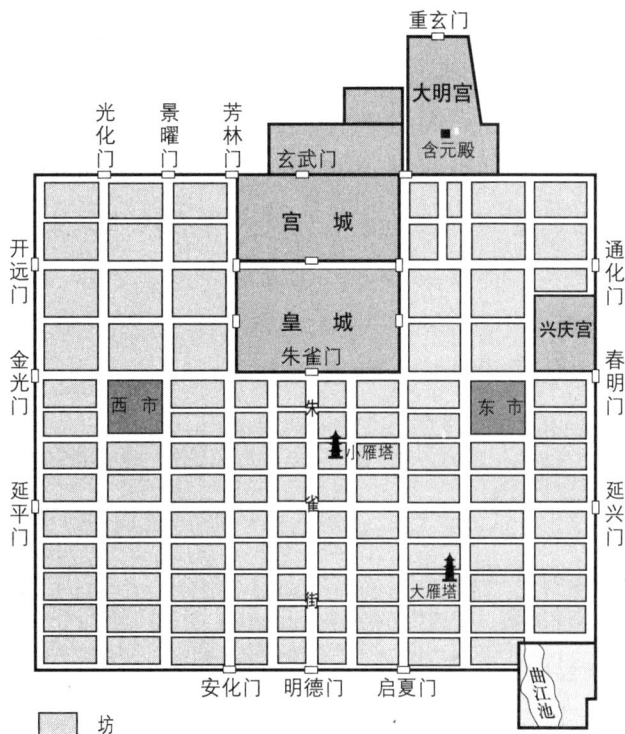

唐朝的长安城

大雁塔

和东南。这里商贾云集，市场繁荣，是全城经济活动的中心。当时的长安城，同世界上三百多个国家和地区有联系。

现存的唐代古建筑，著名的有今西安市内的大、小雁塔，山西省五台县境内的南禅寺大殿和佛光寺东大殿等。南禅寺大殿和佛光寺东大殿，是我国现存最早的木结构建筑，在我国乃至世界建筑史上都占有重要地位。

相传佛光寺最早建于北魏时期，唐朝时毁坏，后来又进行了重建。寺内东大殿面宽七间，进深四间，居高临下，气势壮观。大殿采用梁柱木结构框架，承重的柱子略向内倾，倾斜度由里向外逐渐加

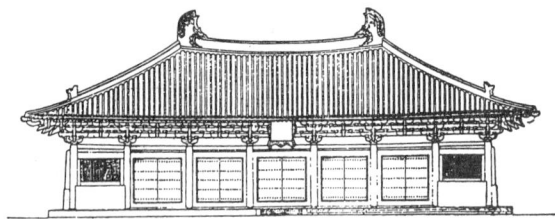

佛光寺大殿正面

大，起到稳定大殿的作用。大殿屋顶舒展平稳，殿内斗拱硕大有力，反映了唐代建筑的特点。殿内的唐代塑像，面目浑厚圆润，线条自然流畅，生动逼真。殿内的壁画，人物姿态优美，保存汉代绘画风格。殿内大梁上的唐人题字，笔法遒劲，不可多得。佛光寺大殿的建筑、塑像、壁画和墨迹，合称佛光寺的"四绝"。

雕版印刷术 在世界上，印刷术是我国最早发明的。先有的是雕版印刷术，发明的确切年代，现在还无法得知，根据记载和实物，应当是在隋唐之际。雕版印刷的方法，是把文字反刻在一块块木板上，让字凸出，然后在字面涂上墨，覆上纸，轻轻一刷，字迹就印在纸上了。印一页书，要刻一块版。一个熟练的工匠，一天可以印两千张纸。隋唐时期，用雕版印刷的有佛经、佛像、历法、医药书籍，还有诗集、音韵书和教学用书。7世纪中期，玄奘印过许多佛像，"施于四方"。8世纪前期，四川等地雕印的日历，遍布各地。唐朝著名诗人白居易的诗集，被人雕印的很多，"卖于市肆之中"。现存世界上最早的有确切日期的雕版印刷品，是868年我国印刷的《金刚经》卷子。

《金刚经》卷子长488厘米，由7张纸粘成一卷，首尾完整无缺。卷首有

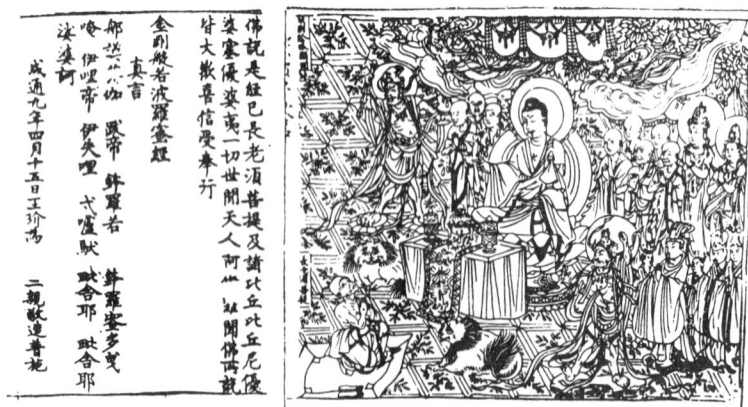

《金刚经》卷子（部分）

释迦牟尼说法图，画面刻镂精美，线条流畅。卷中字体端正挺秀，墨色均匀清晰，说明印刷技术已很成熟。《金刚经》卷子于近代在敦煌石窟发现后，1907年被外国殖民者斯坦因盗往英国伦敦，原件现存英国伦敦博物院图书馆。

雕版印刷术发明之后，较快地得到推广使用，9世纪时，在我国已相当普遍，而且逐步传到国外。我国的雕版印刷术，比欧洲早800年。

第三节　史学、宗教和哲学

《史通》和《通典》　唐朝以前，史书大多是私家著作。从唐朝开始，朝廷设立史馆，指定专人编修前代和本朝国史，由宰相监修。后世各朝效法唐朝的修史制度，形成官修历史的传统。这对历史资料的整理和古籍的保存，有一定积极意义。

唐朝编成的纪传体正史有8部。其中，由政府编修的有《晋书》等6部，由私人编修而获得政府批准成为正史的有《南史》和《北史》两部。

《史通》是我国第一部史学理论著作，作者刘知幾是唐朝的史官。他根据几十年的修史经验和研究结果，写成了《史通》20卷。这部书对过去的史学著作，作了全面的分析批判，总结了过去的史学成就，提出了独特的见解。刘知幾认为，写历史必须具备才、学、识“三长”；编写时，应该广泛地收集史料，去伪存真，用朴素的文字据事直书。他的这些观点在当时有进步意义，对唐朝以后的史学有一定影响。

《通典》是我国第一部记述典章制度的专史，作者杜佑是唐朝著名的理财家和史学家。他根据多年为官的经验和对历代典章制度的研究，花了30年的时间，写成《通典》200卷。他在《通典》里，系统地叙述了从远古到当时的经济、政治制度和各民族的历史。全书分成8个部分，他把经济放在第一位，认为经济对历史的发展有着重要的作用。《通典》成为后来典章制度专史的先例。

李吉甫所著的《元和郡县图志》，是我国现存最早又比较完整的地理总志。它记述了各郡县的户口、物产、山川、古迹和地理沿革等内容，是研究魏晋隋唐地理和历史的重要著作。

佛教的继续发展　隋唐两朝统治者重视宗教的作用。隋文帝一改北周武帝灭佛政策，下令兴建寺庙，营立庄田，发展了寺院经济；发布禁毁佛像的法令，鼓励百姓出钱营造佛像，抄写佛经，政府还赞助翻译佛经。佛教势力靠封

法门寺地宫出土八重宝函

建统治者的扶植，在隋朝三十多年间迅速增长。唐朝时候，佛教进一步发展。武则天统治时期，成为中国佛教史上的黄金时代。她诏令佛教在道教之上，在全国各地，广建庙宇，塑大佛，铸九鼎，浪费无度。佛教的新教派"禅宗"①，就是这时形成的。到唐朝末年，禅宗代替了佛教的其他各派，对以后宋元理学产生了较为深远的影响。

玄奘（602—664），
洛州缑氏②人

唐代高僧、佛学大师玄奘，青年时即遍访名师，熟读佛经。他因为当时人们对佛经理解众说纷纭，决心到天竺学习深造。629年，玄奘西出玉门关，前往天竺。他在天竺游历了几十个国家，遍访佛教圣地，并在佛学最高学府那烂陀寺游学，成为著名的佛学大师。643年，玄奘载誉归国。回国后，玄奘奉唐太宗旨意，将自己在中亚和印度十多年游学时的见闻，口述给弟子，整理成《大唐西域记》一书。书中涉及一百多个国家和地区的地理沿革、民族源流、物产风俗等内容，是研究我国新疆和中亚、印度半岛历史与佛学的重要资料。这部书现已译成法、英、日等多国文字，成为世界文化的宝贵财富。玄奘还把从天竺带回的六百多部佛经，译出其中的75部。玄奘一生的经历富于传奇色彩。他的故事，在民间广为流传，后来演化成小说《西游记》的情节。

唐王室尊崇道教 唐朝时候，由于统治者积极扶

---

① 禅宗，北魏时已经有了，这里指的是南派禅宗。这一派后来成为禅宗的正宗。"禅"意思是"解虑"。禅宗提倡安心静虑地修行。禅宗改造了传统的佛教，使佛教更适合中国人的口味。

② 洛州缑氏，今河南偃师缑氏。

植，道教空前兴盛起来，成为与佛教并行的两大宗教。道教尊老子李耳为教主。唐朝皇帝姓李，从李渊起，就以教主的后裔自居，企图借助神权来巩固皇位。这样一来，道教在唐朝就有了特殊地位。唐太宗进一步尊崇道教。他明确宣布，李耳是李唐的祖先，太上老君的名位应当在释迦牟尼之上，男女道士的地位高于僧尼的地位。唐玄宗开元、天宝年间，道教发展到极盛。唐朝后期，统治者更加腐朽，追求长生术的风气盛行。有五个皇帝都死于服用道士烧炼的"长生"丹药。直至唐朝灭亡前夕，统治者还乞灵于道教，来挽救唐朝覆亡的命运。

唐玄宗信仰道教达到狂热的程度。他让人画李耳的像，分发各地道观；还在长安、洛阳设玄学博士，招收学生，专读《道德经》等书。每岁贡举，加试《老子》。当时长安城内，就有道观三十多所。他甚至下令把长安的玄元皇帝庙改为太清宫，洛阳的玄元皇帝庙改为太微宫，全国各地的玄元皇帝庙都改称紫极宫，从此道教寺庙又蒙上了帝王宫、观的名称。由于唐朝皇室崇信道教，许多公主做了女道士，甚至杨贵妃也不例外。

道教的一些经典里，也有宣扬散财救穷、自食其力的内容，易于为农民接受。农民反抗封建统治，也用道教作为组织手段。对于利用道教组织和发动农民起义的人，唐朝统治者颁布诏令，要求格杀勿论。

韩愈的反佛思想　随着佛教的盛行，僧尼的人数越来越多。寺院的庄田也越来越多。这就同封建政府的赋役来源，发生了矛盾。唐朝后期，这个矛盾加剧了。统治阶级内部一些有远见的大臣，提出了反佛的思想。反佛最坚决的是韩愈。

韩愈对佛教进行尖锐的抨击。他指责佛教耗费大量财富，加重百姓负担。他认为佛教是外来的，把佛教凌驾于儒学之上，中国人就有被同化的危险；更重要的是，佛教只讲内心修养，而不顾国家、天下的治理，废弃了封建的伦理纲常。他主张烧掉佛经，把寺观改为民房，勒令僧尼还俗。那时候，崇尚佛教的唐宪宗，耗费巨资，把"佛骨"从陕西凤翔的寺院迎到长安宫中供奉。韩愈上书反对，指出这种迷信风气，

韩愈（768—825），
河南河阳①人

────────────

① 河南河阳，今河南孟县南。

将造成严重恶果。韩愈发表反佛言论，触怒了唐宪宗，几乎丧命，后遭到贬斥。他的反佛思想在当时有积极意义。不过，他是以儒学来反对佛教，仍然相信天命和鬼神。他的思想还是唯心主义的。

柳宗元、刘禹锡的唯物主义思想　在隋唐佛教盛行的时候，唯物主义思想也得到了发展。柳宗元和刘禹锡就是这个时期唯物主义思想家的代表。

柳宗元认为，天和地之间充满着元气，寒来暑往是阴阳的变化，都是自然现象。宇宙没有起点，也没有极限，是自行生灭、运动、变化的，没有什么神作主宰。天地、元气、阴阳就像瓜果、草木一样，都是自然物质，没有意志。山崩川竭也不是向人们显示吉凶。天不能对人赏罚，人向天喊冤叫屈，也没有用。他大胆地否定了天命论。柳宗元的《天说》《天对》等文章，集中地反映了他的唯物主义思想。

柳宗元（773—819），
河东解①人

刘禹锡（772—842）进一步补充了柳宗元关于天的唯物主义思想。他认为天和人类社会各有自己的职能和规律。自然界的职能是"生万物"，人的职能是"治万物"。自然界的规律是弱肉强食，人类社会的规律是用礼法制度来维持社会秩序。天不能干预人间的治乱祸福，人也干预不了气候的寒暑。他还认为，天与人的关系是"交相胜""还相用"。也就是说，天与人既有矛盾斗争，又是相互依存的。这种观点带有辩证的因素，是对唯物主义思想作出的新贡献。他的唯物主义代表作是《天论》。

不过，柳宗元和刘禹锡的唯物主义思想，都是不彻底的。他们在政治上不得意的时候，就与佛教徒交往，甚至向佛教的遁世思想求救。

第四节　文学的繁荣

光彩夺目的唐诗　唐朝是我国封建文学发展的新高峰，在百花齐放的唐朝文学中，诗歌最为光彩夺目。清朝人编辑的《全唐诗》，收集了两千三百多位诗人创作的近五万首诗歌。这些诗，内容丰富，体裁多样，风格各异，受到历

---

①　河东解，今山西运城县解州镇。

代人民的喜爱，思想艺术上超越了以往任何一个时代。

初唐①时期，著名的诗人有王勃、杨炯、卢照邻、骆宾王，并称"初唐四杰"。那时，最有创见的是陈子昂。陈子昂强调诗歌要有思想内容，不要片面追求华丽的词藻。

"初唐四杰"在唐诗的开创时期，相互支持，努力摆脱华丽诗风的影响，积极开拓题材的领域，对诗的格律形式有所探索和贡献。王勃、杨炯精于五律，卢照邻、骆宾王擅长七言歌行。

陈子昂生活于武则天时代。陈子昂努力创作，写下了《感遇》《登幽州台歌》等优秀作品。《感遇》是陈子昂一生不同时期部分作品汇集起来的组诗，其中不乏抨击武周弊政、关心国家兴亡、同情人民疾苦的佳作。《登幽州台歌》表达了诗人怀才不遇、知遇难求的愤懑之情。

盛唐②时期，诗歌有了新的发展，涌现出许多才华横溢的诗人。王维以优美的山水、田园诗闻名，高适以慷慨激昂、豪放悲壮的边塞诗著称。

王维能诗善画，在他的笔下，大自然景色和田园风光变得格外富于诗情画意。苏轼赞美他的诗画说："诗中有画，画中有诗。"他的爱情诗《相思》，言简意长，十分感人。

高适不仅是盛唐诗坛上的重要人物，而且在政治、军事上也颇有建树。他出身贫寒，却胸怀大志。他的边塞诗，把荒凉绝漠的自然环境、如火如荼的战斗气氛，写得活灵活现，感人至深。

王维的画

---

① 初唐，按唐朝诗歌发展的历史，一般分为初唐、盛唐、中唐和晚唐四个时期。初唐指唐高祖建立唐朝至唐玄宗开元元年。

② 盛唐，713—766 年。

唐朝诗人，成就最高、影响最大的是李白、杜甫和白居易。

李白，字太白，生活于盛唐时期。他热爱祖国山河，游踪遍及南北各地。他以豪迈奔放的热情，丰富的想象，夸张的手法和生动的语言，写出大量赞美名山大川的壮丽诗篇。他的诗风格独特，既豪迈奔放，又清新飘逸。像《早发白帝城》《蜀道难》《望庐山瀑布》等，都是无与伦比的绝唱。人们称李白为"诗仙"。

李白，他青少年时代学习刻苦，有任侠之风，在蜀中已表现出颇高的文学才能。25岁那年，他乘舟出峡，离家漫游，立志干一番事业。他在湖北安陆居留期间，与著名诗人孟浩然建立了深厚的友谊。后来，唐玄宗召他去长安，到宫里作诗。可是，他的文学才能遭到权贵们的忌恨，他不肯"摧眉折腰事权贵"，因而受到排挤。他离开长安，重新浪迹江湖，饮酒赋诗，在诗歌创作方面取得重大成就。

李白 (701—762)，绵州①人

李白描写自然风景的诗作，在古代山水风景诗中独辟境界，达到一个新的高度。《蜀道难》从不同的角度刻画和突出蜀道之险。诗人在诗中写道："蜀道之难难于上青天，使人听此凋朱颜。连峰去天不盈尺，枯松倒挂倚绝壁……"表现出开阔的胸襟和豪迈的气魄，具有积极向上的激情。

杜甫 (712—770)，河南巩义人

杜甫，字子美，生活在唐朝由繁盛转向衰落的时代。他的诗广泛地反映了唐代社会的急剧变化，被人们称为"诗史"。《新安吏》《石壕吏》《潼关吏》《新婚别》《垂老别》《无家别》等，都是他的不朽诗篇。他的诗，有的沉郁悲怆，有的雄浑顿挫，语言凝重、锤炼，表现出高超的艺术技巧。人们称他为"诗圣"。

杜甫，出生于一个"奉儒守官"的家庭。35岁以前，他生活安定，读书、练字、写诗、作

①　绵州，今四川江油。

文，离家漫游，交结了许多朋友，增长了见识。他读书刻苦，志向远大，"会当凌绝顶，一览众山小"。35岁以后，杜甫科举落榜，仕途坎坷，生活落魄，过起"卖药都市，寄食友朋"的生活。安史之乱，国破民疲，唤起杜甫强烈的爱国热情，他一生写下了大量反映人民疾苦的诗篇。59岁时，诗人病死于湘水。

白居易，字乐天，生活于中唐时期。当时诗坛上掀起改革浪潮。以白居易为代表的一些诗人，提倡诗歌要更多地反映现实生活，达到教育目的。白居易主张"文章合为时而著，诗歌合为事而作"。他的讽喻诗《秦中吟》《新乐府》等，揭露封建统治者的罪恶，反映人民的呼声，就是这类诗歌的代表作。

白居易，年轻时家境贫寒，加上战乱频仍，长期过着流浪生活，对社会现实和人民疾苦有较深刻的了解。后来，他在朝廷做谏官，得罪了权贵。又因当面指责皇帝过失，被贬为地方官。在地方任职期间，他为发展生产做了不少好事。白居易的诗，形象生动鲜明，语言通俗优美。他的长篇叙事诗《长恨歌》《琵琶行》都很著名。

晚唐②时候，国势日趋衰微。那时的诗人，在作品中表达了忧国忧民的情感。李商隐的诗，寓意深刻，情致缠绵，开辟了唐诗的新境界。杜牧的诗，文采幽美，情韵凄婉，将忧国忧民的壮怀与伤别的柔情融合在一起。

白居易（772—846），下邽①人

古文运动　隋唐时期，封建经济文化空前繁荣，两晋南朝时流行的骈体文束缚了人们的思想，难以反映丰富的现实生活，也不能表达真实的思想感情。武则天时候，文学家陈子昂等，要求改变文体，提倡以古代散文为典范。然而，当时骈体文的势力还很大。直到唐朝中期，著名的文学家韩愈和柳宗元，大力反对骈体文，倡导在继承先秦两汉优秀散文的基础上，创造出一种适于反映现实、表达思想感情的新文体。由于他们的倡导，社会性的文体、文风和文学语言的改革运动形成。这就是古文运动。

---

①　下邽，今安徽宣城。
②　晚唐，836—907年。

韩愈是古文运动的发动者，也是著名的文学家。他通过聚徒讲学、著书立说来倡导古文运动。他强调，文章不仅要从文体上改革，而且要在思想上"言之有物"。他提出"文以载道"的主张，就是说应该把文章作为阐明思想的工具。他并非单纯地主张复古，而是认为学习古文，应当"师其意而不师其辞"。文章要有自己的风格；语言要"出于己，不蹈袭前人一言一句"，要"文从字顺"，合乎语法。韩愈的这些改革主张，对散文的发展，起了促进作用。他创作了各种体裁的散文三百多篇，来实践自己的理论。他的叙事文《张中丞传后叙》、抒情文《祭十二郎文》、杂说文《师说》等，都是很有名的散文。韩愈的散文，气势磅礴，感情充沛，论理清晰，文字简洁生动，一扫六朝以来骈文的靡丽风格。但他也有不少散文内容是系统地宣扬维护封建统治秩序的，读起来乏味。

柳宗元也是唐朝著名的文学家。他也积极倡导古文运动，提倡写文章要态度鲜明，形式朴实，语言生动。他重视文学的社会作用，用散文来揭露腐朽的政治，抨击维护封建统治的神学。他的散文《捕蛇者说》，深刻地揭露了封建统治者的横征暴敛，也表现出作者对人民悲惨生活的同情。柳宗元最有成就的散文是寓言。他发展了先秦诸子里的寓言片断，加入现实生活内容，使寓言成为有战斗特色的讽刺文学，《蝜蝂（fùbǎn）传》《黔之驴》就是柳宗元的寓言代表作。这些寓言，文笔简练犀利，意味含蓄深远，至今仍有现实意义。柳宗元还善于写描绘祖国风光的山水游记。他把自己的遭遇和情感，寄托到山水之中，著名的《永州八记》，篇篇都透出作者的影子，是山水散文的杰作。

古文运动扫除了统治文坛几百年的骈文文风，对后世散文的发展有深远的影响。

唐代传奇小说 唐朝时候，古典小说进入脱胎成形时期。由于经济繁荣，城市发展，为适应市民文化生活的需要，唐朝文学领域里兴起了一种用文言文写成的情节多奇的短篇小说，称为传奇。传奇小说比较接近现实生活，逐步摆脱了魏晋南北朝小说神仙鬼怪的内容，开始反映丰富复杂的社会矛盾和各种现实生活中的人物。唐代传奇的创作艺术，在语言、情节和人物塑造等方面，比志怪小说都有新的发展。

中唐是传奇小说的极盛时期，产生了许多名作，如《李娃传》《南柯太守传》《柳毅传》等。这些传奇，具有富于社会意义的主题思想，成功地塑造了各种性格的人物形象，具有较浓厚的现实生活气息。在艺术技巧上，也取得较高的成就。这些传奇结构复杂，情节曲折，描写生动，文字优美、精致。

《南柯太守传》插图

唐代传奇对后世文学产生了深远的影响。宋、元、明三代许多文言、白话小说和戏剧故事，就是在唐代传奇的基础上创作出来的。不过，唐代传奇中也有不少宣扬封建迷信的糟粕，要注意识别。

唐代佛教宣讲经文，有僧讲与俗讲之分。僧讲专对僧侣，俗讲面向所有普通人。为吸引听众，争取信徒，俗讲时往往把经文通俗化、故事化，散文和韵文结合，夹叙夹唱，配上图画。俗讲的话本，称为"变文"。这种讲唱形式生动活泼，深受人们喜爱，变文也很快从宗教内容发展到包括历史故事、民间传说和当代人物传记等反映现实生活的内容。变文这种新的文学体裁，对当时的传奇小说、后来的宋人话本以及民间弹词说唱等艺术，都产生过很大的影响。敦煌石窟发现了不少变文，内容涉及佛经故事、历史故事和当时人物故事等。

《柳毅传》插图

第五节 五彩缤纷的艺术

隋唐时期，全国统一，南北文化趋向融合，书法、绘画、雕塑、音乐、舞蹈、杂技等艺术佳作如林，名家辈出，呈现出五彩缤纷的景象。

书法艺术的高峰 隋唐时期，书法艺术继往开来，进入大发展的高峰时期，取得了卓越的成就。隋代的书法，融合了南朝楷书的修美遒润与北朝魏碑书法的方整雄健，开初唐楷书的先声。唐朝是中国书法史上的黄金时代，著名书法家层出不穷。虞世南、欧阳询、褚遂良和薛稷被称为初唐"四大家"。张旭和怀素创造的狂草书，对后世有深远影响。

唐朝时候，书法艺术受到统治者的提倡和重视。唐太宗竭力购求王羲之等人的书法作品，命人复制，以广泛流传。唐朝的科举制，设有"书学"一科，国子监里有学生专门学习书法。这些都刺激了读书人学习书法的热情。唐太宗的周围聚集了一批著名的书法家。

由陈入隋而终于唐初的大书法家欧阳询，书法深受王羲之影响，也融入了北朝书法的遗意，笔力险劲，风骨峻峭，而又姿容秀出，代表作有《九成宫醴泉铭》。

张旭的草书信笔挥洒，富于变化，刚柔相济，气韵连贯，以点线传神。后世称他为"草圣"。《宣和书谱》评述张旭的字说："其草字虽奇怪百出，而求其源流，无一点画不该规矩者，或谓张颠不颠是也。"

怀素的草书活泼飞动，狂态毕具，堪称后世书法的范例。唐朝诗人韩偓在《题怀素草书屏风》一诗中，描述了怀素草书的风神气韵："怪石奔秋涧，寒藤挂古松。若教临水照，字字恐成龙。"

唐玄宗时期的颜真卿，是王羲之之后最有成就的大书法家。他创造出唐代的新书体——"颜体"。他的楷书端庄雄伟，气势开张，富有盛唐气象。《多宝塔碑》是他的不朽作品。晚唐的大书法家是柳公权，他的字方折峻丽，骨力劲健，被称为"柳体"。《玄秘塔碑》是他的代表作。后世把他们二人并称为"颜柳"。

颜真卿，字清臣，京兆万年①人。他的书法得到过张旭的指导。他对蔡邕、王羲之、王献之、褚遂良等人的书法作品，都曾用心研习，但又有所取

---

① 京兆万年，今陕西西安。

舍，善于推陈出新，写出自己的风格。他的楷书，横画写得细瘦，点、竖、撇、捺写得肥硕，纵横有象，浑厚刚劲。除《多宝塔碑》外，代表作还有《金天王祠题记》《颜勤礼碑》及《颜氏家庙碑》等。

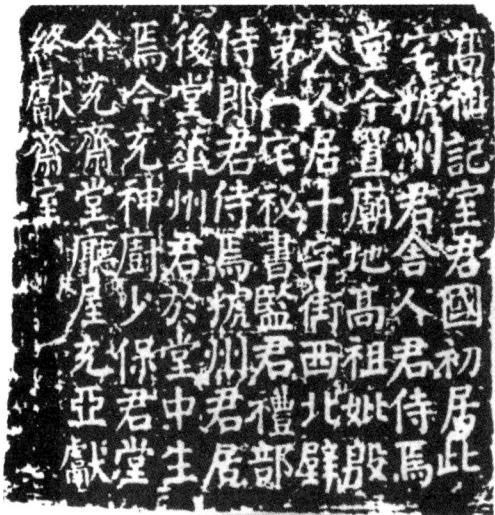

《颜氏家庙碑》（部分）

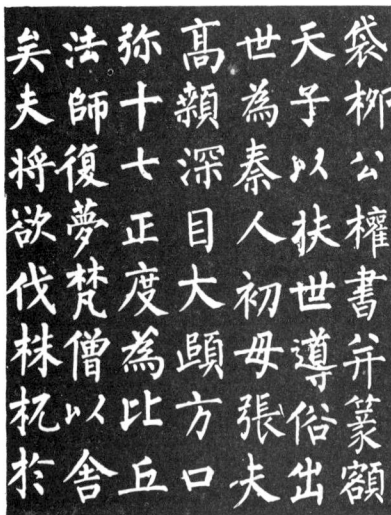

《玄秘塔碑》（部分）

柳公权，字诚悬，京兆华原①人。他的楷书，横竖画写得大体均匀瘦硬，棱角分明。其代表作除《玄秘塔碑》外，还有《李晟碑》《苻璘碑》及《神策军碑》等。

绘画史上的新高峰　隋唐的绘画继承了汉魏以来的优良传统，吸收了外来艺术成果，形成了独特的风貌。绘画的题材扩大了，越来越面向现实生活。宗教人物画虽然仍占主要地位，但其中的人物故事画占的比例大为增多，佛道画渐居次要地位。专供欣赏的山水松石、花鸟鱼龙画，已经大量出现，逐渐发展为独立的画科。画家以不同的风格，创造了众多结构紧密、形象丰丽、色彩斑斓的作品，构成了隋唐时期的绘画特色。

隋朝的画家有展子虔等人。展子虔善画台阁人马，他的《游春图》是国内现存的传世名

《游春图》（局部）

---

① 京兆华原，今陕西耀县。

画之一。唐宋的一些画家，都受到他的影响。西域人尉迟跋质那在隋朝为官，爱画佛像人物。他的儿子乙僧，也是著名的画家。他们父子运用"凹凸法"作画，对唐朝的大画家吴道子，很有影响。

　　唐朝的画家很多，有记载的就有二百多人。唐初的画家阎立德、阎立本兄弟，是著名的人物故事画家。阎立本作画的题材广泛，包括宗教、人物、车马、山水等，尤其擅长画人物肖像。他画的《步辇图》，生动地描绘出唐太宗坐在步辇上接见松赞干布的求婚使者的情景。他画的《历代帝王图》，个个形象逼真，性格鲜明。他的画，笔力刚健，线条有如屈铁盘丝。

《步辇图》

　　盛唐时期最著名的画家是吴道子。他具有比较全面的绘画才能，在中国绘画史上有"画圣"之称。他的作品很多，仅在长安、洛阳寺观里绘制的壁画，就有三百多壁。传世的《送子天王图》，相传是他的作品。他的画，想象丰富，神情生动逼真，善用线条变化来表现人物的形象，人物的衣带画得飘飘若飞，形成"吴带当风"的独特风格。他的画立体感很强，用朱粉的厚薄来表现人物骨肉的高低起伏，

《送子天王图》（部分）

如同塑像一样传神。

盛唐的王维，既是诗人，又是画家。他把诗情画意结合起来的画风，为唐以后的许多画家所继承。他的水墨写意画，精炼淡雅，富有诗意，为中国传统的水墨山水画奠定了基础，被称为南派山水画之祖。

寺院、石窟和陵墓中的壁画，是唐朝绘画艺术的一个重要方面。敦煌千佛洞和西安附近几座唐代王室陵墓中的壁画，具有极高的艺术价值和史料价值。

唐淮安王李寿墓中的牛耕、耧播、牛栏、牛车、杂役等图，形象地反映了当时的生产活动和生活情景。李贤、李重润两位太子墓中的出行图、游猎图表现了封建贵族的奢侈生活，客使图描绘了国内各民族的亲密关系和对外的友好往来，打马球图形象地记录了当时马球运动的具体情形。

世界艺术宝库敦煌莫高窟　敦煌莫高窟坐落在今天甘肃敦煌城东南鸣沙山东麓的崖壁上。莫高窟共有一千多个洞窟，所以又叫"千佛洞"。至今留下来的只有492窟。其中十分之六七是隋唐时候开凿的。

敦煌壁画《吐蕃赞普图》

莫高窟里的珍贵艺术品是大量的壁画和塑像。壁画的总面积有四万五千多平方米，内容包罗万象，以佛教故事题材为主，不少画面超出了佛教题材，反映出唐代社会生活的各个方面。有的描绘贵族官吏的豪华生活，有的画着帝王形象，有的画着西域各族的君长，还有许多画面表现了劳动人民的生活，如耕地、收获、拉纤、伐木、渔猎以及角抵、乐舞等。壁画中那些身披飘拂长带、凌空起舞的飞天和反弹琵琶、载歌载舞的仙女以及石窟窟顶的藻井图案，堪称隋唐时期敦煌壁画的代表作。这些壁画构图严密，色彩富丽，生动遒劲，具有唐代绘画丰茂流丽的特色。

莫高窟里的塑像，都是泥塑，共有两千四百多尊。隋唐时期的塑像占了将近一半。塑像中主要是佛像，也有天王、力士和供养人的像。这些塑像，毫不呆板，有的沉思，有的微笑，有的威严，有的勇猛，个个神情逼真，富于艺术魅力。从塑像华丽的衣着、疏松的发髻和丰满的体态上，可以看出唐代贵族妇人的形象。

敦煌莫高窟的开凿，体现了我国古代劳动人民的高度智慧和艺术才能。在我国的艺术史上，莫高窟占有重要地位，也是世界最大的艺术宝库之一。

唐朝墓葬中出土的三彩陶俑，有骑俑、武士俑、乐舞俑、马俑、驼俑等。这些艺术品，都塑造得精致细腻，活灵活现，是世界上享有盛名的雕塑品。

音乐、舞蹈和杂技　隋唐五代，音乐、舞蹈和杂技，与文学诗歌一样，在各族文化艺术大融合的局面下，呈现繁荣景象。

飞　天

隋朝著名的音乐家万宝常精研乐理。他主张既要继承中国音乐的历史传统，也要吸收外来音乐的优秀成分。他善于演奏乐曲，还会制造各种乐器。隋炀帝爱好音乐，定九部乐，唐太宗改为十部乐。十部乐既有汉族的传统音乐，也有少数民族和外来的音乐。唐高宗以后，十部乐融为一体，分为坐立两部。坐部在堂上坐奏，立部在堂下立奏，坐部乐工的音乐修养更高一些。

唐朝的十部乐，包括《燕乐》《清商乐》《西凉乐》《高丽乐》《天竺乐》《高昌乐》《龟兹乐》《疏勒乐》《康国乐》《安国乐》。此外，没列入十部乐，但在唐朝比较流行的音乐还有《百济乐》《扶南乐》《南诏乐》和《骠国乐》。

唐朝著名的音乐家有曹保，他一家三代都善弹琵琶。还有善歌的米嘉荣，善吹笛的李龟年等。唐玄宗也是音乐家，他亲自在梨园教授乐人子弟和宫女学习音乐。唐朝的乐队规模很大，表演一个节目，乐工就有一二百人。

隋唐时期的舞蹈，分为健舞和软舞两种，舞时配有音乐。健舞舞姿雄健，舞曲有剑器、胡旋、胡腾等；软舞舞姿柔软，舞曲有凉州、鸟夜啼、回波等。这些舞乐大多来自西域少数民族。当时流行的柘枝舞和霓裳羽衣舞，分别来自

石国①和西凉②。霓裳羽衣舞集唐代音乐歌舞之大成，最负盛名，白居易写诗称赞说："千歌万舞不可数，就中最爱霓裳舞。"

坐部乐伎

立部乐伎

　　跳健舞时，有的站在圆球上舞蹈，身体转得像旋风一样快，分不清背和面；有的在花毡上起舞，动作极快，以致灯下到处可见其影子。舞蹈艺人公孙大娘善舞剑器，舞姿雄健奔放。杜甫幼年时看过公孙大娘的绝技，50年后记忆犹新，留下了"昔有佳人公孙氏，一舞剑器动四方，观者如山色沮丧，天地为之久低昂"的诗句。跳软舞时，舞的人挥动着长长的袖子，手臂和腰的动作灵活协调，优美柔婉。此外，还有字舞和花舞，参加舞蹈的许多人，时合时

---

　　① 石国，古西域国名，在今乌兹别克斯坦塔什干一带。其王姓石，唐朝时曾在这里置大宛都督府。

　　② 西凉，晋时十六国之一。东晋安帝时凉州李暠所建，自称凉公，都酒泉，史称西凉。

散，把身子贴近地面，构成各种字样或花朵图案。

杂技，唐代称"散乐"，因其种类繁多，又称"百戏"。隋唐的杂技节目，包含了娱乐体育项目，除保留并发展传统的绳戏、缘竿、翻筋斗、舞盘、弄剑、拔河、蹴鞠以及气功、魔术以外，还兴起了打波罗球等活动。

唐明皇和杨贵妃打马球

打波罗球分步打和马球两种。球的大小，和今天的高尔夫球差不多。击球的杖，有步杖和马杖。步杖较短，马杖较长。贞观年间，这项运动由吐蕃传入内地。唐太宗在长安街头看到一些人聚众打马球，认为这种运动很好，就下令开展马球运动。唐玄宗酷爱打马球，而且球技很高。由于他的提倡，不少贵族、官吏、文人学士以至女子，都热衷于打马球。每逢新进士发榜，状元以下的及第进士都要集会打球。

第五章　宋元时期社会概况和文化

五代、辽、宋、夏、金时期，从 907 年朱温灭唐建立后梁开始，至 1276 年元灭南宋止，共计 370 年。在此期间，欧洲仍是封建制度形成和发展时期。法国处于封建割据局面，英国脱离农村公社的社会结构，逐渐形成并确立了封建庄园制。这一时期中国的经济文化在世界上继续处于领先地位。13 世纪至 14 世纪前期，即元朝统治中国的时期，欧洲处于分裂割据状态。在意大利半岛上虽然兴起了热那亚、威尼斯和米兰等欧洲最繁荣的工商业城市，但与中国的一些城市比较，仍然是落后的。

北宋的建立，结束了五代十国的分裂局面。北宋统治者在政治、经济、军事等方面大大加强了中央集权。与宋并立的先后有北方的辽、金和西北的西夏等少数民族政权，宋与它们之间有战有和，各民族间经济、文化交流频繁。北宋中期的王安石变法，虽然失败，但取得了一定成效。宋辽金时期，社会经济进一步发展，南方经济发展得更迅速。元朝的统一，促进了我国多民族统一国家的发展，疆域空前辽阔，在元朝大一统局面下，民族融合得到了进一步加强。元朝棉花种植地区比过去更为扩大，棉纺织业进一步发展。漕运和海运发达，内外贸易兴盛。

第一节　政治经济概况

五代和北宋的政治、经济　唐朝灭亡以后的五十多年里，后梁、后唐、后晋、后汉、后周五个朝代，相继统治黄河流域，总称"五代"。那时候，南方各地和北方的山西，还先后出现了前蜀、吴、闽、吴越、楚、南汉、南平、后蜀、南唐、北汉等十个割据政权，总称"十国"。五代十国的统治者，大多是藩镇势力，他们彼此混战，生产受到严重破坏，人民生活痛苦不堪。

960 年，后周大将赵匡胤，乘新继位的后周皇帝年幼，发动兵变，建立宋朝，定都东京①，历史上称为"北宋"。赵匡胤就是宋太祖。

宋太祖即位以后，为了防止藩镇割据局面的再现，采取一系列措施，加强中央集权。他削夺了大将和节度使的兵权；派文臣到各地任知州；派转运使到各地管理财政；还加强了由皇帝直接控制的禁军②。这样，地方的军权、行政权和财政权都收归了中央，地方割据的基础被削除，中央集权大大加强了。但是，强化中央集权的政策和措施，也给宋朝带来严重的消极影响。

与此同时，宋朝陆续灭掉了一些割据政权。979年，结束了五代十国的分裂局面。

宋太祖（960—976年在位）

分裂局面的结束，有利于社会经济的发展。北宋的社会经济在唐朝经济繁荣的基础上，继续发展。南北方的农作物得到交流，耕地面积扩大，产量也提高了。矿冶、制瓷、丝织、造船等手工业部门，有了显著的发展。商业和都市也很繁荣。繁华的东京城里还有娱乐场所"瓦肆"。宋朝张择端的《清明上河图》，描绘了当时东京的繁华景象。商业的繁荣促进了货币的发展。北宋前期，四川地区出现了"交子"。这是世界上最早的纸币。

宋太祖对土地兼并不加任何限制，从北宋初期起，土地兼并的现象就十分严重。到了北宋中期，土地兼并更加严重，农民起义在各地不断爆发。北宋政府官僚机构庞大，军队的数量越来越多，开支很大，财政十分困难。统治者面临着政治、经济危机。1069年，宋神宗任用王安石变法，以挽救统治危机，达到富国强兵的目的。王安石在各地推

王安石（1021—1086），抚州临川③人

① 东京，今河南开封。
② 禁军，北宋时的正规军，由中央直接掌握。
③ 抚州临川，今江西抚州市。

行青苗法、募役法、农田水利法、方田均税法、保甲法等，发展了生产，增加了政府的收入。但是，新法触动了大官僚、大地主的利益，遭到他们强烈反对。宋神宗死后，新法废除了。

辽、西夏的建立和北宋的关系　北宋的统治区域局限在原五代十国的范围内。那时候，北部有契丹族建立的辽，西北有党项族建立的夏。辽和夏是同北宋并立的少数民族政权。

契丹族原来生活在辽河上游一带，以游牧和渔猎为生，唐朝末年势力发展起来。10世纪初，契丹的领袖耶律阿保机逐步统一契丹各部。916年，阿保机称皇帝，建立契丹国，都城在上京。阿保机提倡农业，任用汉族文人制定各项典章制度，逐步接受汉族封建文化，促进了契丹社会的发展。到他的儿子耶律德光统治的时候，契丹改国号为辽①。

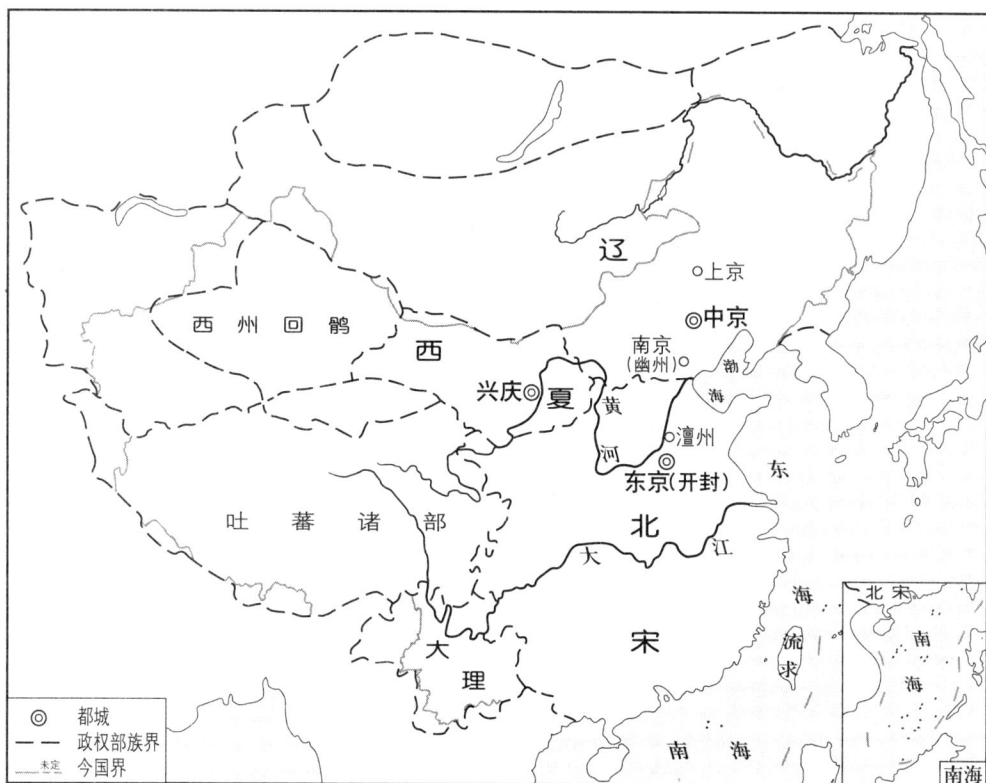

辽、北宋、西夏形势

| 东京　今河南开封 | 上京　今内蒙古巴林左旗南 | 南京（幽州）今北京 |
| 兴庆　今宁夏银川 | 澶州　今河南濮阳 | |

---

①　契丹在947年改国号为辽，983年复称契丹，1066年又改为辽。

北宋建立以后，两次对辽用兵都失败了。1004年，辽圣宗大举攻宋，直逼黄河岸边的澶（chán）州城下，威胁宋朝都城。宋真宗在宰相寇准等人的坚决要求下，勉强来到澶州。宋军受到鼓舞，打败了进逼城下的辽军。辽朝见没有取胜的希望，转而同宋讲和。第二年，辽宋达成和议：北宋答应送给辽岁币①，辽军撤走。这就是历史上的"澶渊②之盟"。澶渊之盟以后，北宋在边境的一些地方与辽互市。双方的经济、文化交流十分频繁。辽宋之间维持了长久的和平关系。

党项族是羌族的一支，唐中期以来居住在宁夏、甘肃、陕西西北一带，过着游牧生活。北宋初期，党项逐渐强大起来。1038年，党项首领元昊（hào）称大夏国皇帝，都城在兴庆。夏在宋的西北，历史上称西夏。元昊仿效宋朝建立官制、兵制，并任用一些汉族人担任重要官职。西夏逐步向封建社会过渡。

元昊称帝以后，宋夏之间连年争战，双方损失都很大。1044年，宋夏达成和议。元昊对宋称臣，北宋送给西夏岁币。和议以后，夏宋在交界的一些地方，进行贸易。

女真的兴起和金与南宋的对峙　女真族原来居住在黑龙江、松花江流域和长白山一带，过着渔猎生活。11世纪，女真族的完颜部发展起来，逐步统一女真各部。那时候，女真受辽控制，辽统治者凶狠地压迫和剥削女真人。12世纪初，完颜部的阿骨打做了女真的首领，领导女真人起来抗辽。1115年，阿骨打在会宁③称皇帝，国号金。金建立以后，继续攻辽。1125年春，金灭辽。

金灭辽以后，见北宋统治腐朽，防备空虚，就大举进攻北宋。1127年，金军攻陷东京，掳走宋徽宗和宋钦宗，北宋结束了。同年，宋钦宗的弟弟赵构在应天④即位，他就是宋高宗。后来定都临安，历史上称为"南宋"。

南宋初年，金军几次南下，宋高宗一再逃跑。南宋将领韩世忠、岳飞等，坚决抗击金军。岳飞（1103—1142）率领"岳家军"多次打退金军。1140年，岳家军在郾城大败金的大将兀术，收复不少失地。以宋高宗、秦桧为首的投降派，命令岳飞班师，解除了他的兵权，还诬陷他谋反，将他下狱。1141年，宋金讲和，南宋向金称臣，把淮水至大散关以北的土地划归金朝，还送给金岁

---

① 岁币，北宋政府每年向辽、夏送钱财等物，称为岁币。
② 澶渊，澶州附近有古湖泊名澶渊，因此历史上把这次宋辽和议叫做"澶渊之盟"。
③ 会宁，今黑龙江阿城南。
④ 应天，今河南商丘。

币。宋金对峙的局面形成了。

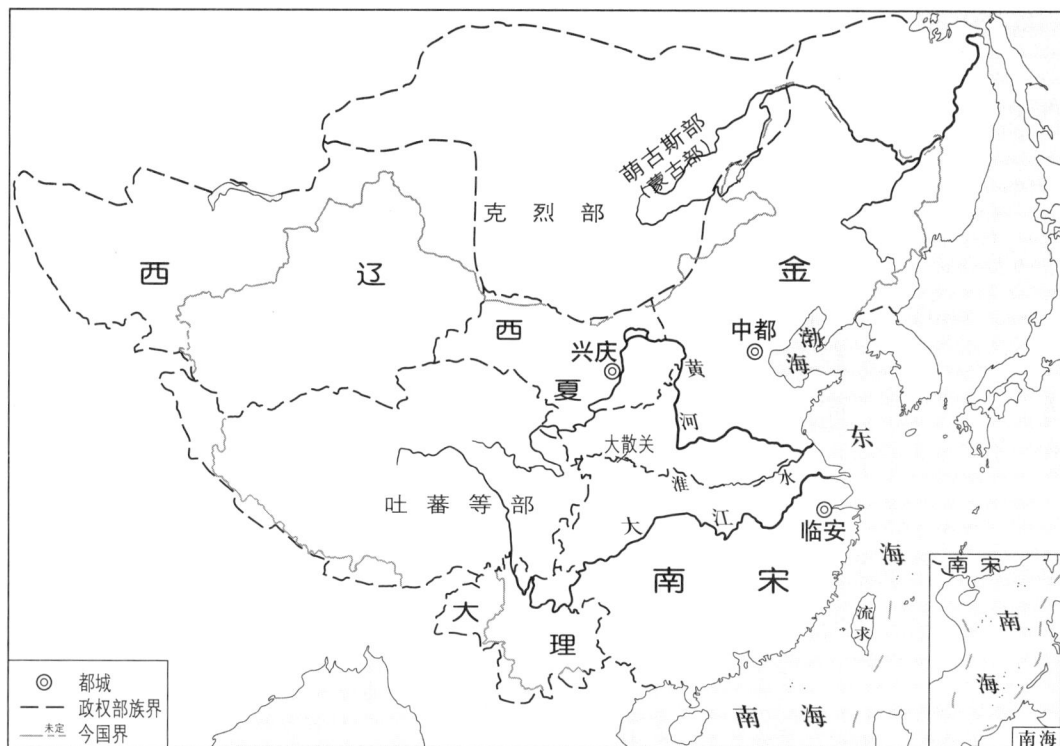

金、南宋对峙形势

中都　今北京　　兴庆　今宁夏银川　　临安　今浙江杭州　　大散关　今陕西宝鸡西南

后来，金为加强对黄河流域的统治，把都城迁到燕京，改名为中都。

宋金对峙时期，南北方的经济都得到了发展。南方在江淮地区修筑的水利工程，可灌溉田地万顷之多。桑柘、茶树等经济作物有进一步发展。临安、建康、鄂州等是商业繁荣的城市。南宋的海外贸易尤为发达，东达日本、朝鲜，西至非洲地区。

元朝的统一和元末农民战争　蒙古族是我国的一个古老的少数民族，生活在蒙古高原的广大地区。12 世纪时，蒙古族处在奴隶社会，各部落奴隶主贵族经常互相攻伐。金统治者压迫蒙古人民。蒙古人民渴望统一和安定。杰出的首领铁木真，经过十多年的战争，统一了蒙古。1206年，蒙古贵族聚集在斡难河源，拥戴铁木真为大汗，尊称"成吉思汗"，建立了蒙古政权。蒙古

成吉思汗（1206—1227 年在位）

族逐步向封建社会过渡。

蒙古政权建立后，成吉思汗和他的子孙先后灭了西夏和金，迫使吐蕃、畏兀儿臣服；还发动了对外战争，向西一直打到多瑙河流域，给亚欧一些国家带来了灾难。

1260 年，成吉思汗的孙子忽必烈做了蒙古大汗。他把都城迁到大都。1271 年，忽必烈定国号为元。忽必烈就是元世祖[①]。元朝在 1276 年攻占南宋都城临安，南宋灭亡。1279 年，元军消灭南宋最后一支抵抗力量，统一了中国。

元朝的统一，促进了我国统一的多民族国家的发展，促进了民族融合。我国的一个新的民族——回族，就是从这个时期开始形成的。进入中原的契丹、女真、蒙古族，同汉族长期接触，不断融合。元朝的疆域比过去各朝都要辽阔。为了加强中央集权，元政府施行行省制度，中央设中书省作为全国最高的行政机构；地方设行中书省，简称行省，官吏由中央委派。行省制度对后世影响深远，我国今天的行省制度就是从元朝开始的。西藏在元朝成为一个正式行政区域，由中央的宣政院管辖。大陆和台湾的关系有了新发展，元朝在澎湖设置了澎湖巡检司，管辖澎湖和琉球的事务。

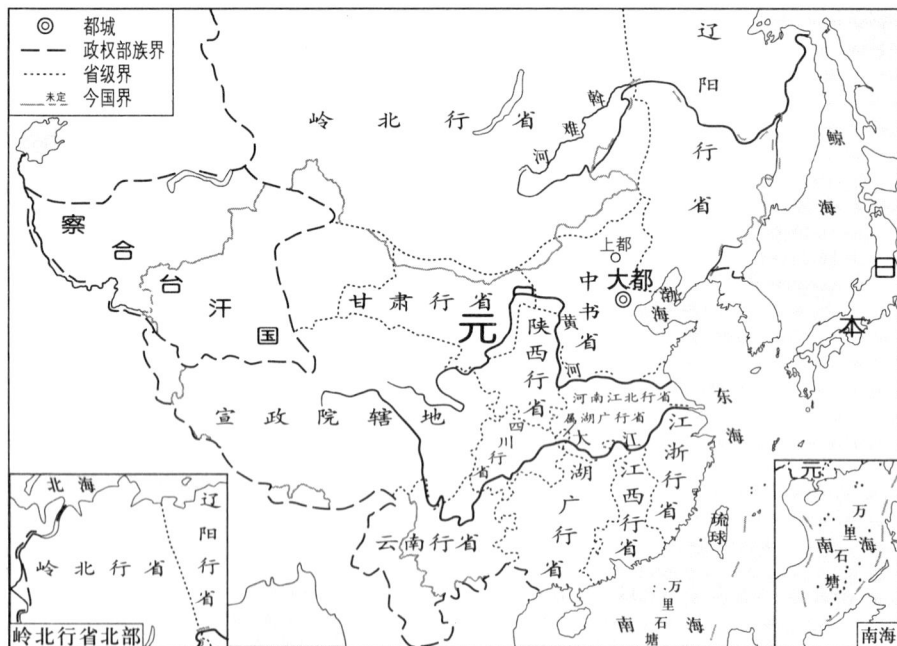

元朝疆域
上都　今内蒙古多伦西北　大都　今北京

---

① 元世祖，1260—1294 年在位。

元朝的统一，促进了社会经济的发展。元世祖比较重视农业生产，修治了黄河和许多水利工程。棉花的种植地区扩大了，促进了棉纺织业的发展。边疆地区的农业有了显著的发展，云南的生产赶上了内地水平。元朝的城市、商业非常繁荣。大都是闻名世界的大商业城市。元世祖时候，开凿了会通河和通惠河，使杭州到大都的漕运畅通。元政府还开辟了从刘家港①到直沽②的海运航线，成为重要的运粮线。以大都为中心的陆路交通也很发达，全国驿站有一千三百多处。元朝同亚、非、欧各国交往频繁。意大利旅行家马可·波罗，来华游历了许多地方。后来成书的《马可·波罗行记》，记述了他在东方的见闻。

元朝统治者为了巩固蒙古贵族的统治地位，实行民族分化政策，把各族人民分为四等。地位最高的是蒙古人，其次是色目人，第三等是汉人，地位最低下的是南人。但是各族地主也担任官职，蒙古贵族同各族地主勾结起来，残酷压迫各族人民。元朝末年，各族人民的反抗更加强烈。1351 年，爆发了刘福通领导的红巾军大起义。各地农民积极响应。刘福通的红巾军发展很快，建立了政权，进行北伐，逼近大都。但是，他们由于缺乏统一指挥，力量分散。不久，刘福通牺牲，这支起义军失败了。

在濠州③起义的一支红巾军，后来由佃农出身的朱元璋领导。1356 年，朱元璋攻占集庆④，改名应天府，在那里建立了政权。他积极发展生产，扩充军队，发展势力，控制了长江中下游地区。随着势力的扩大，朱元璋于 1367 年发布讨元文告，派兵北取中原，第二年攻占大都，元朝在全国的统治结束了。

第二节　科学技术的高度发展

三大发明及其应用　印刷术、指南针和火药是我国古代的三大发明⑤。

隋唐之际发明的雕版印刷术，到宋元时期已经很盛行。宋初，成都雕印了全部《大藏经》，共用十三万块雕版，历时 12 年才完工。后来，辽朝也雕印了《大藏经》，先后送给高丽五部。辽的印刷工人还创制了用糯米胶调墨印书的方法。金、西夏也都刻印过佛经等书。宋元时候，进一步发明了彩色套印技术。

---

① 刘家港，今江苏太仓浏河。
② 直沽，今天津。
③ 濠州，今安徽凤阳临淮。
④ 集庆，今江苏南京。
⑤ 印刷术、指南针、火药以及西汉时期造纸术的发明，合称"四大发明"。

元顺帝时，《金刚经注》已用朱墨两种颜色套印。

1973 年，陕西省文管会在修整《石台孝经》碑身时，发现一幅《东方朔盗桃》版画，此画用墨、绿等色印制而成。据专家分析，当是宋金时期的作品。这是我国目前发现的最早的套色作品。其方法是在同一版上依照内容敷彩印制而成。

明万历四十四年（1616），吴兴闵齐伋刻《春秋左传》一书是我国最早的朱、墨两版套印的印刷品。此后我国又发明多版套印的方法。

宋元时期在印刷术上最大的成就是发明了活字印刷术。11 世纪中叶，北宋平民毕昇发明了胶泥活字印刷术。和毕昇同时代的科学家沈括，在他著的《梦溪笔谈》一书中，记述了这项重要发明，并指出这种方法"若印十百千本则极为神速"。元朝的科学家王祯，创制了木活字。木活字还传到兄弟民族中，敦煌千佛

毕昇（？—约 1051）

洞里，就发现了一批元朝古维吾尔文的木活字。活字印刷术传到朝鲜、日本、越南等国，朝鲜又铸造了铜活字。元朝时候，我国的活字印刷术经过西域传到波斯、埃及，又传入欧洲，对世界文明的发展，作出了巨大贡献。15 世纪中叶，欧洲才开始用活字印刷。

元至大四年（1311），王祯用木活字印成《旌德县志》100 部。元初已出现锡活字，明代又出现铅活字和铜活字。

指南针的发明和使用也是在北宋。早在战国时期，就有了"司南"的记载。"司南"是我国古代发明的利用磁石指极性制成的指南仪器。它是用天然磁石琢磨成的，磁性较弱，难以达到预期的指南效果。在相当长的时间里，司南没有广泛使用。随着航海事业的发展，到了宋代，我国劳动人民已经会制造人工磁体，并制成磁针，装置成指南针。

指南针应用于航海，是宋代科技发展的一大成就。11 世纪末，据史书记载：中国海船航行时，"昼则观日，夜则观星，阴晦则观指南针。"这说明我国把指南针应用于航海，不晚于

司　南

这个时期。指南针在航海上的应用，加速了指南针的发展。南宋时期，开始把磁针和分方位的装置组装在一起，制成罗盘针。阿拉伯和波斯商人，经常搭乘我国的海船，也学会了使用指南针。1180年前后，"磁针从阿拉伯人传到欧洲人手中"①。指南针的应用，推动了欧洲航海事业的发展。

北宋人徐兢的《宣和奉使高丽图经》记载："是夜洋中不可住，惟观星斗前进；莫晦暝则用指南浮针以揆南北。"沈括在《梦溪笔谈》中指出，磁针所指方向"常偏东不全南也"，说明人们已认识到"磁针偏角"的现象。对这种现象的认识，在欧洲是近代才出现的。南宋人赵汝适在《诸蕃志》中写道：自泉州至海南岛，行于海上，"惟以指南针为则，昼夜守视唯谨，毫厘之差，生死系矣"。可见海船已普遍使用指南针。

火药是唐朝的炼丹家在炼制丹药的时候发明的。唐朝中期的书籍里，记载了用硝石、硫黄和木炭混合在一起制成火药的方法。火药应用在军事上，最早

宋代火炮

是在唐朝末年。904年，在藩镇势力互相攻伐的一次战争中，使用了"飞火"，就是在箭杆上绑一个火药团，点着引信，用弓发射出去，烧伤敌人。宋元时候，火药在军事上的应用较为普遍。北宋在东京设立官作坊，专门负责制造火药。宋仁宗时曾公亮主编的《武经总要》，记载了火炮、火蒺藜等火器及其所用火药的配制方法。这是世界上最早的有关火药配方和工艺程序的记载。那时人们利用火药的性能，分别制成不同的火器。一种是爆炸火器，如火球、火蒺藜、火炮等，利用了火药的爆炸性能。一种是喷射火器，如火箭。这种火箭已不是用弓发射，而是利用点燃箭杆上的火药筒，热气流向后喷射，推动箭支前进。一种是管状火器，如突火枪、火铳，它们是现代枪、炮的前身。管状火器的出现，是火器史上具有划时代意义的进步。

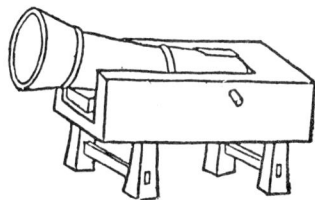

元朝铜火铳

南宋和元代，我国发明的火药和火药武器传到了阿拉伯等国家。14世纪初，又由阿拉伯人传到了欧洲。

天文历法的新成就　宋元时期，在天象的观测、星图的绘制和天文仪器方面，都有创新。北宋元丰②年间，在天象观测的基础上，绘成星图。闻名于世

---

① 见恩格斯：《自然辩证法》。
② 元丰，宋神宗年号，1078—1085年。

的苏州天文图，就是这幅星图在南宋时的复刻品。北宋天文学家苏颂等制成的水运仪象台，既能演示天象、观测天象，又能计时报时，在国际上被誉为天文钟的祖先。宋元时期进行了 7 次恒星观测，以 1276 年元朝天文学家郭守敬（1231—1316）进行的观测规模最大、精确度最高。他测出了前人没有命名的恒星数千颗。郭守敬制造的许多天文仪器，也具有很高的水平。

水运仪象台是利用水轮运转为动力，以恒定的水流推动齿轮传动机械，带动仪器自动运转。台分三层：上层置浑仪，用来观天象；中层置浑象，再现实际天象；下层为各种传动装置，用以报时。在苏颂撰写的《新仪象法要》一书中，对水运仪象台的全部结构有详细记载。

宋元时期的历法，也有很大的进步。两宋、金代和元代都有著名的历法。这些历法有许多新颖的改历主张。北宋著名科学家沈括的突出成就，就表现在天文历法方面。他提出彻底改革旧历法的主张，创制了《十二气历》。以立春为元旦，大月 31 日，小月 30 日，大小月相间。八百多年以后，英国才有类似的历法。元朝时候，郭守敬等人编成的《授时历》，集各家历法优点之大成，是我国古代最优秀的历法。《授时历》定回归年长度为 365.242 5

沈括（1031—1095），杭州钱塘人

日，与今天世界通用的公历相同，但是比它早了三百年。《授时历》的天文数据几乎都是古历中最精确而又先进的。《授时历》传到了朝鲜、日本。日本的《大和历》，是在《授时历》的基础上制定的。

农学的发展 宋元时期，农业生产和技术的发展，特别是南方，达到了一个新的水平。在此基础上，农学也有了新的发展。南宋时陈旉（fū）写的《农书》，是现存最早记述南方水稻农业技术与经营的一部书。而元朝时候王祯著的《农书》，是综合了黄河流域的旱田耕作和江南水田耕作两方面的生产实践而写成的。

王祯《农书》中的秧马图

王祯（1295—1300），山东东平人。他在安徽、江西任县官时，大力提倡农桑。他著的《农书》有22卷，全书分三部分："农桑通诀"，总论农业发展的历史和实践经验；"百谷谱"，分述各种农作物的栽培方法和贮存、利用的方法；"农器图谱"，用图谱形象地记录了各种农具、水利机械、手工业加工工具的构造，还附有文字说明。这部分篇幅最多，占全书的80%，后代农书和类书记述的农具或图谱，大部分以《农书》为范本。王祯的《农书》在我国农学史上，是继《齐民要术》之后最重要的一部农学著作。

除王祯《农书》外，元朝比较重要的农书还有元世祖时颁行的《农桑辑要》。这部书由政府的司农司编纂，总结了13世纪前我国的农业生产经验。《农桑辑要》通俗易懂，是一部普及读物，在元代多次刊印。

建筑技术的成熟

我国古代建筑技术发展到宋、辽、金，已经达到成熟阶段。那时的不少砖、石、木构建筑一直保留到今天。山西太原晋祠的圣母殿，建于北宋仁宗①年间，外观极其秀丽轻巧，是北宋建筑的代表作。大同华

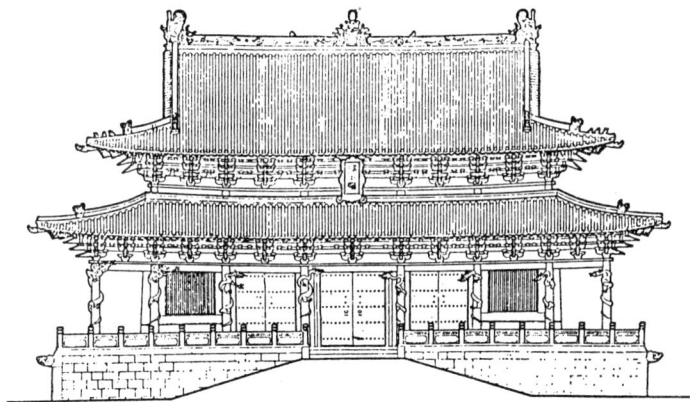

晋祠圣母殿

严寺的大雄宝殿，规模宏大，殿内省去大量柱子，空间宽敞。大殿采用斜拱，具有辽金建筑的特殊风格。它是辽道宗②时修建的，为我国现存最大的木构建筑之一。宋元时桥梁建筑也有很大成就，是我国历史上的建桥高潮时期。今天北京西南郊的卢沟桥是金代的建筑，福建泉州的洛阳桥、安平桥，分别是北宋和南宋时的建筑。这些都是珍贵的历史遗产。

宋朝出现了一些建筑学专著，其中，以北宋末年李诫写的《营造法式》最为著名。

李诫（？—1110），管城县③人。他在北宋政府的将作监任职多年，主持

---

① 宋仁宗，北宋的第四代皇帝，1023—1063年在位。
② 辽道宗，辽朝后期的皇帝，1055—1101年在位。
③ 管城县，今河南郑州。

过不少城门、宫殿和官舍等土木工程，积累了丰富的经验，编著了建筑工程典籍《营造法式》一书。全书34卷，记载了各种建筑的方法，所需的人工、材料和建筑学上通用名词的解释，还有建筑物的各种图样和装饰图案。我国古代建筑，在宋以前以木结构为主，书中对木结构讲得最详细。这部书全面、系统地总结了我国宋朝和宋以前的建筑营造技术，是世界上最早最完备的建筑学著作。

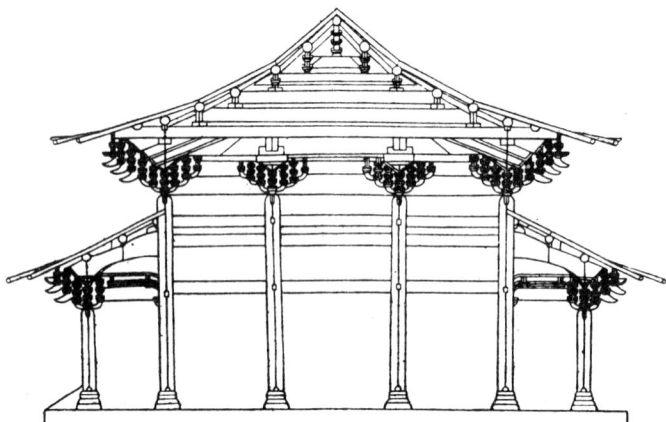

《营造法式》图样之一

医学 北宋政府多次整理和出版医药学著作，其中主要有《经史证类大观本草》《太平圣惠方》《圣济总录》等。北宋医生王惟一，制成两具标有三百多个针灸穴位的铜人，用于针灸教学。南宋人宋慈撰写的《洗冤集录》，是我国第一部系统的法医学著作。

《经史证类大观本草》为宋徽宗时出版，共32卷，实为民间医生唐慎微所著。全书记载药物1 746种，单方三千余个。此书在南宋、金、元时多次重刻，并流传到日本、朝鲜等国。宋徽宗时还编订方书《圣济总录》200卷，收医方2万个。宋太宗时命人整理前代方书，历时14年，编成《太平圣惠方》100卷，内容涉及脉法、处方用药、内科、外科、妇科、儿科等，收入医方一万六千余个。

南宋时宋慈的《洗冤集录》，记述了各种验尸的方法。这是世界上最早的司法检验方面的专著，对法医学的发展起了重要作用，并被翻译成英、法、德、日、俄等国文字。

第三节　哲学和史学的成就

理学的产生和发展 宋元时期占统治地位的哲学思想是理学。理学又称"道学"，是佛家和道家思想渗透到儒家思想以后，产生的一种新的儒家学说。它的出现适应了封建专制主义中央集权统治不断加强的需要。宋元时期的理学家很多，大体说来，可以分为两派：一派是以周敦颐、程颢、程颐、朱熹等为代表的客观唯心主义者，另一派是以陆九渊为代表的主观唯心主义者。其中，客观唯心主义一派占支配地位。

周敦颐是两宋理学的先驱者和奠基人。他认为金、木、水、火、土各种物质来自阴阳二气，阴阳二气产生于"太极"。"太极"是非物质的一种精神，又称为"理"。"理"是产生万物的根本。他的唯心主义理论，为理学奠定了基础，后来许多人把他称为理学的开山祖。

程颢和程颐兄弟，对理学的发展起了重要作用。少年时代，他俩受业于周敦颐，后来他们共同建立了一套比较完整、系统的理学体系，成为北宋理学家的代表人物。他们继承和发展了周敦颐的理学，认为先有理才有物质世界，理既能产生万物，又能统辖万物。理是天下万物都要遵循的普遍原则。封建的伦理道德也是"天理"，必须遵循。他们的理学，从各个角度为封建统治秩序辩护。

南宋时候，统治者极力提倡理学，促进了理学的发展，出现了理学的集大成者——朱熹。

朱熹继承和发展了二程的思想，是孔子以后我国封建社会里影响最大的唯心主义哲学家。朱熹把理学发展到最高峰，后人将二程和朱熹的学问称为程朱理学。朱熹学问渊博，著作主要有《四书集注》《朱文公文集》和后人编辑的《朱子语类》等。

朱熹认为天地万物生成有理、有气，"理"是万物生成的本源，"气"是构成宇宙万物的材料，"理在气先"，没有天地之前，就有了理，所以"理"是主要的。他还认为，天地万物的变化，都是"理"在不停息地流动引起的。朱熹的唯心主义思想体系是同封建主义直接结合的。他把封建的伦理道德三纲五常②都说成客观存在的"天理"，以此来诱导人们自觉地服从封建统治秩序。三纲五常之说，经朱熹着力发挥，加以理论化，逐渐成为封建制度的精神支柱。朱熹的理学思想，对巩固封建统治秩序，起了重要的作用。明清时期，朱熹的学

朱熹（1130—1200），徽州婺源①人

---

① 徽州婺源，今属江西。
② 三纲五常，三纲指君为臣纲、父为子纲、夫为妻纲；五常通常指仁、义、礼、智、信。

说被尊为儒学正宗。

与朱熹同时代的陆九渊，是理学家中的主观唯心主义者。他认为"心"是天地万物的本源，"心"就是理。在他看来，"吾心即是宇宙"，没有我，世界就不复存在了。他的思想被称为"心学"。陆九渊和朱熹进行过一场大辩论，即中国哲学史上有名的"鹅湖之会"①。他们的分歧只是理学家内部的派别之争，两派实际上都否认世界是由物质构成的。

元朝时候，理学家继续受到重视。科举制恢复以后，考试的主要内容就是程、朱注解的《四书》《五经》。由于官方的大力提倡，"海内之士非程朱之书不读"。那些敢于批评程朱学说的作品，被当作"邪说"毁掉。从元朝起，在我国思想文化界，程朱理学确立了绝对的统治地位。

史学的成就　宋元时期，由于统治阶级的重视，各种体裁的史书大量出现，一些新的研究领域得以拓展，如金石学。历史学研究的成就，远远超过前代。两宋时期，重要的通史著作有《资治通鉴》《通志》《文献通考》等。

《资治通鉴》由北宋著名的史学家司马光主持编撰。

司马光，宋仁宗时中进士，神宗时任翰林学士。他在政治上反对王安石变法。哲宗即位，他出任宰相，尽罢新法。他从1066年起，专心编著《资治通鉴》，在史学家刘恕、刘攽、范祖禹等人的协助下，花费了19年的时间，到1084年全部完成。

《资治通鉴》是我国空前规模的一部编年体通史，叙述了从战国到五代一千三百多年的历史，共294卷。司马光等人在编写这部书的过程中，除依据历朝正史外，还广泛参考了杂史等三百多种著作。史料的真实性，胜过许多正史。书中保存了大量的古代史料。

司马光（1019—1086），陕州夏县②人

司马光编写《资治通鉴》的目的，是为皇帝提供历代封建统治的经验教训。宋神宗认为这部书能够"鉴于往事，有资于治道"，所以定名为《资治通鉴》。书中内容着重叙述政治、军事情况，很少叙述经济和文化。《资治通鉴》

---

① 这次辩论是南宋淳熙二年（1175年）在信州（今江西上饶）鹅湖寺举行的，史称鹅湖之会。

② 陕州夏县，今山西夏县。

资料丰富，考证精审，文笔生动，是研究我国古代历史的重要书籍，它的体例也成为后世撰写编年史的典范。

编年体的史书，常把一事分散在几处写，首尾不相接，不利于了解历史事件的全貌。为此，南宋的史学家袁枢根据《资治通鉴》，编成一部《通鉴纪事本末》，把分散在《资治通鉴》各卷里的重大历史事件，一件件集中起来，连贯叙述它的原因、经过、结果和影响，开创了以记事为中心的新体裁。它便于读者对一个个历史事件有比较全面的了解。全书共有239件事，包括了从战国时期的"三家分晋"到五代"周世宗征淮南"其间的重大事件。明清时期的不少史学家，都仿效这种纪事本末体著书。

南宋初年郑樵撰写的《通志》，是宋元时期的一部典章制度专著。全书共200卷，分为帝纪、年谱、略、列传各若干卷。年谱是他新创的体例。"略"相当于正史中的"志"，记述从远古到唐代的典章制度沿革，是全书的精华。

郑樵提倡编写通史，认为断代史有重复和史事不连接的缺点。他还主张写历史要据实纪录，反对过多评论，更反对把"阴阳五行说"写入史书。

《文献通考》是元朝马端临撰写的，全书共348卷，记述了从远古至南宋末年历代制度的沿革。《文献通考》继承了唐代杜佑《通典》的优点，补充了《通典》的不足，又增加了唐朝天宝以后的内容。书中收录了大量的文献，还摘引了唐宋诸臣的奏疏、士大夫的评论，夹叙夹议，使读者对于一种制度的本末，能有个概括的了解。《文献通考》记载宋代的制度最详，多为《宋史》各志中所失载。

《通志》《文献通考》与《通典》，合称"三通"。

两宋时期当代史的编写也很有成就，如由政府组织编修的《宋会要》。此外由私人编修的当代史书，比较重要的有李焘的《续资治通鉴长编》、李心传的《建炎以来系年要录》和徐梦莘的《三朝北盟会编》等。

宋代设专门机构，修撰会要，成书二千二百余卷，为研究宋史的重要资料。元军灭宋，稿本北运。元代修撰的《宋史》各志，多取材于此。《续资治通鉴长编》，980卷，为编年体史书，北宋专史。《建炎以来系年要录》，200卷，为宋高宗一朝（1127—1162）的编年体史书。《三朝北盟会编》，250卷，所述内容始于政和七年（1117），迄于绍兴三十二年（1162），专叙宋金交涉史事，对宋代抗金斗争和金人的制度习俗等，提供了丰富资料。

第四节 文学和艺术的发展

宋词的繁荣 唐朝时候，产生了一种新的诗歌体裁，句子有长有短，便于歌唱，这就是"词"。每首词依据乐谱的要求，有固定的格式，叫做"词牌"。常见的词牌有《蝶恋花》《满江红》《沁园春》等。五代期间，许多文人专以华艳辞藻来写宫廷或上层社会生活，称为"花间"词派。南唐亡国之君李后主的词，就属于这个词派。花间派的作品，有些艺术性较高，但总体上缺乏深刻的社会内容。

到宋代，商业和城市的繁荣促进了词的发展。词成为一种主要的文学形式。北宋前期，词受花间派影响很大，仍局限于讴歌上层社会的游乐生活。到北宋中期，政治上的改革促成了诗文的革新。词在诗文革新运动中，有了新的发展。对宋词发展有着重大影响的是柳永和苏轼。柳永的词，反映了都市社会生活，语言通俗，深受下层人民欢迎。他的作品，宛转柔美，被称为婉约派。这是宋代词坛的一大流派。柳永的词流传很广，历史上有"凡有井水饮处，即能歌柳词"之说。

城市的坊、市界限，到宋代已经打破，还出现了夜市。东京有许多勾栏瓦舍，歌楼酒馆。市民阶层扩大了。这样，就为词的广泛发展提供了条件。据统计，仅两宋词人就有一千三百多名，作品近两万首。

苏轼，号东坡，是北宋著名的词人。他进一步把词的题材扩大到反映广阔的社会。他主张无意不可入于词，无事不可言于词。山川景物、农舍风光、纪游咏物、感旧怀古等，都是他填词的重要题材。他的词，风格豪迈奔放，一扫花间派、婉约派的华靡柔婉。南宋人说他的词，"倾荡磊落，如诗，如文，如天地奇观"，是十分恰当的。他的名篇《水调歌头·明月几时有》和《念奴娇·赤壁怀古》，最负盛名。苏轼为词的发展开拓了新的境界，创立了宋词的豪放派，对后世影响极大。

苏轼在《念奴娇·赤壁怀古》开头中写道："大江东去，浪淘尽、千古风流人物……"这首词气势宏伟豪放，用流畅的词句赞美祖

苏　轼（1037—1101），四川眉山人

国山河的壮丽，歌颂历史英雄人物的风貌，久为传诵。

词至南宋发展到高峰。辛弃疾（1140—1207），号稼轩，是南宋杰出的词人，政治上主张抗金。他把词表现的范围扩大到更广阔的社会领域。他用词来咏物、抒情、写景、记事、说理，都能运用自如，得心应手。他的词具有炽烈的政治热情，纯熟的艺术技巧。宋词的豪放风格，在他的作品里进一步发扬光大。他的词作留存下来的有六百多首，代表作有《永遇乐·京口北固亭怀古》和《鹧鸪天》等。

南宋初年的女词人李清照，有许多意境清新的作品，在文学史上占有一定地位。她的词属于婉约派。

李清照，号易安居士。她的词，前期多写悠闲生活，后期多悲叹身世，情调伤感，也有流露对中原的怀念之作。形式上善用白描手法，语言清丽，炼句精巧，平淡自然。她的作品有后人辑录的《漱玉词》。

南宋后期，政治江河日下，词的创作也逐步衰败。不少词内容空虚，情调消沉，追求形式，堆砌辞藻，没有什么积极意义。

李清照（1084—约1151），
济南①人

诗歌和散文的改革　北宋前期的诗歌和散文，受唐、五代的浮艳文风影响，注重雕词琢句，许多作品内容空虚。到北宋中期，随着政治上的改革运动，文坛上也兴起诗文革新运动。政治上主张变法改革的范仲淹、欧阳修、曾巩、王安石、苏轼等人，积极参与或大力支持诗文的革新。他们反对浮靡的文风，提出诗文要"有补于世"。欧阳修是诗文革新运动的主将。

欧阳修倡导学习韩愈的散文，主张文章要有内容，文字要平易朴素。他写了不少有思想内容，又具有艺术特色的散文。他的文章说理畅达，抒情委婉，富于诗情画意，像《醉翁亭记》等，都是传世的名篇。

继欧阳修之后，王安石、苏轼等人，也写出很多杰出的散文。由于他们的努力，宋代的文风发生了根

欧阳修（1007—1072），
吉水②人

---

① 济南，今山东济南。

② 吉水，今属江西。

本变化。后世把唐代的韩愈、柳宗元和宋代的欧阳修、苏洵、苏轼、苏辙、王安石、曾巩八位文学家，合称为"唐宋八大家"。

在诗歌方面，北宋前期统治文坛的诗主要反映达官贵人的豪华生活。北宋中期诗文革新运动中，欧阳修反对无病呻吟，推崇韩愈叙述人事景物、表达感情的诗。欧阳修和他的诗友梅尧臣等创作的诗歌，在一定程度上反映了现实生活。像梅尧臣的《陶者》《田家语》等诗，揭露了统治阶级对劳动人民的剥削、压迫，感人至深。继起的王安石、苏轼，以其内容丰富、风格豪放的诗，雄踞诗坛。北宋中期的诗文革新运动，为诗歌开辟了现实主义道路。这对南宋的诗歌产生了积极的影响。

南宋现实主义诗人的杰出代表是陆游。陆游，号放翁，留存下来的诗有九千多首。他的诗，热情奔放，充满了对中原失陷的悲愤、对收复失地的雄心壮志。像《秋夜将晓，出篱门迎凉有感》《十一月四日风雨大作》以及《示儿》等诗，都是千古传诵的名篇。他的诗还描绘了农民贫困生活的图景，如《农家叹》《收获歌》等，都是富有人民性的作品。陆游的诗歌在中国文学史上占有突出的地位。

陆游（1125—1210），山阴① 人

陆游参加过抗金斗争。在文学创作方面，他以诗为主，词亦很有特色。他一生都非常关心民族的安危和国家的存亡。他在《诉衷情》一词中写道："胡未灭，鬓先秋，泪空流。此生谁料，心在天山，身老沧洲！"充满了国耻未雪、壮志难酬的悲愤激情。

金朝到了中期，文化已经很发达。金朝的诗歌文笔雄健，受北宋的诗文革新运动影响很大。金末杰出诗人元好问的诗，就直接受苏轼的豪放诗风影响。元好问用诗阐发思想感情，风格沉郁、悲壮。他的"丧乱诗"成就最高，具有一定历史价值。

宋元话本　宋元时期，随着商业和城市的繁荣，市民阶层对文化生活的要求日益增强。"说话"这种文学形式，深受市民的喜爱。"说话"就是讲故事。说话的底本，就叫"话本"。话本的内容，有讲佛经故事的，如《大唐三藏取经诗话》；有讲历史故事的，如《五代史评话》；有讲传说、公案、灵怪、烟粉等故事的，如《京本通俗小说》。当时把最后一类故事，称为"小说"。小说最

---

①　山阴，今浙江绍兴。

受听众欢迎。

话本的出现，在我国文学史上开辟了一个新纪元。同唐代传奇相比，宋元话本更广泛地反映了社会生活，中小商人、手工业者和下层妇女，经常作为正面人物在话本里出现。不少话本的内容揭露了封建统治的黑暗，反映了劳动人民的愿望和要求。话本中的人物有鲜明的个性，语言接近口语，比较生动。明清以来的白话小说，就是在宋元话本的直接影响下逐渐形成的。宋元以及后代的戏剧创作，也受到话本影响。许多戏剧是根据话本故事改编的。话本是封建社会的产物，其中有不少宣传神怪迷信、因果报应的糟粕。

说话作为一种新兴的民间文艺，不仅受到汉族人民的喜爱，女真、蒙古等少数民族也很爱听说话人讲故事。金的西京大同府，就有专门讲述五代史的说话人。元大都里，也有不少说话人。

元曲的兴起和繁荣　元朝的文学主流是元曲，可与唐诗、宋词并称。元曲包括杂剧和散曲。宋金时期，在大城市的瓦肆里，经常演出滑稽戏、歌舞戏、讲唱戏等各种戏剧。元朝杂剧就是在这个基础上发展起来的，它把动作、对话、歌唱、音乐和舞蹈结合起来，具有完整的故事情节。近年来发现了不少金、元时期的舞台文物，充分反映了当时戏剧活动的繁荣。元朝初期，杂剧盛行于北方，全国统一以后，逐渐向南方转移。大都和杭州是杂剧活动的中心。

金代雕砖舞台和戏剧俑

元代的杂剧作品很多，约有五百多种，流传下来的仅一百多种。知名的杂剧作家有七十多人，像《西厢记》的作者王实甫，《汉宫秋》的作者马致远，《墙头马上》的作者白朴等。元杂剧最负盛名的作家是关汉卿。

关汉卿生活在13世纪，大都人。他一生写过六十多个剧本，留存下来的有18个。其中的《窦娥冤》《鲁斋郎》《拜月亭》《救风尘》《望江亭》等，都是人们喜闻乐见的作品。关汉卿有丰富的生活经验，能深入被压迫的社会下层，与歌妓、演员都有联系，还常常亲自登台演出。这样的生活，使他对现实社会有比较深刻的认识，对广大观众的要求和心理有一定的了解。所以，在他的作品里，塑造了多种多样的人物形象，广泛深刻地反映了元朝社会的各种矛盾，爱憎分明地描写了压迫者和被压迫者，痛快淋漓地揭露统治者的残暴和罪恶，热情地歌颂了人民群众向恶势力作斗争的反抗精神。在《窦娥冤》一剧里，他通过窦娥的悲惨遭遇，喊出了："这都是官吏每①无心正法，使百姓每有口难言！"从而直接对元朝的黑暗统治提出了控诉。关汉卿的剧本，结构严谨，语言质朴，人物有个性，在艺术上成就很高。

关汉卿是我国文学史上的一位杰出的剧作家，他的作品在文坛上有着巨大的影响。

绘画和书法的成就　宋元时期，我国的绘画艺术取得了很大成就，进入了一个新的高峰。

五代十国时候，西蜀、南唐开始

《窦娥冤》插图

范　宽

设立画院。两宋也在宫廷中设立画院，征召大批著名画家在画院供职。宋徽宗爱好美术，在他统治期间，画院最为兴旺。辽金两朝的帝王中，也有不少爱好绘画艺术。辽兴宗②常以他的画赠与宋仁宗。金朝中期的书画院，收藏了大量的书画。元朝统一以后，皇帝之中对绘画感兴趣的也不少。宋元时期，由于统治者的重视和提倡，绘画艺术有了明显的发展。

宋元时期绘画艺术的成就，突出地表现为山水、花鸟画的蓬勃发展。山水、花鸟画从唐朝就开始独立发展，宋元时候出现了繁荣的局面。这方面的画家众多，人才辈出，风格各异，绘画技巧日趋成熟。

五代十国时著名的山水画家，北方有荆浩，南方有

---

① 每，宋元时口语，同"们"。
② 辽兴宗，1031—1055 年在位。

董源。荆浩的画皴（cūn）染并用，浓淡分明。董源长于描绘秋岚远景。两宋的山水画在五代的基础上，有很大发展。北宋的山水画着重画大山大水的全景，南宋的山水画则着重表现奇秀山川的一角。北宋的山水画家李成、范宽和郭熙，都属于荆浩一派。李成善画北方的山水，好用淡墨，范宽是李成的学生，善于表现北方雄奇壮丽的雪山。郭熙长于写实，注重意境，提倡以诗句作为画题。他是北宋中期有代表性的山水画家。南宋的山水画家有李唐、马远和夏圭。李唐好作长图大幛，风格雄伟，重在创造意境。他的画风

赵孟𫖯的《斗茶图》

对南宋的山水画有很大影响。马远和夏圭的画，构图简练集中，具有"水墨苍劲"的风格，绘画史上把他们并称"马夏"。

花鸟画家以西蜀的黄筌和南唐的徐熙最为著名。黄筌的画富丽工巧，徐熙的画朴素自然。当时有"黄家富贵，徐熙野逸"之说。北宋的花鸟画从黄徐两家发展而来。这两个画派到北宋中叶逐渐融合。宋徽宗以花鸟画最为上乘，笔法工整，形神俱妙。南宋的花鸟画不如北宋兴旺，专画梅、兰、竹、菊题材的画家多了起来。

元朝的绘画，仍以山水画为主。元朝前期最有名的画家是赵孟𫖯，他擅长画山水、花鸟、人物等。元朝后期的画家以黄公望对后代影响最大。他创造了一种雅洁淡逸的绘画风格，注重笔墨技法，对水墨山水画的发展有一定贡献。

宋元时期的书法艺术也有新的发展。北宋的苏轼、黄庭坚、米芾、蔡襄都是著名的书法家，开创了新的流派。苏轼的字，笔圆而韵

米芾的行书

胜。黄庭坚的字英俊挺秀，书得笔外意。苏、黄的书法以神韵见重。米芾学古人笔法最勤，其字雄健清新，有快刀利剑之势，技巧为当时第一。蔡襄以楷书见长，字体娇娆，有如贵族少妇。宋徽宗的书法瘦硬劲直，自成一家，人称"瘦金体"。

元代著名的书法家有赵孟頫和鲜于枢等。赵孟頫的古篆、隶书、行草等，"无不冠绝古今"。鲜于枢善行草，与赵孟頫齐名。

第六章　明清时期社会概况和文化

第一节　政治经济概况

明朝的政治和经济　　1368 年，朱元璋在应天称皇帝，建立了明朝。朱元璋就是明太祖①。

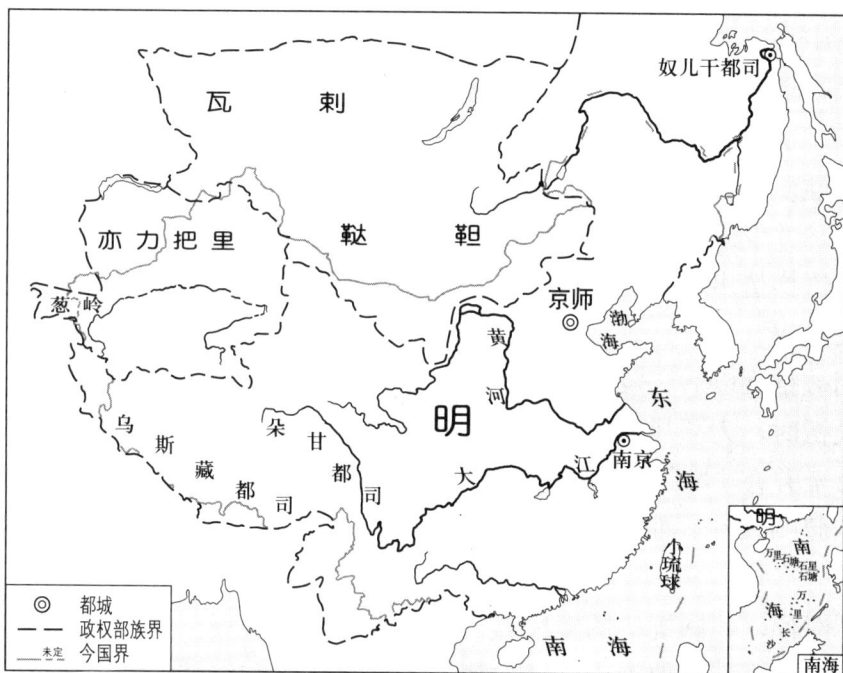

明朝疆域

小琉球　今台湾　　朵甘都司　今青海、四川西部　　乌斯藏都司　今西藏地区

明太祖吸取元末农民战争的教训，采取措施恢复发展农业生产，以增加政府的收入，巩固统治。明政府奖励农民屯田垦荒，减免他们的赋税、徭役，还实行屯田，解决军粮的来源。明政府派人到各地清丈田亩，督促兴修水利，推广植棉。那时棉布代替麻布成为人们的主要衣料。经过六七十年的努力，农业有了显著的发展。明朝初年，还改革了工匠服役的制度，手工业者的地位有了

---

① 明太祖，1368—1398 年在位。

改善。手工业也逐渐发展起来。明初，全国人口大幅度增长。到洪武二十六年（1393），已达一千六百余万户，比元朝增加了四百多万户。人口增至六千多万。

明朝建立以后，统治者采取措施强化专制主义的中央集权。在中央，废除了丞相，把丞相的职权分给六部①，六部直接向皇帝负责；另设殿阁大学士，备皇帝顾问；还把军权集中到皇帝的手里。在地方，废除行中书省，分职权于三司②，三司都直属中央。

明太祖还设立锦衣卫，以镇压人民和监视官吏。后来又设了东厂、西厂③。厂卫是特务性质的机构。明朝沿用科举制度选拔官吏，并发展为八股取士，不求实际的学问。这样选出来的官，成为顺从皇帝的奴仆。这些措施大大加强了专制主义的中央集权。

锦衣卫印

元朝被推翻以后，蒙古贵族退到长城以外，多次出兵南下，骚扰明朝的边境。明成祖时，为了加强北方的军事防御力量，决定把都城迁到北方。他下令营建北京，并在1421年迁都到北京。为了加强北方的边防，明朝修筑了长城。明长城东起鸭绿江，西到嘉峪关，蜿蜒一万三千多里，是世界上的伟大工程之一。

明朝时候，我国统一的多民族国家继续巩固和发展。蒙古鞑靼俺达汗主动与明朝言好，明朝封他为顺义王。俺答汗修建的呼和浩特城，成为蒙古地区和内地贸易的商业城市。东北地区的各少数民族在元朝被推翻以后，接受了明朝的管辖。1409年，明朝在奴儿干城设置奴儿干都司，委派各族的头人担任官职，管辖整个黑龙江流域和乌苏里江流域，包括库页岛在内的广大地区。

明朝前期，我国是世界上一个富强的国家。中外交往十分频繁。明成祖派遣郑和出使"西洋"④，是世界航海史上的壮举。郑和（1371—1435）从

---

① 六部，指吏、户、礼、兵、刑、工六部。
② 三司，指承宣布政使司、提刑按察使司和都指挥使司。
③ 东厂、西厂，明成祖时设立东厂，明宪宗时设立西厂。
④ 西洋，指今文莱以西的南洋各地和印度洋沿岸一带。

1405 年奉命出使西洋，前后达 7 次之多。他率领两万多人乘坐几十艘大海船，远航到中南半岛、南洋群岛、印度半岛和伊朗、阿拉伯等地区，最远到达非洲东海岸和红海沿岸。郑和的远航，比欧洲航海家的远洋航行早半个多世纪。

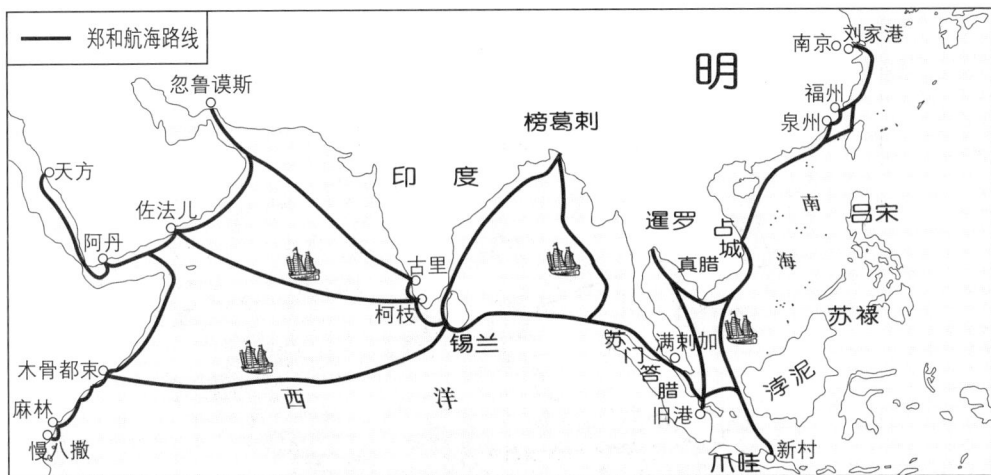

郑和下西洋路线

古 里	今印度科泽科德	刘家港	今江苏太仓浏河
天 方	今沙特阿拉伯麦加	占 城	今越南中南部
满剌加	今马来西亚马六甲一带	榜葛剌	今孟加拉和印度西孟加拉邦一带
浡（bó）泥	今加里曼丹岛北部	苏 禄	今菲律宾苏禄群岛

郑和下西洋纪念邮票

戚继光（1528—1587），山东蓬莱人

元末明初，日本的一些武士、商人和海盗，经常骚扰我国沿海地区。沿海人民称他们为倭寇。明朝中期，海防松弛，倭患更加严重。明政府调集军队抵抗倭寇的侵扰。在抗倭斗争中，贡献最突出的是戚继光（1528—1587）和他领导的"戚家军"。至1565年，东南沿海的倭寇基本上肃清了。

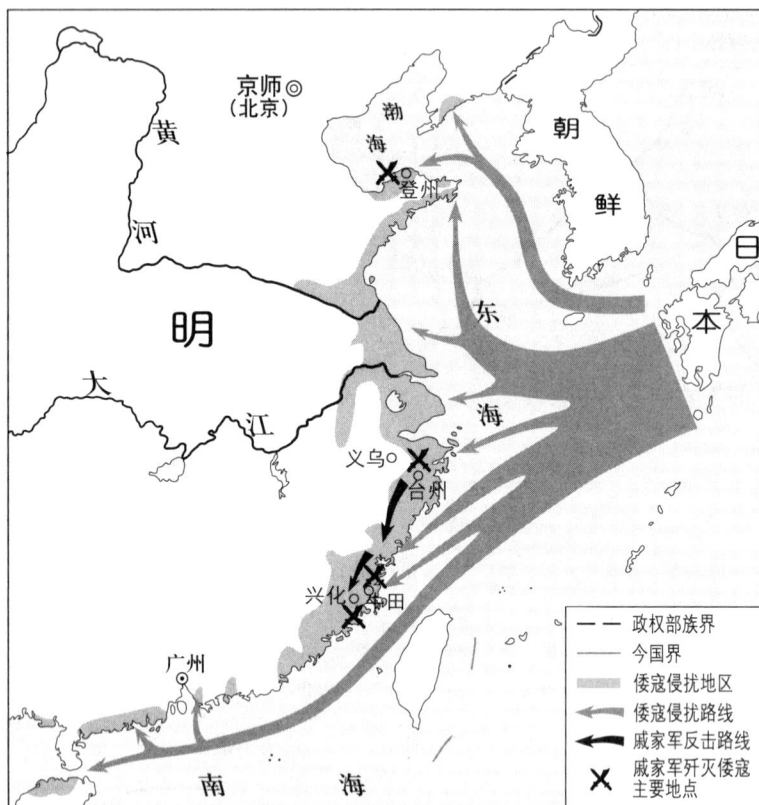

戚家军抗倭形势

登州　今山东蓬莱　　台州　今浙江临海　　牛田　今福建福清南　　兴化　今福建莆田

明朝中后期的资本主义萌芽和明末农民战争　明朝中后期，随着农业和手工业生产水平的提高，商品经济有了较大的发展，白银成为主要的货币。在江南一些地方，市镇发展起来，资本主义生产关系的萌芽稀疏地出现了。丝织业最发达的城市之一苏州，就有许多以织绸为业的"机户"。富有的机户拥有大量资金和几十台织机，开设"机房"；雇佣机工数十人，进行生产。机工每天劳动到深夜，计日领取工资，过着贫困的生活。他们一旦失去工作，就要挨饿。苏州城里像这样的机工，那时有几千人。这种"机户出资，机工出力"的"机房"，就是手工工场。手工工场是资本主义的生产方式。在手工工场里，机户占有生产资料，剥削机工的剩余劳动价值，是早期的资本家；机工靠出卖劳动力为生，是早期的雇佣工人。他们之间的关系就是资本主义性质的生产关系。那时候，在全国占主要地位的仍然是农业和家庭手工业相结合的自然经济。早期的资本主义生产关系只处在萌芽状态，发展十分缓慢。

明朝后期，专制主义的封建统治非常腐朽。土地集中达到惊人的地步。太湖流域，十分之九的人家失去了土地。到明朝末年，陕西北部连年灾荒，庄稼颗粒无收，官府仍然催逼租税。1627年，陕北农民首先举起造反的大旗。起义很快发展到陕西全省和甘肃东部，涌现出几十支起义军。后来，起义军在闯王高迎祥的率领下，同明军作战。1636年，高迎祥牺牲，李自成被拥戴为闯王。

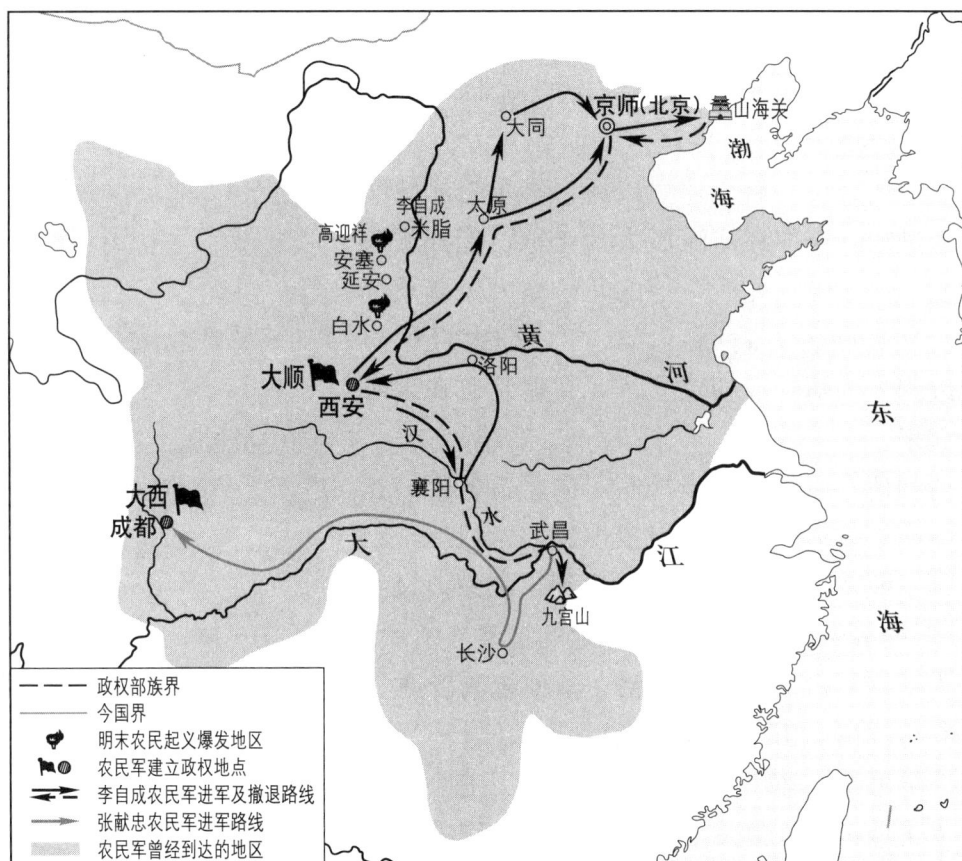

明末农民战争形势

九宫山　今湖北通山东南

李自成（1606—1645）领导的起义军鲜明地提出了"均田免粮"的口号，这标志着中国封建社会的农民战争已经发展到触及封建土地所有制的新水平。

这个口号受到广大群众的拥护，起义军迅速发展到几十万人。1644年初，李自成在西安建国，国号大顺。接着，他率领起义军进军北京。三月，起义军攻占北京，推翻了腐朽的明朝统治。

但是，起义军被胜利冲昏了头脑，对明朝的残余势力和东北满洲贵族建立的清朝，缺乏警惕和应战准备。四月底，在清军和降清的明朝将领吴三桂的联合进攻下，李自成兵败，被迫退出北京。1645年五月，李自成在湖北遭到地主武装的袭击，壮烈牺牲。

满洲的兴起和清朝前期的统治　明朝后期，女真族的一支建州女真强大起来。他们的首领努尔哈赤（1559—1626），逐步统一女真各部。他利用过去的氏族部落组织形式，建立了八旗制度，把女真壮丁编入八个旗。这是军政合一的组织。建州女真的力量更强大了。1616年，努尔哈赤称汗，建立金国，历史上叫作"后金"。明朝对女真实行民族压迫的政策，后金建立以后，努尔哈赤向明朝发动进攻，夺取辽河流域大片土地，把都城迁到沈阳。努尔哈赤死后，他的儿子皇太极继承汗位，改女真族名为满洲。1636年，皇太极称皇帝，改国号为清。清朝建立了，封建制也在这时确立起来。

努尔哈赤

清朝建立以后，逐步控制了内蒙古各部，积极准备南下攻取明朝。李自成退出北京以后，清军占领了北京。清政府把都城迁到了北京。又经过20年的战争，清朝镇压了各地的抗清斗争，确立了在全国的统治地位。

为了恢复生产，巩固统治，清朝统治者逐步调整统治政策，采取了奖励垦荒，实行"更名田"，改革赋税制度，实行"摊丁入亩"、征收统一的赋税"地丁银"等办法；还废除了匠籍，结束了工匠服役的制度。从康熙①中期起，农业、手工业逐步恢复发展起来，商品经济进一步繁荣。清朝前期，资本主义萌芽在江南和广东地区有了发展，但发展仍然很缓慢。腐朽的封建制度严重地阻碍资本主义萌芽的发展。

清朝前期，封建专制主义的中央集权比明朝进一步加强了。雍正时候，中

---

① 康熙帝，1661—1722年在位。

央增设了军机处，由皇帝选派亲信大臣组成。皇帝通过军机处，集大权于一身。为了从思想上控制人民，清朝统治者一再兴起文字狱，严酷压制知识分子的反清思想。

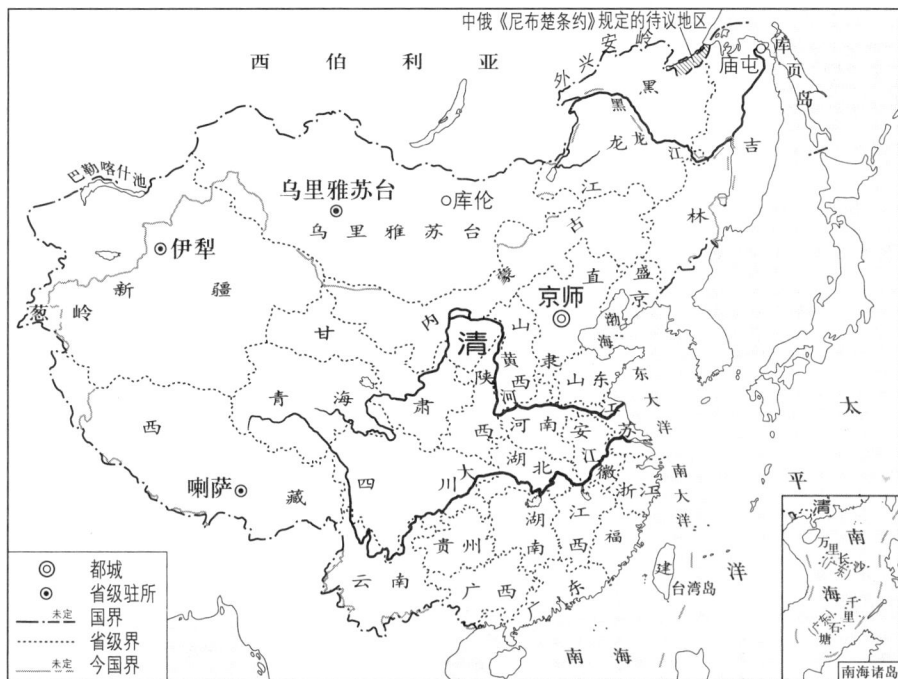

清朝疆域

京师	清都城，今北京	直隶	今河北
喇萨	今西藏拉萨	库伦	今蒙古首都乌兰巴托
伊犁	今新疆霍城南	乌里雅苏台	今蒙古境内
盛京	今辽宁	巴勒喀什池	今巴尔喀什湖
庙屯	今俄罗斯尼古拉耶夫斯克		

　　统一的多民族国家在清朝前期得到进一步的巩固。康熙年间，蒙古准噶尔贵族噶尔丹，勾结沙俄，进行分裂战争。康熙帝亲自带兵打败噶尔丹。到乾隆时候，清政府又平定了维吾尔贵族大和卓与小和卓兄弟在天山南路发动的叛乱，重新统一了新疆地区。清朝前期还加强了对西藏的统治。清朝皇帝分别赐予两位喇嘛教首领"达赖喇嘛"和"班禅额尔德尼"的封号。后来，清政府又设置了驻藏大臣，代表中央政府与达赖、班禅共同管理西藏。清朝疆域广阔，是亚洲东部最大的国家。境内的五十多个民族，在清朝的统一政权之下，加强了经济文化联系，边疆地区得到进一步开发。

　　明朝后期和清朝前期，欧洲殖民者开始侵略我国。先是葡萄牙殖民者租占了我国的澳门。1624年，荷兰殖民者侵占了我国的台湾。1661年，坚持抗清斗争的郑成功（1624—1662），率领三百五十多艘战舰，横渡台湾海峡，在台湾登陆。经过激烈战斗，第二年初，荷兰殖民者被迫投降。台湾回到了祖国的怀抱。1683年，康熙帝派福建水师提督施琅出兵澎湖，进驻台湾，妥善安置并解决了台湾的郑氏政权及其人员。祖国实现统一。

17世纪中期，沙俄殖民者侵入我国黑龙江流域，先后侵占了雅克萨、尼布楚等地。1685年，康熙帝派清军收复雅克萨。第二年，沙俄侵略者又侵占雅克萨，康熙帝再次派兵收复。清军自卫反击的胜利，促使沙俄同意停战议和。1689年，中俄双方经过平等协商，正式签订了第一个边界条约《尼布楚条约》。条约从法律上肯定了黑龙江流域和乌苏里江流域包括库页岛在内的广大地区都是中国的领土。

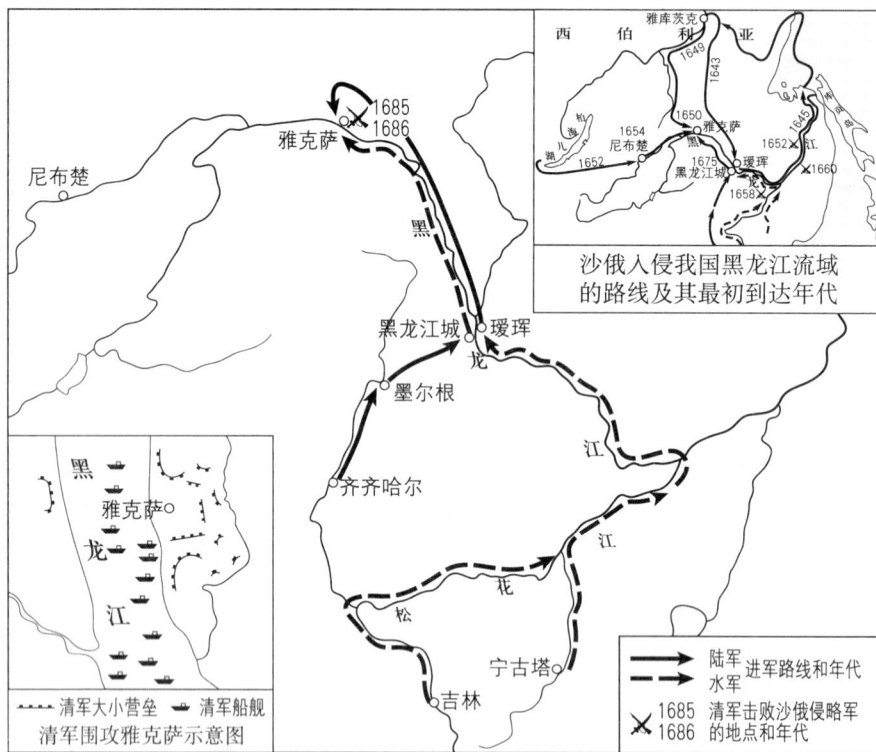

雅克萨自卫反击战形势图

雅克萨　　在今黑龙江漠河东呼玛西北黑龙江北岸俄罗斯境内

尼布楚　　今俄罗斯涅尔琴斯克　　雅库次克　今俄罗斯雅库次克

第二节　科学技术的进步

医学的大发展　明清时期，我国的医学发展，取得了很大的成就。温病学说就是这个时期产生的。一些医学家对各种传染性、热性疾病，提出了新的理论和新的医疗方法以及预防措施，形成了温病学说。这在我国医学史上占有重要地位。天花大约是汉朝时传入我国的一种传染病，明朝以前还没有有效的防治方法。到 16 世纪中叶，我国已经能用人痘接种预防天花。这是早期免疫学上的重大成就。17 世纪，来我国学习的俄国医生把人痘接种术传入西亚和欧洲。

明朝医药学上巨大的成就，是李时珍编写出《本草纲目》。李时珍生长在一个医学世家，从小就对药物有着浓厚的兴趣。后来，他在行医治病的过程里，发现古代的药物学著作《本草》里有许多错误，就决心写一部新的本草。他花费 27 年时间，走了上万里路，参考了八百多种书籍，终于在 1578 年完成了药物学巨著《本草纲目》。

李时珍（1518—1593），
湖北蕲州① 人

《本草纲目》共 52 卷，近两百万字。全书介绍了一千八百多种药物，其中新增加的有三百七十多种。书中还记载了一万多个医方以及动植物插图 1 160 幅。这部书总结了我国几千年来的药物治疗经验，纠正了历代本草上的错误记录，把我国的药物学研究，提高到一个新的高度。明朝万历年间，《本草纲目》已流传到日本，以后又传入朝鲜、越南。17、18 世纪，传到了欧洲。《本草纲目》对世界医药学和生物学都作出了重大贡献。

农学的发展和著名的农书　明清时期流传至今的农书，约有两百多部。其中，以《农政全书》和《天工开物》的科学价值最大。

明清时期的农业科学技术，同前代相比，在广度和深度上都大大提高了。从事农学研究的人越来越多。有关农业生产技术原理的书出现了，像明代的《农说》、清代的《知本提纲》。汇辑前人著作的农书也有了，如清朝官方编纂的《授时通考》。总结单项农业技术成就的书，有明显的发展，如棉花专著

---

①　蕲州，今湖北蕲春。

《木棉谱》、甘薯专著《金薯传习录》。

《农政全书》是明朝著名科学家徐光启的著作。徐光启知识广博，善于学习西方的先进科学知识，对数学、天文学都有研究，对农学的贡献尤为突出。《农政全书》是他用毕生精力写成的农学巨著。全书60卷，七十多万字，分农本、田制、农事等12目，内容包罗万象，可称为我国古代农业生产的一部百科全书。这部书的主要贡献是，系统地总结了棉花、甘薯的栽培经验；提出了根治蝗虫的设想和扑灭蝗虫的方法；介绍了欧洲兴修水利的方法。《农政全书》在我国农学发展史上，占有重要地位。

徐光启（1562—1633），上海县徐家汇①人

《农政全书》不仅总结和保存了我国劳动人民在农业生产技术方面的经验，而且也反映了我国十六七世纪农业生产的水平，还补充了一些外来的农业知识。水利目编入了徐光启和意大利传教士熊三拔合译的《泰西水利》，介绍了17世纪初西方水力学原理和新式提水工具。

《天工开物》插图

《天工开物》是明末清初的科学家宋应星的著作。《天工开物》刊行以后，很快传到日本，后来传入欧洲，受到世界各国重视。它是世界上第一部有关农业和手工业生产的百科全书。

宋应星从青年时代就把精力放在深入调查研究生产技术方面，知识很广博。中年以后，他着手编写《天工开物》。全书18卷，有作物栽培、养蚕、纺织等内容，几乎包括了当时所有重要的农业和手工业部门的生产技术和生产过程。书中介绍的先进生产技术，对当时和以后的农业、手工业发展，有重要意义。宋应星具有朴素的唯物主义思想，他在书中阐述了万物是人类活动和社会生活的基础。书中插图丰

---

① 上海县徐家汇，今属上海市辖区。

富，共有一百二十多幅。书中记载了培育优良稻种和杂交蚕蛾的方法，对农业发展具有积极影响。

徐霞客和《徐霞客游记》 徐霞客名宏祖，霞客是他的别号。他是我国历史上著名的地理学家。青年时，他就开始有计划地考察旅行，足迹遍及华东、华中、华南和西南各省。《徐霞客游记》是他考察山水 30 年的总结。

《徐霞客游记》在科学上有很大贡献。书中对岩溶地貌的科学记述，是世界岩溶考察的最早文献。徐霞客考察过一百多个洞穴，对溶洞、钟乳石、石笋等成因的解释，基本上符合科学原理。在水文方面，他纠正了我国古书中"岷山导江"即认为岷江是长江的

徐霞客（1586—1641），
江苏江阴人

上源的错误；他在书中正确地指出，金沙江才是长江的上源。《徐霞客游记》还有大量关于农业、手工业、矿产、交通运输的记载，也有对西南各少数民族经济、历史、地理和风俗习惯的记载。这部书是研究我国历史地理和民族史的珍贵资料。《徐霞客游记》的文学价值也很高。作者以清丽新奇的散文体裁，记述旅途中的所见所闻，其中对景物风光的描绘，达到令人神往的地步。

北京城的营建 明成祖朱棣夺取帝位之后，改北平为北京。1416 年，明成祖决意迁都北京，第二年六月，北京城的营建正式兴工。经过三年多的时间，营建北京的工程完工了。1421 年，明政府正式迁都北京。

北京城的营建是在元大都的基础上进行的。明朝依照历代建都的成规，仿效明太祖修建的南京城样式，重新规划，精心设计了北京城。先是开拓了南城，把元大都的南面城墙从今东西长安街，迁到今前三门①一线上。这是北京的京城。京城周围 40 里，有 9 个城门。这些城门的名称一直沿用到今天。明朝中叶以后，又在南城外，加修外城墙。这样，北京城的平面就形成凸字形。京城里有宽广笔直的大道。中央官署集中在京城的南部。高耸的鼓楼、钟楼建筑在京城的北部。外城的东边有天坛，西边有先农坛，分别是皇帝祭天之所

---

① 前三门，指宣武门、正阳门、崇文门三座城门。

和神农氏的庙堂，建筑都很雄伟。京城的中间有座皇城，皇城北边是全城的中心万岁山，南边的正南门——承天门，就是今天的天安门。承天门的东侧是太庙，西侧是社稷坛。皇城的周长有 18 里。皇城之内还有宫城，又叫紫禁城，里面布满了黄瓦红墙和无数精美绝伦的宫殿。这是皇帝处理政务和居住的地方。整个北京城布局严整，建筑宏伟壮丽，是世界古代城市建筑的杰作。

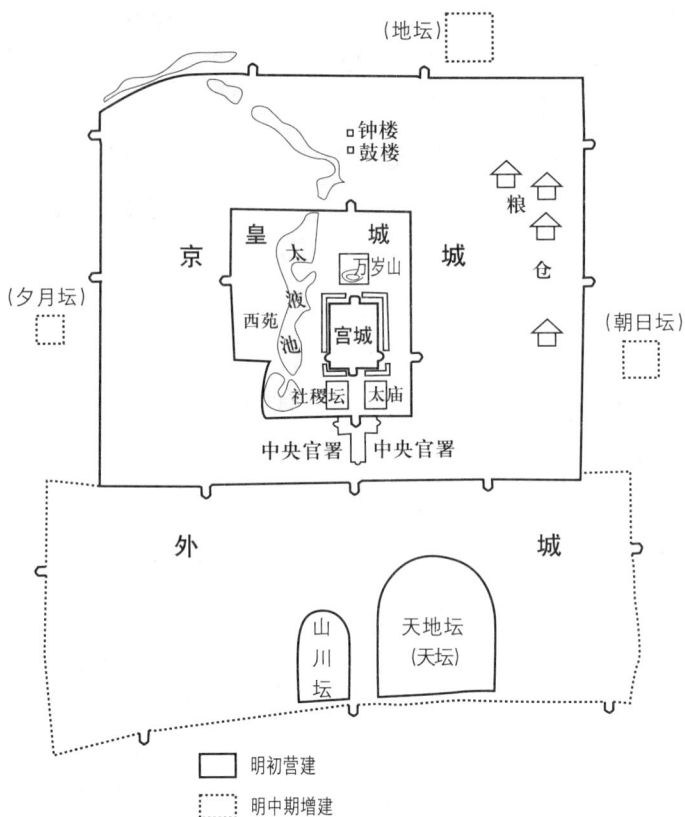

明代北京城在内外城的中央有一条纵贯全城的中轴线，长达 8 千米。两侧对称地排列着许多组建筑群，如太庙、太社稷，天地坛、山川坛，朝日坛、夕月坛等，这是北京城在建筑艺术上的重要特色。

明朝北京城平面图

第三节　哲学的发展和图书的编纂

王阳明的心学和离经叛道的李贽　明清时期，理学仍然是占支配地位的哲学。明朝初年，程朱理学盛极一时，政府也大力提倡。太学中讲学专讲程朱理学。科举考试，以朱熹所注的四书五经为内容。这就造成思想的僵化，学术上也无所创新。明朝中叶，在批评程朱理学的基础上，王阳明继承陆九渊的主观唯心主义学说，建立了心学。

王阳明（1472—1528），名守仁，后人称他阳明先生。王阳明年轻时信奉程朱理学，后来对朱熹的学说产生了怀疑，受到佛教影响，逐渐创立了心学。

他说的"理"，不是客观存在的东西，也不是圣人所能制定的，而是存在于每个人的心中。他认为，"心"是天地万物的主宰，整个宇宙万物都在人的心中，"心"之外别无他物。

有一次，他和朋友在郊外游览，朋友问他，深山的花自开自落，同我心有什么相关？王阳明回答道："你未看此花时，此花与你的心同归于寂；你来看此花时，这花的颜色一时就明白起来，所以这花不在你的心外。"王阳明的这一说法完全颠倒了客观存在和主观认识之间的关系，没有花树，人们就谈不上有关于花树的感觉。不过，心学在反对程朱学派的束缚和启发人们大胆思维方面，有一定积极意义。

明朝后期，王阳明学派繁衍出许多流派，其中有的流派甚至发展到与心学的本义相违背。李贽就是具有这种思想的代表人物。

李贽号卓吾，年轻时就不信道学，后来弃官著述、讲学。他反对虚伪的封建礼教、封建道德，提出物质生活的重要性。他揭露封建士大夫嘴上讲"仁义道德"，行为却卑鄙无耻。李贽认为，时代变了，是非标准也要随着改变，几千年前孔子的学说，不能作为今天的是非标准。他说《六经》《论语》《孟子》等书的道理，不能看作

李贽（1527—1602），
泉州晋江①人

是万世不变的真理。李贽提倡男女平等，说女子的见解并不比男人差。他还宣扬婚姻自由，反对理学家宣扬的所谓"贞女节妇"。明朝统治者把李贽的言论，看作"洪水猛兽"，诬蔑为"狂诞不经，大逆不道"。他们对李贽施加种种迫害，最后逮捕下狱致死。他所著的《藏书》《焚书》，被统治者多次下令烧毁，但仍然留存了下来。

进步思想家王夫之、黄宗羲和顾炎武　明末清初，社会动荡激烈，阶级矛盾和民族矛盾都很尖锐，反映在思想上出现了许多具有唯物主义思想的进步学者。他们大都反对空谈，倾向于经世致用之学，还具有反对专制统治和民族压迫的思想。其中最著名的是王夫之、黄宗羲和顾炎武，人们并称他们为明末三大思想家。

---

① 晋江，今福建省晋江市。

王夫之，世称船山先生，著有《黄书》《噩梦》等书。明朝灭亡，他举兵抗清，失败后过着流亡生活，晚年隐居湘西的石船山。王夫之把我国古代的朴素唯物主义思想提高了一步。他明确肯定世界是由物质构成的，物质世界是独立存在的。人的认识是由外界事物引起的。外界事物的存在不依人的主观意志为转移。他以山为例说，不管人们是否看见山，山都是客观存在的。他还认为，世界上的一切事物都在不停的运动变化之中，如江河的水，表面看古今一样，但今水不是古水。他认为历史发展总的趋势是不断进步的。他反对那种认为一代不如一代倒退的历史观。他的这些思想在封建时代十分可贵。

王夫之（1619—1692），
湖南衡阳人

王夫之认为，宇宙是由客观存在的实体"气"构成的，气是运动变化的，但又是永远不会消灭的。他以木柴燃烧为例，指出"车薪之火，一烈而尽，而为焰、为烟、为烬，木者仍归木，土者仍归土，特稀微而人不见尔。"这是一种物质不灭的论点。

黄宗羲（1610—1695），
浙江余姚人

黄宗羲也参加过抗清斗争，失败后始终不在清朝为官，长期隐居著述。他的主要著作有《宋元学案》《明儒学案》《明夷待访录》等。他最主要的贡献是在政治思想方面。黄宗羲对君主专制制度作了猛烈的抨击。他说，君主争夺天下的时候，残暴地杀害人民；夺取天下以后，又残暴地剥削人民。君主敲剥天下人民的骨髓，离散天下人民的子女，以满足他一个人的穷奢极欲。君主是天下人民的最大祸害。人民仇视君主是很自然的、应该的。他还说，君主一家的法律，不是天下人民的法律。他主张以"天下之法"取代皇帝的"一家之法"，并提出了"有治法而后有治人"的思想。他又指出官吏的职责应该是"为天下，非为君也；为万民，非为一姓也"。他主张限制君权，提高宰相的权力，提高学校的作用。他还批驳了轻视工商业的传统思想，指出工商也是国家之本。他的思想反映了工商业发展的客观要求，带有初期民主思想的色彩，在当时有很大的进步意义。

顾炎武在清军南下时，起兵抵抗；失败后，游历大江南北和长城内外，了解风土人情，考察山川险隘，以及历史上的攻战形势。在此基础上，他写出了《天下郡国利病书》《日知录》等著作。他认为宇宙是由物质构成的，事物的规律，存在于事物之中。这些都是唯物主义观点。在政治思想方面，他注重对历史和现实的考察，强调解决现实社会政治问题。他把"国"与"天下"区别开来，认为亡国只是易姓改号，与人民关系不大；而"亡天下"却是关系民族存亡的大事。因此他说，天下兴亡，"匹夫之贱，与有责焉"。他也反对君主专制，他说"人君之于天下，不能独治也"，应当"以天下之权，寄之天下之人"。在治学方面，他主张学

顾炎武（1613—1682），
江苏昆山人

以致用，反对空发议论，脱离实际。他提倡"博学于文"，强调治学要知识广博；又提倡"行己有耻"，做学问的人要约束自己的行为，注重廉耻。他倡导的学风，对清代学者影响很大。

《永乐大典》和《四库全书》 明清两朝政府为了加强思想文化统治，组织大批学者，编辑了卷帙浩繁的类书和丛书①，举世闻名的《永乐大典》和《四库全书》就是这一时期编成的。

明成祖时候，选派解缙等儒臣文士 3 000 人，编辑《永乐大典》。经过五六年的努力，书稿编成，明成祖题名为《永乐大典》。全书共两万两千九百多卷，装订成一万一千多册，总计三亿七千多万字。《永乐大典》收入经、史、子、集、文艺、工艺、农艺等图书七八千种，是我国历史上最大的一部类书，在当时世界文化领域也是名列前茅的百科全书。这部书由于卷帙浩大，没有刊印。后来抄录了正副两本②，分别藏在北京的文渊阁和皇史宬（chéng）。明朝灭亡时，文渊阁焚毁。到清朝乾隆时，《永乐大典》副本仅存九千余册。近代英法联军、八国联军入侵北京，《永乐大典》遭到空前浩劫，几乎被焚掠殆尽。目前，存在国内外的，仅有八百余卷、三百七十余册。

清朝康熙、雍正时候，政府组织编纂了《古今图书集成》一万卷，内容分

---

① 类书和丛书，把各种书籍依照内容分门别类地编辑起来，以备查用，称为类书；把许多书籍汇集编成一套书，称为丛书。

② 《永乐大典》正本已毁，现存的是嘉靖副本。

历象、方舆、明伦、博物、理学、经籍六编，每编又分门别类。这部书搜集宏富，条理清晰，是继《永乐大典》之后的又一部大型类书，也是我国现存最大的一部类书。

乾隆时候，清朝政府委派纪昀等著名学者一百六十多人，编辑《四库全书》。《四库全书》用了十年时间编成。全书分为经、史、子、集四类，共七万九千多卷，装成三万六千多册，收入古书三千四百多种。《四库全书》是我国、也是当时世界上最大的一部丛书。这部书编成以后，共缮写七部，分藏在北京皇宫内的文渊阁、圆明园内的文源阁，热河的文津阁，沈阳的文溯阁，扬州的文汇阁，镇江的文宗阁，杭州的文澜阁。目前完整保存下来的还有四部。

藏有《四库全书》一部的北京文渊阁

《永乐大典》和《四库全书》的编纂，整理和保存了我国古代的大量图书，在保存文化遗产方面有很大的意义。但是，清政府在编纂《四库全书》过程中，大量销毁和删改不利于它们统治的书籍和文字。这样，许多古书的面目改变了，不少古书被销毁。我国的文化遗产，遭到了一次严重破坏。

明朝在史学方面也取得一些成就。明初官修的史书《元史》，由宋濂、王祎撰写，全书212卷。这部史书主要依据元代各朝实录、《经世大典》等，保存了较多的原始资料，对研究元代历史有一定参考价值。明朝官修的编年体史书《明实录》，史料内容丰富，凡政治制度、财政赋役、官吏升迁等史事，都以编年体的形式不间断地记录下来，对研究明代历史有重要史料价值。

第四节　文学和艺术的新成就

古典小说的兴盛　明清时期，商品经济的高度发展，新兴工商业城镇的日益增多，促成市民阶层更加壮大。反映市民生活的文学创作——白话古典小说和戏曲，呈现繁荣兴盛的景象。小说和戏曲，像一股强大的文学巨流，冲击着正统的封建文艺，逐渐取代了正统文学在文学发展史上的地位。

明清小说是在前代传奇小说、话本和杂剧的基础上发展起来的。许多著名的作家，写出不少优秀的长篇通俗小说和短篇白话小说。这些作品用高度的艺术手法和丰富的语言，生动地叙述了一个个复杂的故事。多数小说的内容反映了当时的社会生活，对封建统治者提出了强烈的控诉，表达了人民的意愿。代表我国古典小说创作最高成就的作品，都产生在这个时期，主要有《三国演义》《水浒传》《西游记》和《红楼梦》。

《三国演义》插图

《西游记》插图

《三国演义》的作者是罗贯中。罗贯中名本，字贯中，生活在元末明初。他创作的小说很多，以《三国演义》最为著名。三国故事早在民间广泛流传。唐宋时候就有讲唱三国故事的。元朝流传有三国故事的话本。罗贯中根据正史《三国志》等所记载的历史资料，以及野史、杂记等书，又汲取民间流传的三国故事、话本，创作出长篇历史小说《三国演义》。这部书叙述了东汉末年和三国时期复杂错综的军事和政治斗争，其中十分之七出于正史。作者把纷乱的三国历史，有序地加以组织描绘，故事情节丰富多彩，在人们面前展现了一幅幅惊心动魄的历史画面。书中塑造了许多性格鲜明的人物形象，文字生动，具有强烈的艺术感染力。《三国演义》对后世长篇历史小说的创作影响很大，也为后来的说唱文学和戏剧提供了丰富的题材。作为历史小说，这部书在普及历史知识方面也发挥了一定的功效。

《三国演义》一书也反映了作者的时代和阶级局限性。全书贯串着浓厚的封建正统观念，如拥刘反曹、诬蔑农民起义等。

《水浒传》插图

和《三国演义》同时问世的另一部杰作是《水浒传》，作者是施耐庵。施耐庵也是元末明初的著名小说家。《水浒传》描写北宋末年山东一带宋江领导的农民起义。这次起义规模虽然不大，但流动地区广，影响比较深远。后世民间长期流传着宋江起义军的人物故事。南宋时已有了水浒故事的片断。宋元话本《大宋宣和遗事》里，已经有了梁山泊聚义故事的梗概。元代还出现了一批以宋江起义为内容的戏剧，塑造了宋江、李逵等英雄人物的形象。施耐庵在这个基础上，广泛搜集民间传说，创作了不朽的长篇小说《水浒传》。这部书深刻地反映了农民起义产生的原因是"官逼民反"，歌颂了农民反抗统治阶级的英勇斗争。《水浒传》塑造了梁山泊108个英雄好汉的生动形象，给人留下了深刻的印象，具有很强的艺术感染力。但这部书宣扬忠君思想，赞颂宋江投降朝廷，是个缺陷。

《西游记》是一部优秀的长篇神话小说，由明朝中期的小说家吴承恩创作。《西游记》故事，来源于唐朝玄奘取经。宋元时期有《大唐三藏取经诗话》的话本。话本讲的就是唐僧取经的神话故事，不过都很简略。那时，这些故事还搬上了舞台。取经故事在流传中越来越丰富。吴承恩经过进一步提炼、加工，

创作了《西游记》这部伟大的艺术作品。《西游记》成功地塑造了孙悟空这个叛逆者的英雄形象。孙悟空大闹天宫，高呼"皇帝轮流做，明年到我家"，这是人民反抗封建压迫的斗争在幻想世界中的反映。书中描绘的众多神鬼，昏庸、残暴、贪财、好色，正是人间统治阶级的写照。美中不足的是，《西游记》中的孙悟空，虽然神通广大，但终究逃不出如来佛的手掌。这反映作者超越不出封建思想的束缚。

《红楼梦》初名《石头记》，是我国古典小说中思想性、艺术性成就最高的一部现实主义巨著，成书于18世纪。全书120回，前80回为曹雪芹所作，后40回是高鹗续写的。曹雪芹是清朝伟大的文学家。他生长在封建官僚大家庭，少年时经历了一段繁华岁月。后来家庭败落，他困居北京西郊，过着"举家食粥"的凄苦生活。生活的巨大变化，使他认清了封建统治阶级的丑恶和封建社会的黑暗。因而他能写出《红楼梦》这部伟大作品。

《红楼梦》成功地塑造了贾宝玉、林黛玉两个封建叛逆者的形象。他们蔑视功名富贵、权势利禄，希望生活自由，得到真挚的爱情。在他们身上体现出要求个性解放的新思想萌芽。《红楼梦》还通过对贾府兴衰和形形色色人物的描绘，深刻揭露了封建统治的腐朽和残暴，揭示了封建社会必然走向灭亡的历史趋势。不过，作者并没有找到前途和出路，因而在这部书里留下了厌世、伤感、宿命论等消极思想感情。这部小说艺术结构谨严，语言精练、清新，所描绘的各种人物，个个情态如生，跃然纸上。《红楼梦》在国内外有广泛而深刻的影响。两百年来，对《红楼梦》的研究已经成为一门专门的学问——"红学"。

《红楼梦》插图

明清时期的小说，除了这四部巨著外，清朝乾隆年间吴敬梓写的长篇小说《儒林外史》，也很著名。这是一部以反对封建伦理和科举八股为中心内容的讽刺小说。它揭露和鞭挞了那些醉心科举、追名逐利、最终堕落成贪官污吏或土豪劣绅的无行文人，绝妙地讽刺了封建时代的所谓"盛世"。明末清初蒲松龄的《聊斋志异》，是一部用精练、生动的文言文写成的短篇小说集。它尖锐地暴露了当时社会政治的黑暗，抨击了八股取士的弊端和封建婚姻制度的不合理，塑造了一系列富有反抗精神的鬼狐形象，表现了强烈的现实主义精神。这部书在我国文学史上很有价值。

清代李汝珍创作了长篇小说《镜花缘》100回，叙述唐敖等游历海外的见闻和100个才女的故事。书中赞扬女子才学，对男尊女卑的观念有所不满，对封建社会某些丑恶现象作了揭露。但书中也存在不少宣扬封建道德和因果报应的内容。

长篇小说《东周列国志》为清代蔡元放在明冯梦龙改编余邵鱼《列国志传》为《新列国志》的基础上继续修订而成，并加了评语。《东周列国志》叙述的内容自西周末期起，止于秦始皇统一六国，大体上取材于史书，但也有若干虚构的情节。

戏剧的发展 明清时期，戏剧成为市民不可缺少的文化生活。戏剧创作也相当发达，不少作家创作出许多著名的作品。这些作品在一定程度上揭露了封建社会的黑暗，批判等级观念和封建礼教，但更多的是宣扬封建的伦理道德。明清时期优秀的戏剧作品有《牡丹亭》《长生殿》《桃花扇》等。

《牡丹亭》的作者是明朝杰出的剧作家汤显祖。他受李贽的进步思想影响，主张文学创作应当表现真情实感，反对模仿古人。他创作的剧本，打破音韵格律的限制，注意结构和思想内容。他的代表作《牡丹亭》是明朝传奇戏剧艺术的高峰。剧本通过一对青年男女杜丽娘和柳梦梅的爱情故事，歌颂了他们反对封建礼教、追求婚姻自主所作的不屈斗

《牡丹亭》插图

争。剧本曲文流丽，人物内心描写细致，语言生动，达到很高的艺术水平。

《长生殿》是清朝初年洪昇的作品。《长生殿》通过唐明皇李隆基和妃子杨

玉环的爱情故事，歌颂了生死不渝的爱情；同时也暴露了统治阶级的荒淫和腐败。剧本曲词清丽流畅，有浓厚的抒情色彩，是一部出色的诗剧。

《桃花扇》是清朝康熙年间的文学家孔尚任的作品。孔尚任借一个秦淮歌妓李香君和复社文人侯方域的爱情故事，揭露了明末社会的黑暗和南明小朝廷的腐化堕落，也揭示了明朝覆亡的原因，还抒发了作者的"兴亡之感"。《桃花扇》的构思新颖，跳出了一般恋爱故事的俗套，使爱情直接和政治斗争相结合，是爱情剧的新发展。

清朝时候，来自民间的地方戏，以丰富多彩的内容和形式、质朴而明快的音乐和表演、通俗易解又富于感染力的歌词，赢得了人民的喜爱，在剧坛上占据优势。名闻世界的京剧，就是清朝中期产生的。

那时候，北京除昆曲外，秦腔、徽调、汉调等地方戏曲也陆续进京。它们同昆曲结合，产生了新的剧种——京剧。它的出现，为戏曲艺术增添了一枝绚丽的花朵。

绘画的成就 明清时期，封建统治阶级对思想文化控制很严，画家的创作活动受到严重的束缚。反映现实生活的人物画和社会风俗画十分薄弱，以文人士大夫为主的山水、花鸟画明显地占了统治地位。这些画正向着水墨、写意方面发展，在笔墨技法上取得了一定的成绩。

明清时期，一些政治倾向和艺术风格相近的画家，结合成一些画派。明朝的画派，主要有院派、浙派、吴派、水墨写意派等。院派由宫廷画院的画家组成，多工于花鸟，在明朝初年居画坛主流。浙派的创始人戴进是浙江钱塘人，所以这个画派称为"浙派"。浙派是明朝前期的主要画派。浙派画家以画山水为主，下笔严谨，雄浑劲健。吴派是明朝中期最有影响的画派。代表人物是沈周等，他们长期活动在苏州一带，苏州古代又称"吴门"，所以称"吴派"。他们的画是明代"正统"文人画，内容单调，只在笔墨技法上有所成就。与吴派画家关系密切的唐寅，善画山水，又精于人物、花鸟，是个全面多能的画家，民间有不少关于他的传说。"水墨写意派"的代表徐渭，反对复古，敢于创造，画风泼辣，随意挥洒而不失形象的真实，对水墨写意花卉画的发展有重要贡献。

清朝画坛上成就最大的，是清初的"四僧"和中期的"扬州八怪"。他们都敢于打破前人的陈规，具有独创精神。"四僧"是四个做和尚的画家：朱耷（dā）、原济、弘仁、髡（kūn）残。朱耷以水墨写意花鸟画著称，笔墨简括，形象夸张，别具一格。原济善画山水花卉，构图新颖，画法多变，提倡"法自我立"。"扬州八怪"是清朝乾隆年间在扬州从事书画活动的一个画派，主要代表人物有郑板桥等八人①。他们的作品独抒个性，不拘一格，给人以清新之感，开拓了我国绘画史的新局面。当时画坛上的保守者把他们看作骚扰画坛的"怪物"，因而有"扬州八怪"之称。

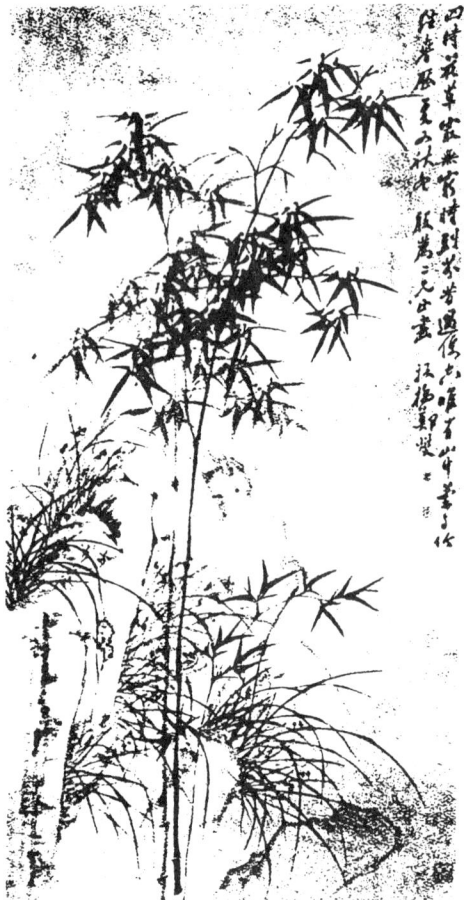

郑板桥的《兰竹图》

---

① 扬州八怪是汪士慎、黄慎、金农、高翔、李鳝、李方膺、罗聘和郑燮（xiè，即郑板桥）。此外，还有其他不同的说法。

中国近代史

第一章　鸦片战争和太平天国时期的
政治经济概况和文化

　　中国，这个东方文明古国，在漫长的岁月里，曾经走在世界的前列。从 17 世纪开始，西方主要国家相继进入资本主义社会。中国却依然在封建主义的道路上缓慢发展。

　　19 世纪上半期，英国率先完成工业革命，成为资本主义头号强国。为了扩大海外殖民地和市场，英国资产阶级迫切要求打开中国的大门。1840 年，英国悍然发动侵略中国的鸦片战争。清政府被迫同侵略者签订了中国近代史上第一个不平等条约——中英《南京条约》。中国社会开始沦为半殖民地半封建社会。中国历史步入近代，开始了旧民主主义革命时期。

　　由于外国资本主义的侵略，加深了国内阶级矛盾，激起了洪秀全领导的农民战争——太平天国运动。太平天国运动已不同于以往的农民战争，它在反对本国封建主义统治的同时，又担负起反对外国资本主义侵略的任务。它是中国农民战争的高峰。

　　在太平天国运动期间，为了进一步扩大侵华权益，英法两国联合发动了第二次鸦片战争。俄国趁火打劫，侵吞了中国北方大片领土。中国半殖民地半封建化的程度加深了。

　　英国的大炮轰开了清朝闭关自守的大门，震动了一些封建官吏中的有识之士和先进的知识分子。他们开始睁眼看世界，向西方寻求强国御侮之道，发出"师夷长技以制夷"的呼声。太平天国后期的某些领导人提出的在中国发展资本主义的方案，反映了先进的中国人立志救国救民的迫切愿望。

　　鸦片战争和太平天国时期，反侵略、反封建的作品，已经成为进步文艺的主流。

第一节　政治经济概况

鸦片战争　鸦片战争前的半个世纪，清朝统治明显衰落下来。朝廷公开卖官鬻爵，官场贪污贿赂成风，国家财政越来越困难。土地高度集中在皇室、大官僚、大地主手里。广大农民却要承担繁重的赋税徭役，生计十分艰难。国内阶级矛盾日趋尖锐。那时候，在工业革命的推动下，西方资本主义国家有了飞速发展。它们对外疯狂扩张，掠夺原料，开辟市场，争夺殖民地。中国成为西方列强侵略的对象。英国是侵略中国较早的资本主义国家。

当时，在中英贸易中，英国向中国出口的毛、棉织品，因受到中国自给自足自然经济的抵制，销路不畅。但是，中国运往英国的茶叶、蚕丝、药材等，却销路很好。因此，在正当的中英贸易中，中国处于出超的地位。为了打开中国市场，掠夺中国财富，英国无耻地进行鸦片走私。19世纪初，英国每年向中国输入鸦片四千多箱，以后逐年增加，到1839年，竟达到三万多箱。这样，中国的白银大量外流，对外贸易出现了入超。鸦片的泛滥，给中国带来极大的危害。

面对这种情况，清政府中一部分大臣主张维护国家利益，实行禁烟。主要代表是湖广总督林则徐。林则徐为官清正，任湖广总督期间，在两湖地区严禁鸦片。他上书道光帝①说，如果听任鸦片泛滥，那么，几十年之后，"几无可以御敌之兵，且无可以充饷之银。"道光帝看到银荒兵弱，对清朝的统治不利，就派林则徐为钦差大臣，到广东查禁鸦片。

广东沿海，是鸦片走私的主要地区。林则徐到广州以后，在两广总督邓廷桢、广东水师提督关天培的配合下，加强海防，缉拿烟贩，强迫英美商人交出鸦片一百一十多万千克。1839年6月，林则徐下令，在广州虎门海滩当众销毁鸦片。虎门销烟，是中国人民正当的爱

林则徐（1785—1850），福建侯官人

---

①　道光帝，即清宣宗爱新觉罗·旻宁，1820—1850年在位。

国行动，显示了中国人民反侵略的坚强决心和伟大力量。但是，英国却以中国人民禁烟为借口，挑起了蓄谋已久的侵略战争。

虎门销烟

1840 年初，林则徐就任两广总督，邓廷桢调任闽浙总督。同年 6 月，英国军舰到达广东海面，进行挑衅，鸦片战争正式开始。在林则徐的积极防御下，英军进攻广东没有得逞。英军又进攻福建，被邓廷桢率军击退。英军转而北上，于 8 月到达天津海口。道光帝忙派直隶①总督琦善同英军谈判。琦善答应惩办林则徐，于是英军撤回广东。

1841 年，英国扩大对中国的侵略战争。在一年多的时间里，英军先后攻陷东南沿海一些战略要地。1842 年 8 月，英国侵略者强迫清政府签订了丧权辱国的中英《南京条约》。第二年，英国又强迫清政府签订了《中英五口通商章程》和《虎门条约》。1844 年，美国和法国相继强迫清政府分别签订了《望厦条约》和《黄埔条

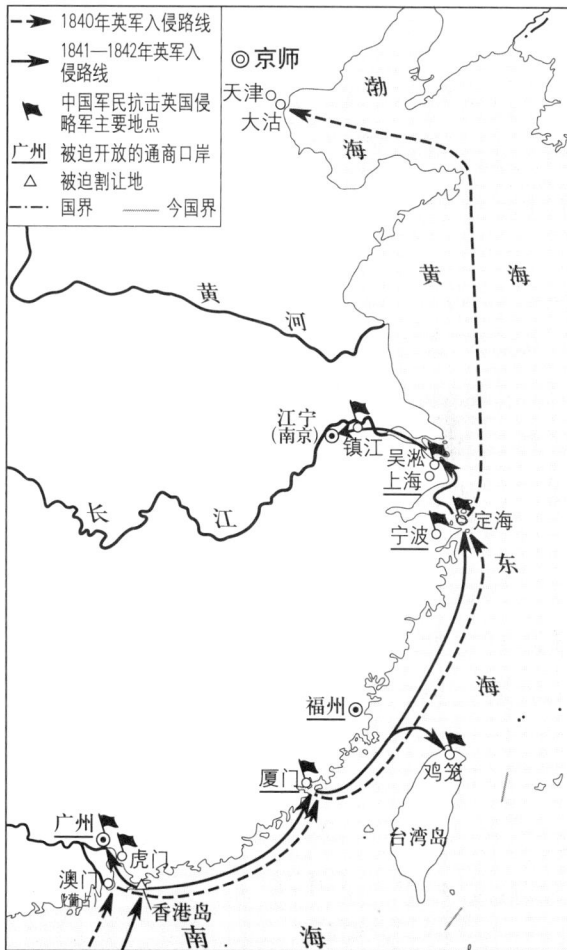

鸦片战争形势示意图

---

① 直隶，相当于现在的河北省。

约》。这些不平等条约的签订，使中国的独立和领土完整受到严重破坏，被西方资本主义打开了大门。从 1840 年鸦片战争起，中国社会由封建社会开始逐步沦为半殖民地半封建社会。

第二次鸦片战争 1854 年，英、法、美三国向清政府提出"修约"① 要求，企图迫使中国进一步开放口岸，使鸦片贸易合法化。这一无理要求，遭到清政府的拒绝。1856 年 10 月，英国军舰炮轰广州，挑起了第二次鸦片战争。

1857 年 12 月，英法两国联军攻陷广州。第二年 4 月，英法联军攻陷大沽炮台，直扑天津。咸丰帝② 忙派大臣同侵略者议和。6 月，清政府被迫同英、法、俄、美四国，分别签订了《天津条约》。

第二次鸦片战争形势示意图

1859 年，英法两国公使和清政府交换条约文本，他们拒绝按清政府指定的路线进京，并炮轰大沽口。1860 年，英法联军攻陷天津和北京，并洗劫、焚毁了北京西郊的皇家园林圆明园。10 月，英法两国强迫清政府签订了《北京条约》。第二次鸦片战争结束。

在战争期间，沙俄趁火打劫，强迫清政府签订《瑷珲条约》和《北京条约》。不久，它又强迫清政府签订了中俄《勘分西北界约记》。通过这些不平等条约，沙俄共霸占中国领土一百四十多万平方千米，严重地破坏了中国的主权

---

① 鸦片战争以后十多年间，英国对华贸易增长缓慢。为改变这种情况，英国伙同法国、美国提出修改《南京条约》《黄埔条约》《望厦条约》的要求，以扩大侵略权益。

② 咸丰帝，即爱新觉罗·奕詝，1850—1861 年在位。

中英《天津条约》签字情景

和领土完整。

第二次鸦片战争中，中国丧失了更多的领土和主权。中国社会的半殖民地程度进一步加深了。

太平天国运动 第一次鸦片战争以后，清政府为支付战费和赔款，加紧搜括，大大加重了人民的负担。各地人民不断反抗，人民起义此起彼伏。洪秀全领导的太平天国运动在广西桂平县爆发了。

洪秀全目睹清政府的腐败，加上几次应试的失败，产生了对现实不满的情绪。1843年，洪秀全创立"拜上帝教"。不久，他和同窗好友冯云山到广西紫荆山区进行传教活动。经过几年的努力，拜上帝教的势力大大发展了。

1851年1月，洪秀全在金田村发动起义，宣布建立太平天国。不久，洪秀全在武宣县东乡称天王。9月，他在永安制定官制，分封诸王①。1853年3月，太平军攻克南京，把南京改名为天京，作为太平天国的都城。

金田起义

1856年，太平天国领导集团发生内讧。北王韦昌辉杀死东王杨秀清及其部属两万多人，又想杀害翼王石达开。洪秀全下令处死韦昌辉，但又不相信石

---

① 杨秀清为东王，萧朝贵为西王，冯云山为南王，韦昌辉为北王，石达开为翼王。所封诸王受东王节制。

达开。石达开负气出走。天京事变极大地削弱了太平天国的力量。太平天国的军事行动，由进攻转入了防御。此后，洪秀全提拔青年将领陈玉成、李秀成等人负责军事指挥，任命族弟洪仁玕总理全国政事。

为了镇压太平天国，咸丰皇帝命令地方组织地主武装团练。曾国藩的湘军和李鸿章的淮军相继产生。外国侵略者也组织"洋枪队"，配合清政府进攻太平军。

1864 年 7 月，湘军攻陷天京。在中外反动派的联合镇压下，轰轰烈烈的太平天国运动失败了。太平天国起

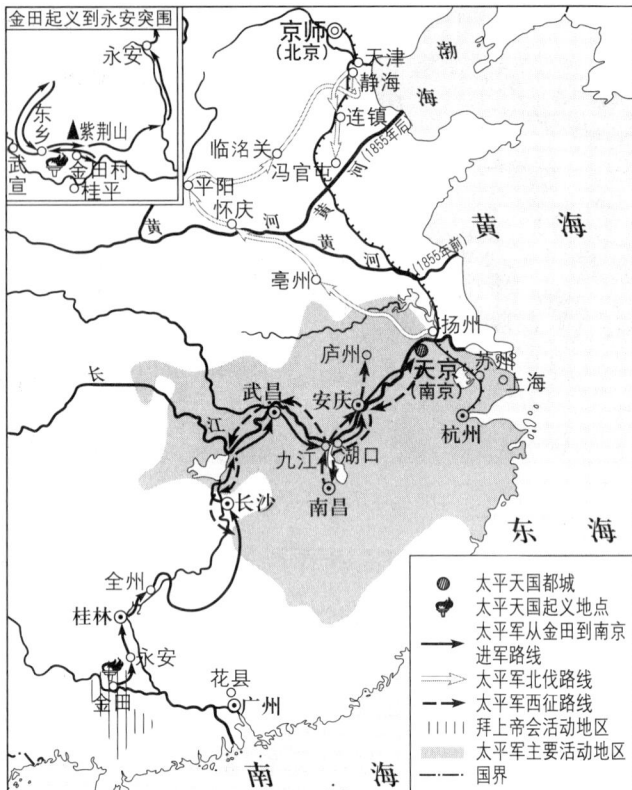
太平天国运动形势示意图

义，坚持斗争 14 年，势力波及 18 省，沉重打击了中外反动势力。太平天国建立了农民政权，制定了革命纲领和一系列制度，是中国农民战争的最高峰。

第二节 思想和文化

林则徐和魏源 林则徐不仅具有爱国思想，还是中国近代开眼看世界的第一人。

鸦片战争以前，清朝统治者以"天朝大国"自居，鄙视西方，对于世界大势毫无认识。林则徐在广东禁烟时，一面查禁鸦片，一面组织人收集和翻译外国资料，把英国人慕瑞所著的《世界地理大全》译成中文，定名为《四洲志》。《四洲志》介绍了世界三十多个国家的地理、历史和政治情况，是当时一部较有成就的世界地理书。他还派人选译了《各国律例》，以备进行外交斗争参考。为了军事斗争的需要，他还组织人翻译和整理了外国军事资料，后来，在对敌斗争中发挥了作用。

1840 年 10 月，林则徐因受投降派陷害而被革职，后来充军新疆伊犁。在伊犁，他领导兴修水利，开垦农田。他看到北方邻国沙俄蠢蠢欲动，预言："终为中国患者，其俄罗斯乎！"于是，他提出兵农合一、屯垦戍边的主张，以防止沙俄南侵。林则徐是中国近代最早提出警惕俄患的思想家。

魏源（1794—1857），湖南邵阳人。他是鸦片战争前后的思想家、诗人和史学家。

鸦片战争爆发以后，魏源目睹清朝官僚的昏庸和侵略者的残暴，于 1842 年愤而写成《圣武记》一书。这部书记述了清朝开国至道光年间的重大军事活动，颂扬了盛世武功，以激励人们发愤图强，振兴武备。他根据林则徐的嘱托，在《四洲志》的基础上，增加了

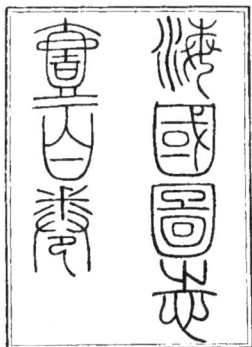

魏源和《海国图志》

大量文献资料，编成《海国图志》一书。这部书叙述了世界很多国家的地理和历史概况。其中最主要的一点，是宣传作者"师夷长技以制夷"的思想。这种思想，反映了鸦片战争以后中国一部分先进的知识分子开始面向世界、学习西方的倾向。《海国图志》扩大了人们的眼界，是当时介绍西方最翔实的专著。

清朝中期，流行着儒家的传统观点。一些人认为上古三代——夏、商、周是黄金时代，而以后每况愈下。魏源反对这种以古非今的论点。他认为，如果今天有人不用桌椅还席地而坐，吃饭不用碗碟还用手抓，写字不用笔墨纸砚还用刀刻兽骨龟甲，那么，这个人不是傻子就是怪人。他认为，古代陈旧的传统变得越多，就越有好处。他和江苏布政使①贺长龄合作，选辑了清初至道光以前的政治、经济、文化等方面的官方文书、私人著作、奏折、信札等，编成《皇朝经世文编》。这是研究清代历史的一部重要历史书籍。

----

① 全称"承宣布政使司布政使"，明代开始设置，为一省最高行政长官。后因加强统治力量，专设总督、巡抚，布政使权位渐轻。清代正式规定布政使为总督、巡抚的属官，负责一省的财赋和考查地方官等事务。

洪秀全和洪仁玕 洪秀全自幼接受了传统的儒家思想。1843 年，他阅读宣传基督教的小册子《劝世良言》，创立了"拜上帝教"。他认为，天上只有一个上帝，人间所有国家都受上帝的领导，因此人人都是平等的。1847 年以后，洪秀全写了很多文章。在《原道醒世训》一文中，他写道："天下多男人，尽是兄弟之辈，天下多女子，尽是姊妹之群。"他斥责镇压人民的清朝封建统治者是"阎罗妖"和"妖徒鬼卒"，号召人民起来"击灭"这些人。这是反抗清朝统治的思想。

1853 年，太平军定都天京以后，洪秀全颁布了纲领性文件《天朝田亩制度》。这个制度规定，将土地按质量分为九等，无论男女，凡 16 岁以上者均可分得一份。每份杂以九等，好坏各半。不足 16 岁的减半。这个制度还包括政治、经济、军事、文化、社会生活等内容，其核心是实现"有田同耕，有饭同食，有衣同穿，有钱同使，无处不均匀，无人不饱暖"的理想。这个制度反映了广大农民废除封建土地所有制的"平均"要求。但是，由于当时战争正在进行，这个制度没有完全实行。

《天朝田亩制度》书影

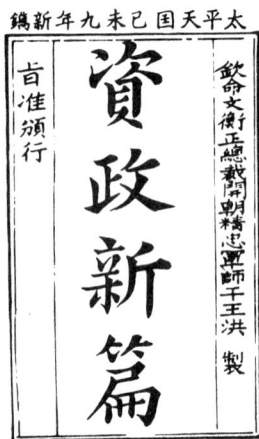

《资政新篇》书影

洪秀全的族弟洪仁玕，是太平天国后期的政治家。他是"拜上帝教"最早的成员，曾在香港、上海等地居住，了解到西方国家的一些情况。1859 年，他来到天京。后来，他写了《资政新篇》。在这个文件中，他主张"治国必先立政"，要效法西方资本主义制度。他还主张，太平天国应建立以机器工业为主的经济体系，发展工矿业和交通运输业，开展金融、保险、邮政等事业。在文化方面，他主张开办学馆和新闻馆，建立慈善事业等。《资政新篇》是先进的中国人最早提出的在中国发展资本主义的方案。它反映了当时先进的中国人向西方寻找真理，探索救国救民道路的迫切愿望。

反侵略反封建的文学和绘画 鸦片战争以后，出现了反侵略反封建的诗歌和散文。

魏源主张诗歌应是"发愤之所作"，在《江南吟十章》里，他写道："阿芙蓉①，阿芙蓉，产海西，来海东。不知何国香风过，醉我士女如醇酰。……溷（hùn）六合，迷九有，上朱邸，下黔首。彼昏自痼何足言，藩决膏殚付谁守！②"以满腔义愤痛诘了鸦片对中国的危害。

著名诗人张维屏，写了许多反侵略的爱国诗篇。他的《三元里》一诗，热情歌颂了三元里人民的抗英斗争：

> 三元里前声若雷，千众万众同时来。
> 因义生愤愤生勇，乡民合力强徒摧……
> 妇女齐心亦健儿，犁锄在手皆兵器……
> 众夷相视忽变色："黑旗死仗难生还。"……

诗中描绘了三元里人民抗英斗争的浩大声势，也写出了侵略者胆战心惊的丑态，栩栩如生，真实感人。

无名氏的散文《鲛泣录》，以富有感情的笔触，揭露琦善之流裁兵撤勇、妥协投降的罪行。文中写道"欲食其肉而寝其皮者屡矣"，表现了作者强烈的憎恨感情。

太平天国时期，涌现了大量反封建的文学作品。太平天国提倡"文以纪实"，鼓励"朴实明晓"的文风。太平天国的各种诏书、文件、诗歌，语言通俗，明白易懂。

太平天国的领袖洪秀全、冯云山、石达开、洪仁玕等，都有一些好诗在民间流传。

> 真神能造山河海，任那妖魔一面来；
> 天罗地网重围住，尔们兵将把心开。
> 日夜巡逻严预备，运筹设策夜衔枚；
> 岳飞五百破十万，何况妖魔灭绝该。

洪秀全的这首《诛妖歌》充满藐视清军的革命英雄气概，起到了战前动员的政治作用。

作为装饰屋室的壁画，到晚清已经衰落了。但太平天国重视壁画，曾经组织专业和民间画家进行创作。太平天国壁画的内容，以山水花草、鸟兽鱼虫居

---

① 阿芙蓉，即鸦片。

② 后两句话的意思是，鸦片把整个中国搞得乌烟瘴气，上自王公贵族，下至黎民百姓，他们神智不清，自己染上吸食鸦片的顽症，本不足道，只是边境失守，国库民财耗尽，这局面又交给谁来支撑呢！

多，也有反映军事斗争题材的。《防江望楼》是反映军事斗争题材的代表作。

《防江望楼》是天京堂子街太平天国某王府的壁画。画面的下部，在江边坡石老树中耸立着一座五层方形的望楼，楼下江上战船林立；画面的上部，江中运输船扬帆远驶，岸上山峦层叠。整个画面气象雄伟壮阔。这是一幅描写当时天京军事斗争和经济繁荣的佳作。

第二章　甲午中日战争前后的政治经济概况和文化

19 世纪 60 年代，中外反动势力公开勾结，共同镇压太平天国运动，出现了暂时"和好"的局面。洋务派掀起了"师夷长技以自强"的洋务运动。随着近代企业的出现，中国资本主义和中国民族资产阶级诞生了，中国无产阶级队伍发展了。这些新的经济因素和新的阶级力量，对封建生产关系和政治制度，起着越来越大的瓦解破坏作用。从 70 年代起，日本和德国迅速崛起。列强对中国四邻和边疆各地交相侵逼。中国边疆地区出现了危机。19 世纪末到 20 世纪初，世界资本主义进入帝国主义阶段。列强争夺世界霸权、抢占殖民地的斗争空前激烈。清政府的腐朽无能，在甲午中日战争中暴露无遗。这更助长了列强的贪欲。它们掀起了瓜分中国的狂潮。

第一节　政治经济概况

洋务运动和中国资本主义的产生　19 世纪 60 年代，清朝统治阶级中一部分人认为，西方的武器和科学技术比中国先进，主张学习西方科学技术，以巩固清朝统治。这部分人，就是洋务派。洋务派在中央的代表，是恭亲王奕䜣；在地方上的代表，有曾国藩、李鸿章、左宗棠、张之洞等。

洋务派的活动，首先从军事工业着手。19 世纪 60 年代，曾国藩设立安庆内军械所，李鸿章设立江南制造总局，左宗棠设立福州船政局，崇厚设立天津机器局。19 世纪 70 年代以后，洋务派为解决军事工业的资金、燃料、运输等方面的困难，在继续发展军事工业的同时，开始举办民用工业。这主要有李鸿章设立的轮船招商局和开平煤矿，张之洞设立的汉阳铁厂和湖北织布局等。80 年代，洋务派组建了南洋和北洋海军。洋务运动中，洋务派打着"自强"和"求富"的旗号，从资本主义国家引进了一些先进技术，翻译了一些外国科技资料，培养了一些具有一定科学知识的专业技术人才，中国的第一批近代工业产生了。洋务运动持续了三十多年，在客观上刺激了中国资本主义的发展，也在一定程度上抵制了外国的经济扩张。但是，洋务派不懂得西方的科学技术是与西方的政治制度相适应的。他们幻想在不触动封建制度的前提下，靠引进一些西方先进的技术，来维护腐朽的清朝封建统治。这决定了洋务运动不可能使中国走上富强之路。

江南制造总局炮厂

陈启沅

在洋务运动的刺激下，一部分商人、地主和官僚投资于新式工业，中国出现了新的资本主义生产方式，并随之产生了中国民族资产阶级。较早的民族资本主义企业有商人方举赞在上海创办的发昌机器厂，华侨商人陈启沅在广东南海创办的继昌隆缫丝厂，商人黄佐卿在上海创办的公和永丝厂，买办商人徐润创办的同文书局等。中国民族资本主义从产生起，就受到外国资本主义和本国封建势力的压迫和束缚，因此中国民族资产阶级有摆脱和反抗中外反动势力压迫的要求。但由于他们企业的资本少，技术力量薄弱，因此中国民族资产阶级又对外国资本主义和本国封建势力有一定的依赖，这又使它具有妥协性。这种两重性，是半殖民地半封建社会的中国民族资产阶级的特点。

在民族资产阶级产生之前，中国已经产生了无产阶级。19世纪40年代中期开始，外国侵略者在各通商口岸建立船坞和一些轻工业加工厂，招募中国人做工，这些中国工人，就成了中国第一批产业无产者。中国无产阶级诞生了。不久，在洋务企业和民族资本主义企业里，又陆续产生了第二批和第三批无产阶级。中国无产阶级人数不多，但多数集中在沿海工商业城市，有利于团结斗争。中国无产阶级与先进的生产方式相联系，是新生产力的代表。中国无产阶级因受中外反动势力的残酷压迫和剥削，工作条件恶劣，生活贫困，因此，有很强的斗争性。

中国边疆地区的新危机和中法战争　19世纪70年代以后，世界资本主义逐渐向帝国主义过渡。它们更疯狂地向外扩张和掠夺，在中国的东南、西北、西南等地区制造紧张局势，使中国边疆地区出现了新的危机。

1871 年，一只琉球国渔船漂流到中国的台湾，船上人同台湾居民发生了冲突。日本利用这一事件，阴谋侵略台湾。1874 年，日本政府派军队在台湾登陆。在英、法、美等国的"调停"下，清政府被迫付给日本白银 50 万两，日军撤出台湾。

19 世纪 60 年代中期，中亚浩罕国①的军事头目阿古柏率军侵入中国的新疆，悍然成立伪政权。70 年代初，俄国侵入我国新疆的伊犁地区。接着，俄英两国竟无视中国主权，相继承认阿古柏伪政权。1875 年，清政府派陕甘总督左宗棠为钦差大臣，进军新疆。在各族人民的支持下，左宗棠打败阿古柏侵略军，收复了失地。80 年代初，清政府和俄国交涉伊犁问题，签订了中俄《改订条约》②。条约规定，中国收复伊犁，但俄国又割占了中国西北地区的一部分领土。

1875 年，英国使馆译员马嘉理带领一支近二百人的"远征队"，擅自进入我国云南境内，并开枪打死当地居民。当地群众进行还击，杀死马嘉理。英国借此强迫清政府签订了《烟台条约》，取得了进入中国西南的特权。

19 世纪中期开始，法国逐渐在越南扩大侵略，到 1883 年，完全

中法战争形势示意图

控制了越南的内政外交。同年底，法军进攻在越南境内援助越南的清军，中法战争爆发了。1884 年，法国军舰闯进福建马尾军港，进攻中国的福建水师。福建水师仓促应战失利。同年 10 月，法军又进攻台湾，受到台湾军民英勇抵抗。第二年，清政府起用老将冯子材到广西前线指挥作战，取得了镇南关大捷。在军事胜利的情况下，清政府竟然同法国签订了《中法新约》，法国攫

---

① 浩罕国，18 世纪初，乌兹别克人在中亚费尔干纳盆地建立的封建国家。1876 年被俄国吞并。

② 中俄《改订条约》，也称中俄《伊犁条约》。

取了进入云南、广西通商等特权，出现了中国不败而败、法国不胜而胜的结局。

甲午中日战争 1894年，朝鲜爆发农民起义。朝鲜政府请求清政府出兵帮助镇压。清政府派兵到达朝鲜，日本乘机也派大批兵力赴朝。7月，日军在朝鲜丰岛海面袭击中国运兵船"高升"号，同时又进攻驻扎朝鲜成欢驿的清军。清政府被迫对日宣战，甲午中日战争开始。

冯子材

9月，日军进攻平壤。清军总兵左宝贵英勇奋战，壮烈牺牲。清军统帅叶志超畏敌怯阵，仓皇逃命。日军占领平壤。同月，中日两国舰队在黄海大东沟海面展开激战。清军致远舰管带邓世昌率全船将士与日军奋战。最后致远舰中鱼雷沉没，全船将士绝大部分殉难，邓世昌也壮烈牺牲。这场海战，中国北洋舰队损失五艘战舰，日本重伤五艘。黄海海战以后，直隶总督兼北洋大臣李鸿章命令北洋舰队躲进威海卫港内，保舰避战。第二年初，日军进攻威海卫。李鸿章对敌妥协，不仅驳回了北洋水师提督丁汝昌的请战要求，而且不派援军。在日军的进攻下，北洋舰队全军覆没，丁汝昌拒绝投降而自杀。清政府派李鸿章到日本马关，签订了丧权辱国的中日《马关条约》。这个条约大大加深了中国社会的半殖民地化。

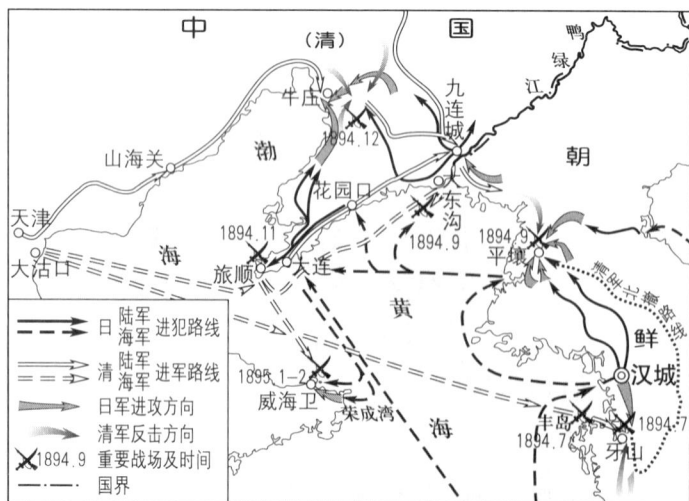

甲午中日战争形势示意图

《马关条约》签订以后，帝国主义国家加紧侵略中国，掀起了瓜分中国的狂潮。

那时候，各帝国主义国家向中国大量倾销工业品的同时，还向中国输出资本。它们在中国开办银行，以苛刻的条件贷款给中国，攫取在中国的铁路建筑权和开办工厂、矿山的特权。

各帝国主义国家还在中国强占"租借地",划分"势力范围"。德国强"租"胶州湾,把山东划为"势力范围"。俄国强"租"旅顺、大连,把长城以北和新疆划为"势力范围"。英国强"租"九龙半岛("新界"地区)和威海卫,把长江流域划为"势力范围"。法国强"租"广州湾,把两广、云南划为"势力范围"。日本把福建划为"势力范围"。美国提出"门户开放"政策,要求在各国的"势力范围"内享有均等的贸易机会,还要求清政府把中国内地全部开放。

邓世昌(1849—1894),
广东番禺人

第二节 思想和宗教

洋务派的思想　在洋务派的思想中,比较典型的是曾国藩、李鸿章、张之洞的思想。

曾国藩,湖南湘乡人。他推崇程朱理学,认为维护君臣父子上下尊卑的关系是至高无上的天理,他要求人们服从这些封建伦理纲常。这种主张,使他在当时的封建士大夫中有较高的地位。他认为,太平天国起义颠倒了封建统治秩序,使几千年的礼义"扫地荡尽"。所以,他残酷地镇压了太平天国起义。他主张对外国应提倡"忠信笃敬","以羁縻①为上",实行妥协政策。他看到西方武器的"威力",认为引进西方技术是"救时之第一要务"。他主张向外国购买武器和船只,还主持办起了第一个洋务企业安庆军械所。

李鸿章,安徽合肥人。他是洋务运动主要的代表人物。李鸿章认为,中国当时正面临着"数千年来未有之变局"和"数千年来未有之强敌",要维护清朝的统治,最根本的途径是"外须和戎,内须变法"。这是李鸿章洋务思想的核心。他认为"外国强兵利器,百倍中国",因此对外要"和",这使他在对外交涉中奉行妥协投降的政策。他认为,中国"文武制度,事事远出西人之上",若学习西方技术,中国就会日益富强。在这种思想驱使下,他成为举办洋务企业最多的人物。

————————

① 羁縻,笼络的意思。

张之洞，直隶南皮人。中法战争以后，张之洞在两广、两湖地区兴办了一批洋务企业和学校，是洋务派后起的代表。张之洞撰写的《劝学篇》，系统地阐明了他的洋务思想。他认为"三纲为中国神圣相传之至教"，坚持儒家"天不变，道亦不变"的观点，反对维新派和资产阶级革命派的进步主张。张之洞在维护封建统治的同时，主张学习西方。他说："知中不知外，谓之聋瞽。"他主张，向西方学习，不应仅仅学习一些科学技术，还要研究西方的历史，了解世界大势，还要学习西方国家的一些财税、商业制度。这样，中国才能富强起来。

洋务派的思想，可以概括为"中学为体，西学为用"。形象地说，就是借用西方资本主义的甲胄，来保护清朝封建主义的躯体。这是洋务运动的纲领，也是洋务派的思想实质。

早期维新派思想家 19 世纪 70 年代以后，随着洋务运动的发展，出现了一批具有资产阶级思想的早期维新派思想家。主要代表有王韬、马建忠、郑观应等。

王韬，江苏长洲①人。他是中国较早提出变法主张的人。王韬曾在上海英国教会学校任教，后到香港，并一度到英国考察，这使他有机会了解西方资本主义社会的情况。从 19 世纪 70 年代开始，王韬写了不少宣传"变法自强"的文章。他认为，"天下事未有久而不变者也"，应该向西方学习，"师所长，夺所恃"，使中国富强起来。他要求清政府建立纺织工业，振兴商业，开发矿产，修筑铁路，架设电线；还要求改革科举，修改律例，改革军备等。他还认为，各种政体中，君主立宪最好。这能使"上下之情通"，可以"结民心"，将有利于社会经济的发展，也有利于清政府的统治。

马建忠，江苏丹徒人。他曾经随李鸿章办洋务，又到外国担任过中国使馆的翻译，他是由洋务派转化的早期维新派思想家。他通过自己对外国的考察，认识到西方国家富强之本，不仅在于武器精良、科技先进，更由于在政治上立议院"而下情可达"，建学校"而智士日多"。他极力主张发展民营工商业，反对压抑和限制民族资本。他还主张，应扭转对外贸易上的入超，要发展纺织工业，开采金、银矿，保护关税，及时地了解世界金融市场等。马建忠具有爱国思想，他斥责外国侵略者"唯利是图"，"数十年吸中国之膏血"，还反对顽固派的闭关自守，妄自尊大。他表示要百折不回，探求"所以制胜之道"，来反

---

① 长洲，今属江苏省吴县。

对外国的侵略。

郑观应，广东香山人。他是早期维新派的主要代表人物，代表作有《盛世危言》。郑观应主张，中国应效法西方，建立议院，使民族资产阶级在议院中有一定席位，实行"君民共主"，使"权得其平"。这是对中国数千年君主制度的否定。在经济上，郑观应主张由民族资产阶级设立公司，政府不得干预。在技艺上，应向西方学习。只要能做到这些，再加上中国"地大物博，人多财广"，超过西方"犹反手耳"。郑观应十分重视振兴商务，反对中国传统的"重农抑商"政策，希望中国"以商富国"。面对外国的经济侵略，郑观应提出"商战"

《盛世危言》书影

的口号，认为这比"兵战"还重要，只有"商战"，才能增强与外国的竞争能力，抵制外国的经济侵略。

西方宗教在中国的传播　从唐朝开始，西方的基督教①传入中国。在元朝和明末清初，西方传教士在中国进行了较大规模的传教活动。清朝康熙时期，因为西方传教士干涉中国内政，清政府下令禁止外国人在中国传教。

鸦片战争以后，西方国家强迫清政府签订了一系列不平等条约。这些条约规定，外国可以在中国建立教堂，外国传教士可以在中国自由传教。西方各国纷纷向中国派遣传教士，罗马教皇甚至将中国划分为五大教区，把中国绝大部分地区划在天主教势力范围之内。到 19 世纪末，在华天主教传教士共约八百人，教徒约七十万人。在华基督教②传教士共约一千五百人，教徒约八万人。

外国传教士在中国，强占土地，建立教堂，到处横行霸道，愚弄中国人民。他们说上帝是世界的主宰，中国人民只有相信上帝才会富强。他们把西方的教义同中国传统的儒学结合起来，用仁、义、礼、智、信来解释教义，使其带上中国儒学的色彩。他们还在中国建立了学校、医院、出版机构等所谓"慈善""福利"设施。他们用各种手段来奴化和毒害中国人民。

---

①　基督教，世界三大宗教之一，信奉上帝和耶稣，以《旧约全书》《新约全书》为经典，把这两部书列为"圣经"。基督教于公元 1、2 世纪时开始流传于罗马帝国。11 世纪时，基督教分裂为天主教和东正教，16 世纪时，又分裂出新教。

②　指新教。

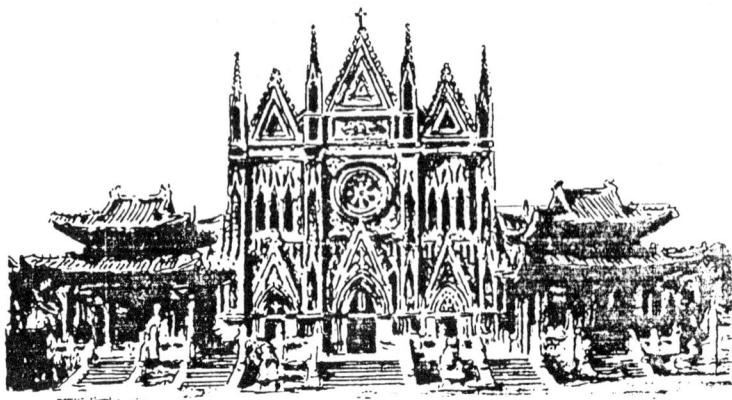

北京西什库天主教堂

1870 年 6 月，天津天主教育婴堂收养的儿童死去数十名，与此同时，不断有拐骗儿童的案件发生。不久，人们侦破了几起拐骗儿童的案件，都与教堂有关。据案犯武兰珍供认，他们一伙八人，受望海楼教堂教民王三指使，每拐骗一名儿童，送交育婴堂，得鹰洋①五元。人们从另两名案犯身上搜出了鹰洋。两名案犯供认，这些鹰洋系育婴堂修女付给他们拐骗儿童的身价。事情真相大白以后，天津人民群情激愤，强烈要求追查天主教堂的罪行。天津知县刘杰在群众支持下，带案犯武兰珍如约去教堂对质。传教士谢福音将主犯王三藏起来，使对证无法进行，并唆使教徒向聚集在教堂周围的群众，"抛砖殴打"。群众忍无可忍，奋起自卫，砸毁教堂门窗。法国驻天津领事丰大业见事情不妙，带人持枪去见北洋通商大臣崇厚，要求崇厚派兵镇压群众。丰大业气势汹汹，路遇天津知县刘杰，举枪射击，刘杰躲过而仆人高升负伤。群众怒不可遏，打死丰大业，焚毁望海楼教堂。在育婴堂地下室里，人们抢救出一百五十多名儿童。这些儿童，"全身疮毒溃烂，散发赤身，不成人形"。这就是"天津教案"。天津教案发生以后，列强向清政府发出联合照会，并以武力恫吓。清政府急忙派直隶总督曾国藩赴天津查办此案。曾国藩为讨好侵略者，将天津知府和知县革职充军，把爱国群众当作凶手，屠杀 20 人，流放 25 人，并无耻宣称："办理不为不重，不惟足对法国，亦堪遍告诸邦。"

外国传教士的活动，表面上是"传教"，但实际上往往是披着宗教外衣进行侵略活动。他们要使"中国基督教化"，实际上是要征服中国，使中国变为他们的殖民地。有的传教士，到处刺探和搜集情报，为本国侵略军当向导。有

---

① 鹰洋，指墨西哥银元，图案是鹰，故名鹰洋。鸦片战争以后，外国人将鹰洋带入中国。

的传教士还经营非法贸易，甚至公开向中国商人征税。有的传教士还在中国买卖田地房产，从中获利。近代西方宗教在中国的传播，对中国有很大影响，它是帝国主义进行文化侵略的重要工具。

第三章　戊戌变法和义和团运动
时期的政治概况和文化

　　甲午中日战争以后，中国民族资本主义得到初步发展，但中国却面临着被列强瓜分的危机。为了挽救民族危机，以康有为、梁启超为首的资产阶级维新派，发动和领导了一场救亡图存的维新变法运动。以慈禧太后为首的封建顽固派发动政变，使维新变法运动归于失败。

　　在甲午中日战争中，山东是受害最重的地区。列强瓜分中国的狂潮又是从山东掀起的。中国人民反帝爱国的义和团运动就首先从这里开始，很快席卷了中国北方。义和团运动遭到中外反动势力的血腥镇压，失败了。但是，它显示了中国人民的巨大力量，粉碎了列强瓜分中国的企图，加速了清朝封建统治的灭亡。

第一节　政治概况

戊戌变法　19世纪末，中国民族资本主义有了初步发展，为中国资产阶级参与政治活动，提供了经济实力和阶级基础。19世纪70年代，西学的不断传入和早期维新思想，为中国资产阶级维新派的产生提供了思想条件。甲午中日战争的失败和《马关条约》的签订成为导火线，直接引发了一场具有救亡图存性质的资产阶级维新变法运动。

　　1895年4月，中日《马关条约》签订的消息传到国内，正在北京参加会试①的各省举人，在广东举人康有为、梁启超的带动下，联合上书光绪帝，反对同日本议和，主张迁都、变法。这就是有名的"公车上书"。这次上书，在当时造成了很大影响。不久，康有为、梁启超等维新派，在北京及其他地方，

---

　　①　各省举人到京城参加的全国集中考试，考中者为贡士。经过殿试（由皇帝主考）合格者称进士，进士的前三名是状元、榜眼、探花。殿试是科举考试的最高阶段。

康有为（1858—1927），广东南海人

梁启超（1873—1929），广东新会人

成立学会，出版报刊，宣传维新变法。维新变法运动迅速展开了。那时候，积极宣传变法的，还有谭嗣同、黄遵宪等人。

1897 年底，帝国主义国家掀起瓜分中国的狂潮，中国的民族危机空前严重。康有为三次上书光绪帝①，指出帝国主义对中国"瓜分豆剖"，国内人民到了"揭竿斩木"的境地，形势十分危急，只有变法才是唯一的出路。1898 年上半年，康有为和梁启超在北京组织保国会，继续宣传变法。

光绪皇帝在危急的局势面前，接受了康有为的建议，表示不做"亡国之君"，决心变法。1898 年 6 月，光绪帝下诏变法，接着，在颐和园勤政殿召见康有为，并让他在总理衙门章京上行走②。光绪帝还下令让各省督抚保荐人才。不久，光绪帝又任命谭嗣同、杨锐、刘光第、林旭四人在军机章京上行走，参与变法。

光绪帝

变法期间，光绪帝先后颁布了上百件诏书，包括政治、经济、文化、军事、社会风俗等很多方面。这些法令，有利于中国资本主义

---

① 光绪帝，即爱新觉罗·载湉，1875—1908 年在位。

② 行走，即不改变原来官职而调任其他职务的意思。康有为这时官职是工部主事，临时调任总理衙门章京，故称行走。

的发展，也有利于资产阶级知识分子参与新政。变法期间，以康有为为首的维新派，还大量地介绍和宣传了西方资产阶级的政治、经济思想。

但是，维新变法触犯了以慈禧太后为首的顽固派的利益，遭到他们的极力反对。在各省督抚中，只有湖南巡抚支持变法。维新派只依靠一个手中无实权的光绪帝，在不触动封建统治的前提下进行变法，是根本行不通的。9 月，慈禧太后发动政变，囚禁了光绪皇帝，逮捕并杀害了谭嗣同等六人。历史上称这六人为"戊戌六君子"。康有为、梁启超因事前出走，幸免于难。在顽固派的镇压下，戊戌变法失败了。

义和团反帝运动　19 世纪末，外国传教士在中国的不法活动更加猖狂，随意干涉中国内政，勒索人民财物，包庇违法肇事的流氓教徒。这引起了中国人民的极大愤怒，终于在 1900 年汇成了大规模的义和团反帝爱国运动。

义和团原名义和拳，是山东、直隶、河南一带农村的民间秘密组织。义和拳以村为单位，设置"坛""厂"练武，散布揭帖，进行活动。1899 年秋，山东平原县义和拳，在朱红灯等人的率领下，焚毁教堂，驱逐传教士，惩办恶霸，并打败了前来镇压的清军。后来，义和拳由秘密转为公开，改名为义和团，并打出"扶清灭洋"的旗号。

1900 年初，直隶、山东交界处的义和团，发展成大规模的反帝爱国运动。这年夏天，京、津地区的义和团运动迅速高涨起来。慈禧太后被迫承认义和团为合法组织。义和团纷纷进入北京、天津，到处设坛，持刀巡逻，北京和天津几乎被义和团控制了。

义和团运动，矛头直指帝国主义侵略势力，帝国主义十分恐慌。1900 年 6 月，英、俄、日、法、德、美、意、奥八国侵略军二千多人，从天津沿铁路向北京进犯。义和团在廊坊和落垡一带伏击敌人，给侵略

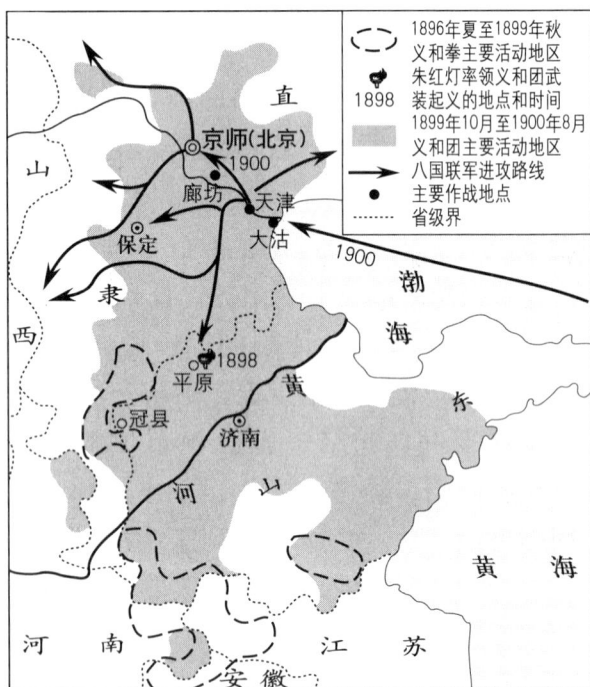

义和团运动形势示意图

军以沉重打击。八国联军仓皇逃回天津。在北京的义和团进攻东交民巷使馆区，包围西什库教堂。天津义和团进攻老龙头火车站和紫竹林租界，沉重地打击了侵略者。不少爱国官兵也参加了义和团的斗争，与团民共同巡逻作战。

7月中旬，八国联军攻陷天津，并派兵两万人沿铁路和运河向北京进攻。慈禧太后带着光绪皇帝和王公大臣仓皇逃跑，并下令斩杀义和团。8月中旬，八国联军攻陷北京，义和团遭到中外反动势力的血腥镇压。

义和团旗

八国联军占领北京以后，到处烧杀抢掠，破坏文物，使中国人民的生命财产受到极大的损失。1901年9月，帝国主义国家强迫清政府签订了《辛丑条约》，控制了中国的经济、政治、军事，中国完全陷入半殖民地半封建的深渊。

第二节　思想、教育和科学技术

维新变法思想的传播　公车上书以后，康有为、梁启超在北京成立强学会，创办《中外纪闻》，宣传变法。接着，康有为又到上海成立强学分会，创办《强学报》。不久，上海强学会和《强学报》被封闭。黄遵宪等用强学会余款创办《时务报》，聘请梁启超担任主笔。梁启超是著名的宣传家，他以新颖犀利的语言，写出《变法通议》等一批宣传变法的文章，在当时有很大影响。《时务报》成为维新派宣传变法的主要喉舌。

戊戌变法时期出版的报刊

在湖南，当地一些维新派官员和知识分子，成立南学会，创办《湘学报》，宣传维新思想。谭嗣同等人还创办了时务学堂，聘请梁启超任总教习，培养变法人才。在天津，严复创办《国闻报》，介绍西方先进的思想。1895年到1898年，各地维新派创立的学会、学堂、书局、报馆，达三百多所。资产阶级变法思想得到空前广泛的传播。

封建顽固派极力反对维新变法。维新派同他们进行了针锋相对的斗争，展开激烈的辩论。

顽固派提出："祖宗之法不能变"，"宁可亡国"也"不能变法"，否则便是违背天理，祸乱国家。维新派指出，世界万物，"无时不变，无事不变"，"无百年不变之法"。他们还把变法与救亡联系起来，说明了"穷则变，变则通，通则久"的道理。

顽固派对维新派"兴民权""开议院"的主张十分恐惧，认为这将使天下大乱，他们坚决反对改变君主专制制度。维新派指出，君主专制是中国贫弱的根源，只有开议院，才能广开言路。他们更进一步指出，君与臣、父与子的关系应该是平等的，不应用封建的纲常来束缚人们的思想。

顽固派反对维新派改革教育的主张，他们说这是散布"邪说"，败坏人心风俗。维新派指出，科举制度，只会"锢智慧""坏心术""滋游手""昏人神智"，只能培养出毫无用处的腐儒，这种愚民的教育制度必须革除。他们还指出，只有办新式学堂，学习西方先进的科学技术才能自强。

通过这场辩论，维新思想得到进一步的传播。

维新派思想家　维新派思想家，主要有康有为、谭嗣同、严复等。

康有为在维新变法以前，曾七次上书光绪帝，请求变法。变法开始以后，他又上了几十道奏折，陈述各种建议。他所著的《新学伪经考》和《孔子改制考》，比较系统地阐明了他的变法思想。他认为，社会发展，要经过"据乱世""升平世"和"太平世"三个阶段，中国当时正处于"据乱世"，而西方国家已进入"升平世"，所以中国受外国欺凌。他主张，中国要变法，要进入"升平世"，将来还要进入"太平世"，这样才会强大。在变法措施上，他主张"变"，并指出"能变则全，不变则亡，全变则强，小变仍亡"的道理。他向光绪帝建议，要定宪法，开国会，实行君主立宪。经济上，他主张以商治国，发展工商业和金融事业，奖励工艺发明，实行大机器生产，同时废除封建的税务制度，保护资本主义的发展。在教育方面，他主张改革科举，废八股，办新式学校，培养有用人才。在军事上，他还主张练新兵，裁旧军，加强边疆地区的防卫能力。他的这些主张，反映了维新派挽救民族危亡和发展资本主义的要求。

谭嗣同（1865—1898），湖南浏阳人。他自幼学习王夫之和黄宗羲的学说，思想上受了较深的影响。后来，他又到祖国各地游历，增加了对祖国的热爱和对现实的不满。在变法活动中，他呼吁人民起来救亡，认为只有变法自强，才能抵御外国的欺侮。谭嗣同在经济上主张"商战"，要求发展民族工商业，增加同外国竞争的能力。他所著的《仁学》，吸收了西方资产阶级的一些进步学说，宣传了资产阶级思想。在书中，他批判了"天不变，道亦不变"的封建顽固思想，揭示了人类社会不断变化和发展的规律。他抨击了三纲五常和封建君主专制，号召人民起来"冲决一切网罗"，"废君权""兴民权"，实行君主立宪制。

严复毕业于福州船政学堂，后到英国留学，比较广泛地接触到西方的自然科学和社会科学。回国以后，他翻译了很多西方社会科学名著，其中最著名的是《天演论》①。书中运用达尔文的生物进化论来解释人类社会，宣传物竞天择的自然规律在人类社会中的体现。严复加上自己的观点，他指出，中国若不变法图强，将无法逃脱"优胜劣败"的亡国命运。因此，要学习西方，自强保种。戊戌变法时，严复在天津创办《国闻报》，宣传维新变法，与上海的《时务报》南北呼应。变法期间，严复写了许多文章，抨击了两千多年来的君主专制制度，指出秦以来的国君，都是窃国大盗。他认为，传统的儒学，都是"无实""无用"的东西。严复在当时的主要贡献，在翻译和宣传西方资产阶级思想文化方面。

严复翻译的西方名著

严　复（1854—1921），福建侯官人

---

① 《天演论》，是英国赫胥黎论文集《进化论与伦理学》中的前两篇文章。

新式学堂的建立　第二次鸦片战争结束以后，清政府为了适应中外交涉和开展洋务运动的需要，开始认识到接受外国语和科技知识教育的必要性，新式学堂开始出现了。

1862 年，中国近代第一所新型学校——京师同文馆在北京建立。接着，上海广方言馆、广州同文馆相继建立。它们主要是培训外语人才的学校。

京师同文馆附属于总理衙门。最初开设英文、法文、俄文三个班，培养翻译人才。招生对象只限于十三四

设在北京东堂子胡同总理衙门内的京师同文馆

岁以下的八旗子弟。后来，同文馆陆续增设德文、日文、算学、天文、医学、机器制造、外国史地和各国公法等课程，招收学生放宽到十五至二十五岁的满、汉青年，以及三十岁以下有科举功名或五品以下京外官员。学制由原来的三年延长为五年至八年。学校的经费来源于海关办公费，聘请外籍教师任课。学校附设印书处、翻译处，先后翻译、出版了自然科学、国际法、经济学书籍二十多种，此外还设有化学实验室、天文台、博物馆。

在洋务运动过程中，洋务派还创办了一批专业技术学校和军事学校。主要有：江南制造总局附设的机械学校，福州船政局附设的船政学堂，天津电报学堂，天津武备学堂，天津军医学堂，上海电报学堂，广东水陆师学堂等。

新式学堂里教师用英文讲几何课，学生用发辫当圆规作图

福州船政学堂是清末最早的海军学校，1866 年创办，招收 16 岁以下的学生。学堂分前、后两堂：前堂是造船班，由法国人任教，教学内容主要有法文、数学、天文、地理、航行等；后堂是驾驶班，由英国人任教，教学内容除英文、数学外，还有机械操作等内容。学习期限为五年。福州船政学堂为中国培养了第一批海军人才。北洋水师著名将领刘步蟾、邓世昌等，都从这里毕业。

19世纪70年代，清政府分批向美国派遣了120名留学生，学习军事、造船和机械制造等专业。学员是10岁至16岁的青少年。他们是中国派出的最早一批留学生。后来，清政府又向欧洲和日本派出少量留学生。在这些留学生中，不少人后来成为中国近代的科技人才。

留美学生中最有名的是铁路工程师詹天佑。除他以外，邝荣光①回国后曾任开平煤矿采矿工程师，绘制出《直隶省地质图》和《直隶省矿产图》，水平很高。林联辉②曾任北洋医院院长。

科学技术的发展　随着洋务运动的发展，西方科学技术理论书籍的翻译和出版逐渐增多。江南制造总局附设的译书馆成就较大，在20年左右的时间里，共译书163种，附刊32种，还出版了科学刊物100多期。各种出版物，除外交和军事外，还有数学、物理、化学、矿物学、古地质学、近代西方医学等方面的内容。这不仅对中国的科学技术是一个促进，也有利于进步思想的传播。

19世纪中期，中国出现了一些较为有名的科学家，主要有李善兰、徐寿、华蘅芳等。

李善兰曾在同文馆担任过算学总教习。他对中国古算学很有研究，在接触西方数学成果之前，他通过自己的努力，已写出一些高等数学方面的著作。他写的《方圆阐幽》，讲述了微积分的初步概念。他写的《垛积比类》，是关于高阶等差数列的专著，书中的"李善兰恒等式"，对中外数学界都有不小影响。李善兰与外国传教士合作，翻译了许多内容新颖的自然科学书籍。这些译书介绍了哥白尼的日心说、牛顿力学三大定律和西方植物学最新研究成果细胞学说，使人们耳目一新。

李善兰（1811—1882），
浙江海宁人

徐寿，江苏无锡人。他年青时就自制三棱镜，做光学实验，又用不同距离的枪靶做枪弹飞行抛物线实验。徐寿曾帮助曾国藩创办安庆军械所，后到江南制造总局任职，倡议建立了翻译馆，他经手翻译的书籍，约有一百余种。1874年，他与英国人傅兰雅一起，在上海创办"格致③书院"，专门请外国人讲授自然科学。徐寿的重要译著有

---

①　邝荣光，广东新宁人。第一批赴美留学幼童，出国时年仅10岁。

②　林联辉，广东南海人。第四批赴美留学幼童。

③　格致，原意为研究事物原理而获得知识。清末将自然科学统称为"格致之学"。

《化学鉴原》和《化学鉴原续篇》。《化学鉴原续篇》是西方大学的教材。徐寿翻译时加进了当时西方新发现的四种化学元素。

华蘅芳，江苏金匮人。他与徐寿一起，在安庆军械所和江南制造总局任职，到译书馆翻译过西方科技书籍，还到上海格致书院和一些洋务派学校任教。华蘅芳在中国古算学上造诣很深。他根据平生研究成果，写成《学算笔谈》一书。这本书深入浅出，是学习近代数学极好的启蒙读物。华蘅芳还与外国人合作，翻译了许多数学专著，对代数、三角、微积分进行了系统的介绍。《决疑数学》一书，介绍了当时还属于新内容的概率论，并说明了概率论在天文、物理等方面的用途。华蘅芳与徐寿合作，参照国外文献，制成中国第一台蒸汽机，后来又制成木壳轮船一艘，这是中国近代科学技术史的一项新成就。

制造火药，需要镪水。当时，中国不能制造镪水，欧美国家乘机抬高价格，大肆勒索。华蘅芳决心自己研制。他研制成功的镪水，价格仅为进口镪水的三分之一，为国家节省大量资金。

第三节　文学和艺术

"诗界革命"　　19世纪中后期，文学上出现了一股复古逆流。那时候，一些封建文人，从形式上下功夫，从书卷中寻求素材，模仿宋朝诗人黄庭坚[①]的诗进行创作，形成了"宋诗运动"。他们的诗，回避现实，追求个人的闲情雅趣，有的写一些山水景色赠别思旧，但主题较为平淡，也没有跳出形式主义的框子。宋诗运动风行了一阵，但无论是思想性还是艺术性，都没有什么可取之处。宋诗运动得到了曾国藩的提倡。

戊戌变法时期，在文学方面也有了较大的变化，原来曾经风行的宋诗运动日趋没落。梁启超、黄遵宪等主张，诗歌的内容应该反映现实，批判封建的旧传统，抒发爱国思想。于是，"诗界革命"产生了。成就最大的是爱国诗人黄遵宪。

黄遵宪的诗歌，最大的特点是写实，他用诗来抒发内心的感想。他在一首《杂感》诗中写道："俗儒好尊古，日日故纸研，……我手写我口，古岂能拘牵？"在这种思想的指导下，黄遵宪写出大量爱国诗歌，真实地反映了19世

---

① 黄庭坚（1045—1105），北宋诗人，书法家。他的诗偏重形式技巧，追求辞藻典故，使诗歌脱离了现实。

末期中国发生的重大事件。梁启超称赞他的诗是"诗史"。

甲午中日战争以后，黄遵宪写了《悲平壤》《东沟行》《哀旅顺》《哭威海》《马关纪事》《台湾行》等许多诗歌。这些诗，反映了战争进程，表达了他的爱国热情。在《台湾行》中，黄遵宪写道：

城头逢逢雷大鼓，苍天苍天泪如雨。
倭①人竟割台湾去。……
天胡弃我天何怒，取我脂膏供仇虏！

…… ……

平时战守无预备，曰忠曰义何所恃？

黄遵宪（1848—1905），广东嘉应州②人

诗中充分表达了诗人对割失台湾的悲愤心情，并指责了造成战败割地的清政府。

黄遵宪的诗，内容充实，气势磅礴，激情洋溢，在文学史上有较大影响。

散文、小说 曾国藩还提倡桐城派散文。桐城派是一个散文派别，产生于清朝康熙、乾隆时期，因主要人物多为安徽桐城人而得名。曾国藩提倡桐城派散文，是为了宣扬封建道德，扩大封建思想的影响。桐城派散文的再次兴起和宋诗运动，使一部分知识分子脱离现实，钻到故纸堆中，追求形式主义，这是有利于清朝的封建统治的。

这一时期，武侠小说和公案小说十分流行。光绪年间，说书人石玉昆的唱本《龙图公案》底稿被整理成《三侠五义》，后来有人略作改动，更名为《七侠五义》。这部小说描写北宋时期的一些义侠，专与官府作对。这些义侠后来被官府收拢，充当统治阶级的护卫。这部小说虽然在一定程度上描写了当时的社会矛盾，但整部书的主题是宣扬封建道德，是为统治阶级服务的。

在汉语语法研究上，早期维新派马建忠作出了重要贡献。他认为，西方语言有规律，易于普及，决定编写一部汉语语法书。他从经、史、子、集中选出例句，参考拉丁语法，寻找同异，总结出古代汉语的结构规律，写成《马氏文通》一书。这是我国第一部较为系统、全面的语法著作。

———————————

① 倭，古代称日本为倭。
② 嘉应州，今广东梅州。

戏剧 19世纪中后期，戏剧发展较快。从明朝流传下来的昆曲，到这时已逐渐衰落。地方戏因为唱词通俗、情节紧凑而受到广大观众的欢迎，北方的梆子、南方的高腔等，都发展较快。有些剧本的思想性和艺术性，也达到了较高水平。河北梆子《秦香莲》，描写了一个名叫秦香莲的女子蔑视封建礼教，不畏强权，敢于同被招为驸马、忘恩负义的丈夫陈世美斗争，她代表着人民的反抗意志。剧本通过秦香莲的遭遇，揭露了封建社会的黑暗，斥责了权欲熏心、品质低劣的陈世美，同时歌颂了正直的清官包拯。这出戏对人们有教育作用，一直为人们所称赞。其他地方戏也有不少优秀作品，如杨家将和岳飞的故事，十分流行，这反映了人们对这些英雄人物的崇敬心情。

这一时期，京剧有了迅速发展。清朝乾隆年间，活跃在安徽的徽班①进入北京。道光初年，湖北的楚班②也进入北京。徽班和楚班经常同台演出，互相吸收，同时又糅进传统的昆曲，终于形成了京剧的唱腔。京剧博采众长，吸收各种地方戏的优点，在唱腔、舞蹈等设计上，都有独到之处。京剧很快成为北京剧坛上主要的剧种。

京剧的剧目很多，著名的有《群英会》《打渔杀家》《宇宙锋》《四进士》等。《群英会》以三国时期赤壁之战为素材，成功地描写了诸葛亮的深谋远虑、豁达大度，周瑜的才智过人而胸襟狭小，曹操的博大胸怀和骄横自负。剧本情节紧凑、结构严谨，一百多年来始终在京剧舞台上占据重要地位。《打渔杀家》取材于《水浒后传》，叙述萧恩带领女儿以打鱼为生，因不堪忍受官府和渔霸的压榨而起来造反的故事。它选材典型，阶级性鲜明，是一部具有较高思想性的优秀作品。

清代绘画京剧《芦花河》

---

① 徽班，安徽地方戏的剧团。

② 楚班，湖北地方戏的剧团。

同治①、光绪时期，京剧有了很大发展，生、旦、净、丑都有了出色的演员，形成了同治、光绪时期的"名伶十三绝"。"十三绝"是以著名老生演员程长庚为首的13位艺术家，他们在京剧发展史上占有很高的地位。

程长庚（1811—1880），字玉山，安徽潜山县人。他工老生，声腔高亢宏亮，动作程式刚劲威严，把徽调、楚音、昆曲的长处熔于一炉。程长庚是三庆班班主，并任三庆、四喜、春台三大徽班总管三十多年。这一时期，正是京剧从孕育到形成的重要时期。他大胆地融汇各种地方戏曲的优点，使京剧得以发展。他主持编演的三国戏36本，成为京剧剧目的典范。他晚年创办三庆科班，培养京剧人才。程长庚被人们誉为"老生泰斗""京剧鼻祖"。

程长庚扮演的《群英会》中的鲁肃形象

绘画和彩塑 年画是适应群众欢度新春而制作的一种应时即景的民间绘画艺术。天津西郊杨柳青是我国北方木版年画的著名产地。杨柳青年画已有三百多年的历史。它所表现的题材，主要有人民群众熟悉的戏曲故事、神话传说和寓意喜庆吉祥的图画。义和团运动期间，杨柳青艺人创作了《杨村大战》《天津北仓义和团大破洋兵》《团民与英法陆军鏖战图》《天津城埋伏地雷董军门大胜西兵》等时事年画，颂扬中国人民反帝爱国的斗争。这是杨柳青年画创作的一个高潮。此后，由于战乱频繁，民不聊生，再加上石印、机制年画的逐渐兴起，杨柳青木版年画日益衰落。

这一时期，彩塑艺术达到较高水平，最有代表性的是"泥人张"的彩塑艺术。它的创始人是张长林②。张长林从小随父亲烧制笔筒、花架及小玩具，久而久之，练就用泥巴捏塑人物动物的绝活。他的作品以细腻工整、健康清新而富于生活实感见长。他塑造的《渔樵问答》，将两位劳动者淳朴、善良、乐观、刚毅的性格，刻画得淋漓尽致。他的作品曾在巴拿马赛会上荣获一等奖，并到南洋各地展览，蜚声海外。

张长林富有爱国主义精神。他的一套《天津教案》泥塑③，造型生动，情节感人，深刻地揭露了外国侵略者的凶残，愤怒地谴责了清朝官吏的无耻，热情地颂扬了天津人民反侵略的斗争。

---

① 同治，即爱新觉罗·载淳，1862—1875年在位。

② 张长林（1826—1906），字明山，天津人。

③ 张长林创作的《天津教案》泥塑，因年久原体已残毁。现在天津历史博物馆陈列的《天津教案》泥塑是"泥人张"第三代传人张景祜仿制的。

第四章　辛亥革命时期的政治概况和文化

19世纪末20世纪初，帝国主义国家为了加紧对中国进行经济侵略，展开了激烈的争夺。1904年，英美支持日本在中国的土地上发动日俄战争。日本打败俄国，将侵略势力扩张到中国东北。

《辛丑条约》签订以后，在帝国主义列强对华投资的刺激下，中国民族资本主义虽有发展，但受到帝国主义和封建主义的限制与阻碍。中国民族资产阶级为开辟民族资本主义独立发展的道路，提出了推翻清朝封建统治的革命要求。从此以后，资产阶级领导的民主革命运动在全国迅速广泛地发展起来，最终推翻了清朝，建立了中华民国。

第一节　政治概况

资产阶级革命运动的兴起　1894年，孙中山在檀香山约集华侨志士，建立了中国资产阶级第一个革命团体兴中会。在入会誓词中，孙中山提出了"驱除鞑虏，恢复中国，创立合众政府"的革命主张，决心推翻清朝政府，建立资产阶级共和国。资产阶级革命运动开始在中国兴起。孙中山成为中国民主革命的先行者。

1901年至1905年间，资产阶级民主革命思想得到广泛传播。以章炳麟、邹容、陈天华为代表的资产阶级思想家，把西方资产阶级革命时期的天赋人权、自由平等学说，作为革命斗争的思想武器，发表了

檀香山兴中会秘密宣誓的地方

大量宣传革命、抨击清政府的文章，影响很大。上海和日本的东京成为宣传革命的中心。

随着民主革命思想的广泛传播和革命形势的发展，资产阶级革命团体在国内相继建立起来，主要有华兴会、光复会、日知会等。资产阶级革命团体的广泛建立，标志着中国资产阶级革命派已经形成。革命形势的迅速发展，迫切需要建立一个统一的革命组织。在孙中山的推动下，1905年，兴中会、华兴会、光复会等革命团体的成员一百多人，在日本东京召开大会，成立中国同盟会。会上选举孙中山为同盟会总理，通过孙中山提出的"驱除鞑虏，恢复中华，创立民国，平均地权"的革命纲领。中国同盟会是第一个全国性的统一的资产阶级革命政党。

黄花岗七十二烈士墓碑亭

在中国同盟会的领导和推动下，各地革命党人不断组织武装起义，主要有：孙中山在两广发动的多次起义，光复会成员徐锡麟在安庆发动的起义，同盟会浙江主持人秋瑾在绍兴领导的起义等。1910年以后，人民群众掀起抢米风潮和抗捐抗税斗争。1911年，孙中山和黄兴在广州发动黄花岗起义。四川、湖南、湖北等省人民掀起声势浩大的保路运动。清朝的统治已摇摇欲坠了。

中华民国的成立　1911年10月10日，湖北革命党人在武昌发动起义。起义军很快控制了武汉三镇，成立了湖北军政府，推举新军协统黎元洪为都督，改国号为中华民国。武昌起义以后的一个多月里，湖南、陕西、江西、云南等十几个省和全国最大的工商业城市上海，纷纷宣告独立。清朝的统治土崩瓦解了。

湖北军政府

在汹涌澎湃的革命浪潮冲击下，清政府任命袁世凯为内阁总理大臣，以镇压革命。帝国主义国家看到清政府统治不下去了，就选中袁世凯作为它们的新工具。

英国公使拟定了南北停战、清帝退位和举袁世凯为总统三项议和条件进行"调停"。袁世凯也对湖北军政府进行政治欺骗和武力威胁，迫使革命党人进行和谈。

在革命胜利发展的形势下，宣布独立的各省派出代表举行会议，决定在南京成立中华民国临时政府，推举刚刚回国的孙中山为中华民国临时大总统。1912 年元旦，孙中山在南京宣誓就职，

武昌起义军胸章

孙中山（1866—1925），
广东香山县翠亨村人

中华民国正式成立。在短短的几个月中，南京临时政府颁布了一系列有利于资本主义发展的政策和法令。

临时政府成立后，南北和谈仍然继续进行。袁世凯用威胁利诱的方法，达到了窃取革命果实的目的。2 月 12 日，清帝退位，在中国延续二千多年的封建君主专制制度结束了。2 月 13 日，孙中山根据和谈条件和自己的誓言，宣布辞去临时大总统的职务。接着，袁世凯在北京就任临时大总统。为了限制袁世凯的权力，3 月 11 日，南京临时政府公布了孙中山领导制定的《中华民国临时约法》。《中华民国临时约法》具有资产阶级宪法的性质，给人民以一定的权利。4 月，临时政府迁往北京。

反对北洋军阀的斗争 袁世凯做临时大总统之后，逐步建立了独裁统治。1912 年，同

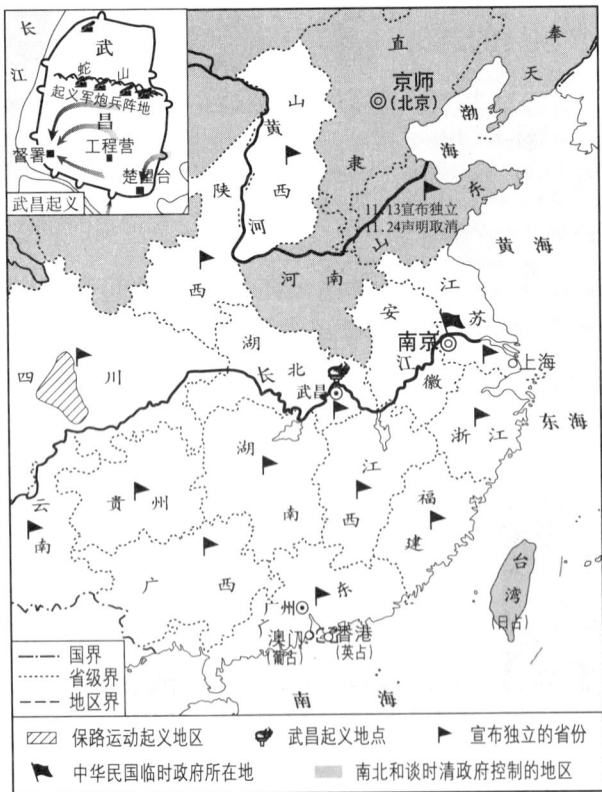

辛亥革命形势示意图

盟会主要负责人之一宋教仁，把同盟会改组成国民党，并在国会选举中积极活动。第二年，国民党在国会选举中占压倒多数，这引起了袁世凯的极大恐慌。当宋教仁准备离沪北上时，袁世凯派人在上海车站暗杀了宋教仁。接着，袁世凯又用武力在各地杀害革命党人。为了筹措镇压革命力量的军费，1913年4月，袁世凯以盐税收入作抵押，同英、俄、日、德、法五国银行团签订《善后借款合同》，出卖了国家利益。

宋教仁案件和善后大借款之后，孙中山积极发动讨伐袁世凯的斗争。袁世凯下令免去赣、皖、粤三省的国民党籍的都督，还派北洋军南下，向国民党势力进攻。7月，江西都督李烈钧在湖口宣布独立，紧接着，江苏以及广东、安徽等省也先后宣布独立。这就是"二次革命"。在袁世凯重兵镇压下，9月初，二次革命失败，孙中山被迫流亡国外。

1913年10月，袁世凯强迫国会选举他为正式大总统，随后他下令解散国民党和国会。不久，袁世凯废除《中华民国临时约法》，公布了《中华民国约法》，把总统的权力扩大到几乎和皇帝的权力一样。日本趁机以支持袁世凯做皇帝为诱饵，提出灭亡中国的"二十一条"。袁世凯急于当皇

1914年底，北洋政府在北京举行祭天活动

帝，几乎全部接受日本的条件。1915年12月，袁世凯当上"中华帝国"的皇帝，决定在1916年元旦登极，改年号为"洪宪"。

各地人民纷纷反对袁世凯称帝。孙中山发表《讨袁檄文》，声讨袁世凯的复辟活动。蔡锷、李烈钧等人，在云南起义，掀起反对袁世凯的护国运动。1916年3月，袁世凯被迫取消帝制。在各地反袁风暴不断扩大的形势下，6月，袁世凯在绝望中死去。

袁世凯死后，北洋军阀分裂为直系和皖系：冯国璋和曹锟为首的直系，段祺瑞为首的皖系。那时候，东北还有张作霖为首的奉系军阀。此外，各地还有不少大大小小的军阀，中国形成了军阀割据的局面。

黎元洪继袁世凯任总统，他任命段祺瑞为国务总理。不久，两人发生矛

盾，黎元洪免去段祺瑞的总理职务。1917 年 6 月，段祺瑞怂恿安徽督军①张勋带兵进京，迫使黎元洪出走。张勋进京后，把清朝末代皇帝爱新觉罗·溥仪扶上皇帝宝座。张勋复辟遭到了全国人民的强烈反对。段祺瑞趁机组成"讨逆军"，赶走了张勋，重新掌握了北京政权。

段祺瑞重掌北京政权以后，拒绝恢复《中华民国临时约法》和国会。1917 年 7 月，孙中山率军舰到达广州，举起护法运动大旗。接着，他在广州组成非常国会。非常国会选举孙中山为海陆军大元帅，西南军阀陆荣廷和唐继尧为元帅，成立了护法军政府。护法战争开始了。护法军在湖南、四川等地，同北洋军发生了战斗。

但是，护法军政府内部矛盾十分尖锐。拥有兵权的西南军阀与北洋军阀妥协，阻挠孙中山北伐。后来，孙中山被迫辞职，护法运动失败了。

第二节　资产阶级革命思想的广泛传播

资产阶级革命思想的广泛传播　20 世纪初，资产阶级知识分子为宣传革命思想，出版了大量书刊。在日本的中国留学生，先后创办了《国民报》《游学译编》《浙江潮》等刊物。国内的革命派也创办了《大陆》等刊物，并将上海的《苏报》改为革命派的报纸。中国同盟会成立以后，又先后出版了《醒狮》《民报》等报刊，其中以同盟会机关报《民报》的影响最大。这些报刊的创办，对于宣传资产阶级革命思想，起了积极的作用。

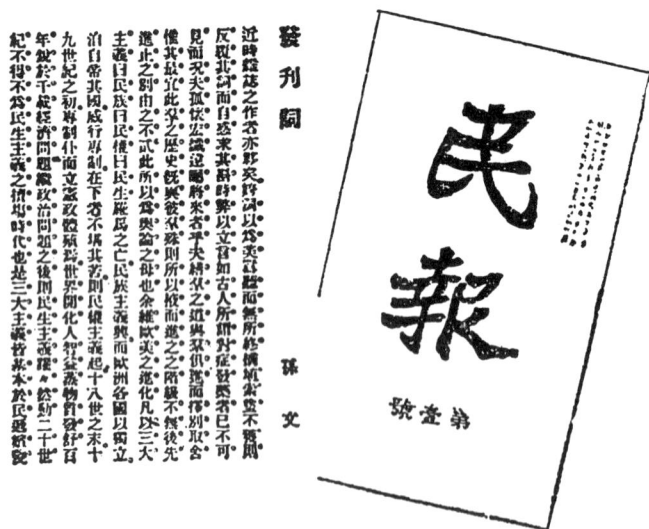

《民报》发刊词

---

① 督军，辛亥革命时期，各省设置都督，为地方最高军政长官。后来袁世凯改都督为将军，袁死后又改称督军。

这一时期，涌现了许多资产阶级革命思想家，其中著名的有章炳麟、邹容、陈天华等。

章炳麟（1869—1936），号太炎，浙江余杭人。他参加过戊戌变法的宣传活动，后来成为资产阶级革命派的思想家和活动家。章炳麟主张以武力推翻清政府，铲除封建帝制。1903年，他在上海《苏报》上发表了一篇题为《驳康有为论革命书》的文章，驳斥了康有为"只可行立宪，不可行革命"的观点。他指出，革命是"启迪民智，除旧布新"的良药，"合众共和"是不可抗拒的时代潮流。这篇文章，在当时有很大影响。

戊戌变法失败以后，康有为、梁启超等仍坚持走改良主义道路，对资产阶级民主革命高潮的到来极为恐惧。他们不断发表歌颂君主立宪、诽谤革命的文章，已成为保皇派。为批驳康有为《与南北美洲诸华商书》一文中的保皇论调，章炳麟在《驳康有为论革命书》中，针对康有为说的中国人民"公理未明，旧俗俱在"，没有进行革命资格，明确指出："公理之未明，即以革命明之；旧俗之俱在，即以革命去之。"

邹容于1902年留学日本，1903年发表了《革命军》一书。在这本书中，邹容以通俗的语言、激昂的情绪，热情歌颂革命。他号召人民起来推翻"野蛮政府"，诛杀皇帝。他指出，只有打倒清政府这个帝国主义的"奴隶总管"，中国人民才会获得民族的独立和社会的进步。他还明确提出，革命后的中国，应建立一个独立、自由的"中华共和国"，实行议会制度，制定适合中国国情的宪法和法律等。这部书，在群众中广为流传，各地翻印超过一百万册，在当时影响很大。

邹容（1885—1905），
四川巴县人

陈天华（1875—1905），
湖南新化人

陈天华于1903年留学日本，不久，写了《猛回头》和《警世钟》两书。这两本书中，作者宣传了在危亡的形势下，为救国而进行革命的道理。他指出，维新、立宪等，都是欺骗人民的，因为清政府已经成为"洋人的朝廷"，是帝国主义侵略中国的工具；因此要反对帝国主义的侵略，就必须反对清政府的反动统治。他还主张，反对帝国主义应该与盲目排外相区别。他说："须知要拒洋人，须先学外人的长处。"陈天华的著作，对唤起人民的觉醒、鼓舞革命斗志起了重要的推动作用。

在《猛回头》和《警世钟》两本书中，陈天华以通俗流畅的文字和慷慨激昂的爱国热情，阐明了民主革命的道理。书中写道："只要我人心不死，这中国万无可亡的理。"他大声疾呼"改条约，复政权，完全独立"；同时他还主张，"要学那，法兰西，改革弊政"，"要学那，美利坚，离英自立"。这两本书重印达十余次，流传很广。

孙中山的革命思想　孙中山原名孙文，号逸仙。1894 年，孙中山曾上书李鸿章，提出了"人能尽其才，地能尽其利，物能尽其用，货能畅其流"的主张，认为这是"富强"和"治国"的途径。这次上书，遭到李鸿章的拒绝，使孙中山认识到，必须用革命的手段去推翻清朝的统治。

同年 11 月，孙中山在太平洋岛屿檀香山，成立了中国第一个资产阶级革命团体兴中会，这标志着孙中山已经树立了资产阶级革命的思想。

1905 年，中国同盟会在日本东京成立。不久，在《民报》发刊词中，孙中山把同盟会纲领概括为民族、民权、民生三大主义，即三民主义。

民族主义，就是要求民族平等，反对民族压迫。民权主义，就是推翻君主专制，建立资产阶级民主共和国。民生主义，就是核定全国地价，国家通过核定后的地价征收地租税，同时逐步向地主收买土地。三民主义，是孙中山领导辛亥革命的指导思想。

孙中山认为，人类社会的历史，像自然界一样，经历了由低级向高级的几个阶段，经过"洪荒时代""神权时代""君权时代"和"民权时代"，这个进化规律是普遍的、绝对的。他认为，革命力量可能暂时比较弱小，但革命最终一定会成功；反动势力可能暂时比较强大，但最终的命运肯定是失败。在认识论上，孙中山认为：行在先，在行的基础上知，知比行难，知是为了行，行来核证知。这是一种近似于唯物主义的认识论。

资产阶级革命派同立宪派的论战　20 世纪初，当资产阶级革命派积极宣传革命的时候，康有为、梁启超等人仍旧坚持君主立宪的主张。梁启超在日本创办了《清议报》和《新民丛报》，宣传君主立宪，起着阻碍革命的作用。以孙中山为首的资产阶级革命派，对立宪派的观点进行了批判。双方的分歧，主要有三个方面。

第一，要不要推翻清朝政府。立宪派认为，清朝"圣德仁政"，不应反对。若进行革命，则内将导致暴乱，外会引起列强干涉，将有亡国的危险。革命派指出，清政府是"洋人的朝廷"，只有推翻它，才能拯救中国。革命不仅是破坏，它必将带来大建设，必将阻止帝国主义的侵略。

第二，要不要建立资产阶级共和国。立宪派认为，中国人民智力低下，没有革命的能力，甚至胡说在中国民智未开的情况下，普通百姓根本不具备国民的资格。他们认为，当时连君主立宪的时机也未成熟，只能实行开明专制。革命派反驳说，这是向清政府乞求恩赐。他们认为，民权思想和自由、平等的原则，与封建统治秩序，像水火那样不能相容，革命的前途只有一个，就是推翻封建帝制，建立资产阶级共和国。

第三，要不要改变中国的封建土地所有制。立宪派认为，地主占有土地收取地租，是他们世代勤劳的结果，是完全合理的。废除封建土地所有制，就会使社会经济发展出现停滞，会导致农民造反夺田。革命派认为，地主依靠土地徒手坐食，对生产不利，实行土地国有政策，可以使社会生产事业迅速发展。

经过这场论战，革命派的思想得到传播，使不少资产阶级、小资产阶级站到革命派一边来。

第三节　文学和史学

小说　20 世纪初期，小说界出现了繁盛的局面。十多年的时间里，出版的小说有上千种，专门刊登小说的文艺刊物有三十多种。这时的小说，有的以揭露现实为主，这部分小说被称为"谴责小说"。其中，比较著名的有以下几部：

《官场现形记》，作者李宝嘉，字伯元。他在这部书中，描写了清政府从中央到地方各种官场人物的钻营、欺诈、贿赂、倾轧、宿娼等各种丑恶现象。书中暴露了清政府的黑暗统治和它勾结帝国主义的罪行，也描述了广大人民在重重压迫下的痛苦生活。

《二十年目睹之怪现状》，作者吴沃尧，字趼人。小说以一个"九死一生者"的经历为线索，运用尖刻、泼辣的讽刺手法，记述了 20 年中的种种现象。作者把各种官府人员、社会渣滓，比作豺狼虎豹、魑魅魍魉，揭露了清朝官吏的贪污腐化和对人民敲诈勒索的事实。

《老残游记》，作者刘鹗，字铁云。小说通过一个号叫老残的江湖医生在山东一带的见闻，以两个虚拟酷吏的虐政为中心，集中描写了晚清官吏的残暴，暴露了清朝统治的黑暗。这部小说语言简练生动，对于山川景物、人物音容笑貌的描写，都有独到之处。

《孽海花》，作者曾朴，字孟朴。这部小说以外交官金雯青和妓女傅彩云的恋爱故事为线索，描写了甲午中日战争前后三十年间，中国上层社会各种人物的活动，暴露了官场中的各种黑暗现象。在书中，作者对革命党人给予同情，对维新派加以赞扬，对科举制度进行了抨击。

这一时期的翻译小说逐渐多起来，其中以林纾的成就较大。林纾，字琴南，福建闽侯人。他翻译的作品有一百多种，包括英、法、美、俄、日等十多个国家的著名作家莎士比亚、大仲马、小仲马、巴尔扎克、托尔斯泰等人的著作。其中著名的有《茶花女遗事》[①]《黑奴吁天录》[②]《块肉余生述》[③]《撒克逊劫后英雄略》[④] 等。

林纾是晚清举人，曾任教于京师大学堂。他不懂外文，靠别人口译，记录下来以后整理成书。他翻译的小说，采用中国传统的文言文，但又尽可能保持原著的风格情调。林纾下笔极快，译者刚刚住口，他就能停笔，每天工作 4 个小时，译文可达到 6000 字。他往往是不加修改，脱手成篇。经过林纾的润色，不少小说又有了新的特点，在人物、景色等描写上，栩栩如生，别具风采。

诗歌和戏剧　辛亥革命前后，在资产阶级革命派中，涌现了不少诗人。

著名女诗人秋瑾的诗词充满爱国激情。她在一首诗中写道：

秋瑾（1875—1907），
浙江绍兴人

几番回首京华望，亡国悲歌泪涕多。
北上联军八国众，把我江山又赠送。
⋯⋯
⋯⋯
愿从兹以天地为炉、阴阳为炭兮，铁聚六洲。
铸造出千柄万柄宝刀兮，澄清神州。
⋯⋯
一洗数千数百年国史之奇羞！

---

① 法国小仲马著。
② 美国斯托夫人著，今译《汤姆叔叔的小屋》。
③ 英国狄更斯著，今译《大卫·科波菲尔》。
④ 英国斯各特著，今译《艾凡赫》。

诗中表达了秋瑾强烈的民族义愤和报国之志。秋瑾反对封建制度对妇女的压迫，她喜身穿男装。她在诗中曾写道"休言女子非英物""漫云女子不英雄"，表达了妇女解放的意愿。

秋瑾，字璿卿，号竞雄，别署鉴湖女侠。1904年4月，她赴日本留学，参加反清革命活动，1905年回国，加入光复会。1905年再次赴日加入同盟会，被推为同盟会评议部评议员和浙江省主盟人。1906年回国后，主持大通学堂，与徐锡麟分头准备皖浙起义。起义未成而被捕。在审讯中，秋瑾坚贞不屈，仅书"秋风秋雨愁煞人"七字，并说："革命党人不怕死，欲杀便杀。"就义前，她在"绝笔书"中写道："虽死犹生，牺牲尽我责任；即此永别，风潮取彼头颅。"

辛亥革命前，一些资产阶级革命派诗人在苏州成立了一个文学团体，取名"南社"。南社诗人，以鼓吹革命为宗旨。南社的初期参加者，多数是同盟会会员，其中著名的诗人有陈去病、柳亚子、苏曼殊等。他们的诗词，歌颂了祖国的大好河山，斥责了清政府的卖国政策，表达了革命的要求。辛亥革命以后，南社发展很快，人员逐渐混杂，诗歌的思想性也就差了。

在民族危机不断加深的情况下，京剧界有了新的发展。不少演员在传统戏剧的基础上，融进了新的内容，用以表达爱国热情，并对时政给以讽刺。著名老生演员爱国艺人汪笑侬，是利用京剧宣传爱国思想的代表。汪笑侬中过举人，博学多才，不仅能演戏，还编了不少思想性较强的剧本。《哭祖庙》是汪笑侬的代表作之一。剧中描写了三国时蜀汉将亡时，后主刘禅准备投降曹魏，后主之子刘谌力谏，后主不听，刘谌到祖庙中痛哭，自刎殉节的故事。汪笑侬通过刘谌之口，喊出："自古以来哪有将大好的江山，白送人家的道理！"这是对时政所发的议论，是对清朝卖国政策的谴责。这个戏不仅思想性较强，而且艺术性也较高。刘谌在祖庙中哭诉一场，一段长达几十句的唱词，一气呵成，较好地表达了主人公的思想感情。汪派艺术，在京剧界占有一定地位，特别是在江南影响较大。

20世纪初，我国的话剧开始产生。1906年，在日本的一些中国留学生成立春柳社，演出他们自己改编的话剧《黑奴吁天录》。剧本突出了民族意识，配合了当时的政治形势。不久，在上海又成立了春阳社和进化团等话剧团体。话剧在当时被称作"新剧"或"文明戏"。话剧的形式新颖，语言通俗，博得观众好评。在北洋军阀统治时期，话剧暂时消沉下去，到"五四"运动以后，又发展起来。

史学　清朝制度规定，皇帝死后，成立实录馆，编修本朝实录。到 1909 年，从努尔哈赤到光绪为止的 11 朝《清实录》编纂完成，共 1220 册①。《清实录》只有五份手抄本，存在皇宫，所以有些人又从《清实录》和内阁档案中摘抄史料，按时间顺序编成《东华录》，共计八百多卷。《清实录》和《东华录》，对研究清朝历史有重要价值。

这一时期，考古方面有了重大发现。19 世纪末，有人在河南安阳县小屯村②附近，发现许多刻有特殊符号的骨片和龟甲片，这些骨片被当作治疗刀伤的中药"龙骨"。后来，经人确认，骨片上面刻的符号是一种古代文字。1903 年，小说《老残游记》的作者刘鹗，精选了一千余片甲骨片，出版了关于甲骨拓片的书籍《铁云藏龟》。第二年，经人考证，这是商代的文字，称"甲骨文"。辛亥革命以后，历史和古文字学家王国维等对甲骨文进行了研究，并首先应用于研究商代历史，证实了司马迁《史记·殷本纪》的可信性。这就为以后研究甲骨文和通过甲骨文了解商朝的历史，奠定了基础。

王国维，字静安，浙江海宁人。他在自然科学和社会科学的不少方面都有贡献。他写的《红楼梦评论》，是文学评论的一部佳作。他开创性地研究了封建社会无人过问的宋元杂剧，写了《宋元戏曲考》。他在考古学和古代史料的研究上，都有很深的造诣。王国维通过对甲骨文的识别和研究，获得了商朝历史的大量文字史料。王国维提出，对历史的研究要有双重证据，一要依据古代历史典籍，二要依据出土文物。他运用这种"二重证据法"，对商周历史的研究作出了重要贡献。

《宋元戏曲考》书影

那时候，还出现了一些资产阶级史学家，代表人物是梁启超。梁启超学识渊博，思维敏捷，写了许多史学著作，其中比较著名的有《清代学术概论》《中国近三百年学术史》等。他对先秦诸子思想、佛教等，都较有研究。梁启超写的《中国历史研究法》一书，较系统地阐述了他的史学观点。他认为，中国封建社会的历史，是为当权者服务的，不过是封建帝王的家谱，因此，要一改过去的史学研究方法，使历史成为为"国民"服务的工

---

① 皇帝死后才能编实录，所以宣统朝的史料被编成《宣统政纪》，没有列入实录。

② 1928 年开始在这里大规模发掘，发现大量文物和宫殿、墓葬，经确认是商代盘庚迁殷后的都城，被称为"殷墟"。

具，为现实服务。他还主张，研究历史，要对史料加以考证，避免谬误，要杜绝主观成见，必须进行客观的分析。梁启超还主张，研究历史，首先要讲究史德，其次才能谈到学识和才能。他的史学思想和史学著作，在中国近代有相当大的影响。

第四节　科技教育的发展和
新文化运动

詹天佑和冯如　20世纪初，中国的封建统治十分黑暗，帝国主义进一步加紧了对清政府的控制。在这种情况下，一些爱国科学家、工程师，发愤图强，刻苦钻研，在科学研究上取得一些成就。詹天佑和冯如，就是他们的代表。

詹天佑是我国近代第一批公派留学生，毕业于美国耶鲁大学，回国后在福州船政学堂任职。中法战争期间，他参加了马尾海战，在抗击法国侵略者的斗争中，表现十分英勇。进入20世纪，詹天佑致力于我国的铁路建设事业，作出了卓越贡献。

1888年，詹天佑被李鸿章聘到天津铁路公司任工程师。他仅用80天，就指挥完成了从塘沽到天津的铺轨工程，并设计和督建了日本、德国工程师不能

詹天佑（1861—1919），
广东南海人

完成的滦河大桥。1905年，清政府修建京张铁路，任命詹天佑为总工程师。这条路线，从南口到八达岭一段，坡度大，弯道多，工程十分困难。詹天佑带领技术人员和施工人员，艰苦奋斗四年的时间，终于使这条外国人认为中国根本不可能修通的铁路胜利竣工。其中，闻名的八达岭隧道，全长1091米，在通风和设备条件都十分困难的情况下，凿通这个

京张铁路"人"字形路轨

隧道，是一个奇迹。为解决坡度过大的问题，詹天佑还在青龙桥设计了一个"人"字形路轨，减缓了坡度，使列车能安全顺利地通过这一地段。京张铁路，是中国人自己设计、自己建造的第一条铁路干线。

冯如，广东恩平人。他少年时，在美国做过苦工。他利用晚上的时间学习英文和科技知识。在祖国受到列强蹂躏的时刻，冯如产生了"航空救国"的思想。他认为，如果建立起一支强大的空中部队，将足以慑服一切强敌。他在旅美华侨中筹集了一批资金，在美国租了一间厂房，边钻研，边设计，于1909年制成了一架试验性飞机，飞行距离超过了世界第一架飞机的首飞纪录。1910年，他又制成一架更高水平的飞机，参加了国际比赛，飞行高度230多米，飞行距离30多千米，折合时速104千米，获得比赛第一名。辛亥革命时，他拒绝美国的高薪招聘，带着飞机回国参加了广东革命军，任飞机长。为普及航空知识，唤起人们对航空事业的重视，1912年8月，冯如在广州郊区做飞行表演，不幸飞机失事遇难。牺牲时，他才29岁。

冯如和他制造的飞机

新教育制度的确立　19世纪末期，在中国出现了一批新式学堂，如维新派办的时务学堂，洋务派官僚办的西学学堂①、南洋公学②，还有戊戌变法时期创办的中国第一座官办高等学校京师大学堂。1902年，京师大学堂又增设了预备科和师范馆③。

---

① 西学学堂，1895年在天津创办。1903年改为北洋大学堂，解放后改称天津大学。
② 南洋公学，1897年在上海创办，是上海交通大学前身。
③ 师范馆，北京师范大学前身。

京师大学堂开设于 1898 年，是戊戌变法的新政措施之一，是中国近代第一所体制完备，由政府办的大学。校址选在景山东门以东的乾隆和嘉公主府旧址，首任管学大臣是曾担任光绪帝师傅的吏部尚书孙家鼐。戊戌变法后，大学依旧保留。1900 年八国联军攻入北京，大学堂也遭到破坏。1902 年，大学堂恢复，京师同文馆同年并入。1910 年，京师大学堂已发展为设有经、法、文、格致、农、工、商共七科的高等学校。1912 年，京师大学堂更名为北京大学。

20 世纪初，一些知识分子呼吁教育改革，一些洋务派官僚也上书奏请废除科举。1905 年 9 月，清政府颁布上谕，决定所有中央地方各类科举考试，一律停止，并命地方设立新式学堂。在中国延续了一千三百多年的封建科举考试制度，被彻底地废除了。同一年，清政府还成立了学部，管理新式学堂的教育。新式学堂中，既有普通教育学堂，也有师范教育和实业教育学堂①。到辛亥革命以前，各地已出现了从幼儿园到高等学校的一批新式学堂，其中还有女子学堂。学习的科目，除经学、汉语、历史外，还学习自然科学，并增设了体育、图画等课程。

辛亥革命以后，资产阶级教育家蔡元培任南京临时政府教育总长。蔡元培原是清朝翰林②，后留学德国，研究哲学、文学、美学、心理学等。他担任教育总长以后，颁布了不少教育法令，对清末的教育制度进行了一些改革：禁止体罚学生，禁用清政府颁行的教科书，所有教科书必须合于民主共和的宗旨，学堂一律改称学校，废止小学读经等。他还批判了清朝教育宗旨中忠君、尊孔的内容，主张对学生加强实利主义、美育、世界观和道德等方面的教育。

北洋军阀政府统治时期，袁世凯主张学校要尊孔读经，在教育领域掀起了复古逆流。

新文化运动　在北洋军阀掀起的复古逆流中，一批先进的知识分子，大力宣传资产阶级文化。1915 年 9 月，陈独秀在上海创办了《青年杂志》。他在《敬告青年》一文中，号召青年摆脱奴隶、保守、闭塞的思想，树立民主、进步、科学的精神。《青年杂志》的

陈独秀（1879—1942），
安徽怀宁人

---

①　实业教育学堂相当于现在的专科教育和职业教育学校。

②　清朝殿试后，选一部分新取进士进翰林院（编修国史、草拟有关典礼文件的官署）任职，称"点翰林"。翰林学习三年后，或留在翰林院升任高一级官员，或被任命担任翰林院外的其他官职。

创刊，标志着新文化运动的兴起。

陈独秀在《敬告青年》一文中，向青年提出六项希望，即"自由的而非奴隶的""进步的而非保守的""进取的而非退隐的""世界的而非锁国的""实利的而非虚文的""科学的而非想象的"。"五四"时代的思想潮流——民主与科学，实际上都包括在这里了。

第二年，《青年杂志》改名为《新青年》，并将编辑部迁到北京。从此，先进的知识分子以《新青年》为主要阵地，猛烈攻击中国传统的旧文化、旧思想，宣传西方资产阶级学说为主的新文化、新思想。在《新青年》上经常发表文章的还有李大钊、鲁迅、胡适等。

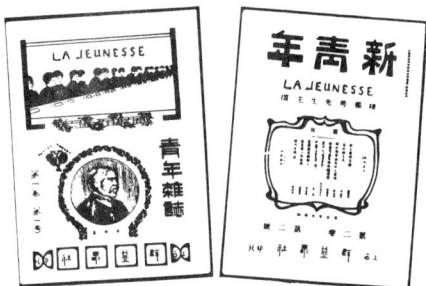

《青年杂志》和《新青年》封面

新文化运动提倡民主与科学，反对专制和愚昧、迷信。这也是新文化运动的口号，由陈独秀首先提出。他认为中国经历了几千年的封建统治，从来没有民主与科学，要使中国成为真正的民主共和国，必须用民主取代专制，用科学扫荡封建迷信。中国要富强，也必须提倡民主与科学。陈独秀发表一系列文章，批判儒家的"三纲五常"和忠、孝、节、义等封建道德，指出，这些与民主政治势不两立，只能"存其一必废其一"。针对北洋军阀政府掀起的尊孔复古逆流，新文化运动提出"打倒孔家店"的口号。在《新青年》杂志上，几乎每一期都要介绍世界著名科学家及其科研成果。

新文化运动提倡新道德，反对旧道德。旧道德是指以孔子为代表的儒家传统道德。李大钊指出"民与君不两立，自由与专制不并存"，呼吁打倒专制制度，实现政治民主。新文化运动的倡导者还反对歧视妇女，提倡男女平等。

新文化运动提倡新文学，反对旧文学。1917年，胡适发表《文学改良刍议》，提出写文章要讲求文法，要言之有物，主张以白话文代替文言文。陈独秀发表了《文学革命论》，要求文学从形式到内容都要进行改革。1918年，《新青年》改为白话文，使用新式标点。同年夏，鲁迅发表白话小说《狂人日记》，猛烈

李大钊（1889—1927），河北乐亭人

抨击了封建道德。

1917年，蔡元培任北京大学校长，他采取"兼容并包，思想自由"的方针，积极支持学术自由和学派争论，宣传新文化运动。他聘请陈独秀、李大钊、鲁迅、胡适等人到北京大学任教，使北京大学成为新文化运动的中心。

新文化运动前，北京大学缺乏学术研究风气，学生中不少人以上大学为升官发财的阶梯。蔡元培担任校长以后，锐意改革。他认为："北大者，为囊括大典，包罗万众之最高学府"，"无论何种学派，苟其言之成理，持之有故，尚不达自然淘汰之命运，即使彼此相反，也听他们自由发展。"当然，他的"思想自由"，是让新思想能在北大得以传播；他的"兼容并包"，是鼓励新文化的倡导者去占领封建文化的阵地。这样，北京大学成为当时思想活跃、学术兴盛的最高学府，培养造就了一批新文化运动的战士。

鲁迅（1881—1936），
浙江绍兴人

第五章 "五四"运动和国民革命时期的政治概况和文化

第一次世界大战期间,欧美主要帝国主义国家,都投入到大规模的掠夺战争中。在列宁领导下,俄国爆发了十月社会主义革命,建立了社会主义国家。它给世界被压迫民族和被压迫人民指出了光明的道路。

中国经历辛亥革命之后,仍然处在封建军阀统治下的半殖民地半封建社会。俄国十月革命给中国送来了马克思主义。先进的中国人为振兴中华,改造黑暗的旧中国,又开始探索新的道路。

第一次世界大战结束以后,英美等帝国主义国家再次企图瓜分世界。巴黎分赃会议激起中国人民的愤怒,反帝反封建的"五四"运动爆发了。1921年,伟大的中国共产党诞生了。从此,中国近代历史进入新民主主义革命时期。

1924年,国共合作以后,领导了反帝反封建的国民革命运动。后来,国民党右派叛变革命,轰轰烈烈的国民革命失败了。

第一节 政治概况

"五四"爱国运动 1919年5月4日,北京学生三千多人为反对巴黎和会关于山东问题的无理决定,到天安门前集合,举行示威游行,要求废除"二十一条",收回青岛;要求政府拒绝在巴黎和约上签字;要求惩办卖国贼曹汝霖、陆宗舆、章宗祥。游行队伍到赵家楼胡同以后,放火烧了曹汝霖的住宅。北洋军阀政府派兵镇压,捕去学生32人。北京学生的反帝爱国斗争,得到全国人民的支持,特别是得到工人阶级的同情和支持,商人也参加了罢市。6月5日,上海工人阶级举行罢工,接着北京、唐山等地工人也参加罢工斗争。工人阶级参加罢工斗争,使北洋军阀政府十分恐慌,立即释放被捕学生,下令罢免罢免曹汝霖、陆宗舆、章宗祥的"国内专电"

曹汝霖等三个卖国贼的职务。在全国人民的压力下，出席巴黎和会的中国代表被迫拒绝在和约上签字。"五四"爱国运动取得了初步的胜利。

中国共产党的成立 "五四"运动中，一批先进知识分子，看到工人阶级的巨大力量，他们深入到工人中去，向工人宣传马克思主义，促使马克思主义与中国工人运动相结合。1920年，在共产国际帮助下，陈独秀、李大钊、毛泽东等先后在上海、北京、长沙等地建立了共产党早期组织。1921年7月，各地共产党早期组织选派代表在上海举行中国共产党第一次全国代表大会，宣告中国共产党成立。1922年，中国共产党举行第二次全国代表大会，第一次向全国人民提出了反帝反封建的民主革命纲领。中国共产党的成立，是中国历史上开天辟地的一件大事。自从有了中国共产党，中国革命的面貌为之一新。

中国共产党成立后，领导人民开展反对帝国主义和反对北洋军阀统治的斗争。当时，党的中心任务是领导工人运动。在党的领导下，以1922年1月香港海员罢工为起点，掀起了全国第一次工人运动高潮，到1923年2月京汉铁路工人罢工为止，全国罢工达一百多次。京汉铁路工人大罢工，在北洋军阀的血腥镇压下失败了。许多工会被破坏，工人运动暂时处于低潮。

中国共产党从这一时期的工人运动中开始认识到：要战胜力量比自己强大、手里又有反动武装的敌人，单靠工人阶级赤手空拳去奋斗，是不能获得胜利的；必须联合

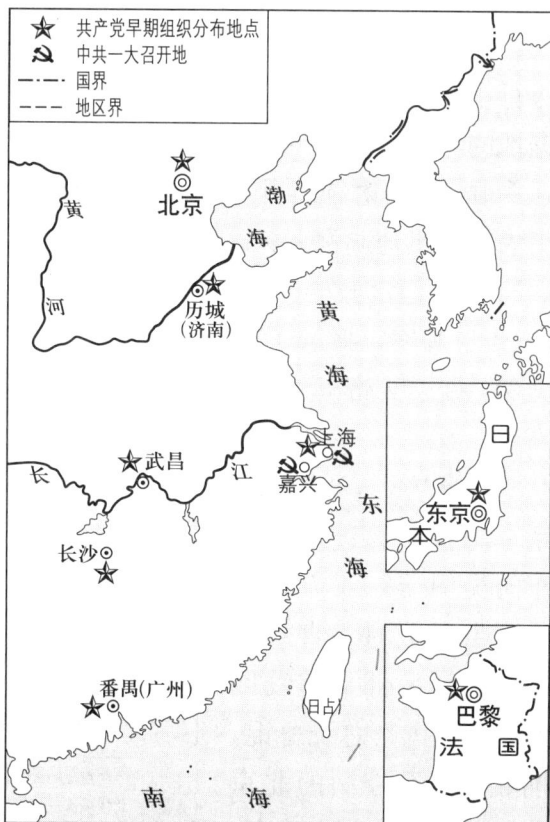

中国共产党成立示意图

各阶级的革命力量，开展武装斗争。于是，党着手进行建立革命统一战线的工作。

第一次国共合作　那时候，孙中山在领导反对北洋军阀统治的斗争中屡遭失败，正在寻找一条新的革命道路。1923 年，中国共产党召开第三次全国代表大会，决定与孙中山领导的国民党合作，建立革命统一战线。孙中山接受共产国际和苏联的帮助，愿意同中国共产党合作，决定改组国民党。

1924 年 1 月，在中国共产党帮助下，孙中山在广州召开了中国国民党第一次全国代表大会。大会接受了中国共产党反帝反封建的革命主张，孙中山在会上重新解释了三民主义，将旧三民主义发展为新三民主义。这就实际上确定了"联俄、联共、扶助农工"的三大政策。大会同意接收共产党员以个人名义加入国民党。国民党的新三民主义的基本原则，与中国共产党的民主革命纲领的若干原则基本一致。这样，国共两党实现了第一次合作。改组后的国民党成为工人、农民、城市小资产阶级和民族资产阶级的革命联盟。

国民政府领导北伐战争　国共合作以后，广东革命政府创办了黄埔军官学校，建立了革命武装，进行了巩固广东革命根据地的斗争。与此同时，在中国共产党领导下，工农运动迅速高涨起来。1925 年，上海发生了"五卅"惨案，掀起了全国第一次反帝运动的高潮。

在北方，1924 年奉系军阀张作霖进攻直系军阀吴佩孚，双方在冀东一带激战时，直系将领冯玉祥率部从前线回到北京，囚禁总统曹锟，推翻了直系控制的北京政权。这就是北京政变。冯玉祥发动北京政变后，

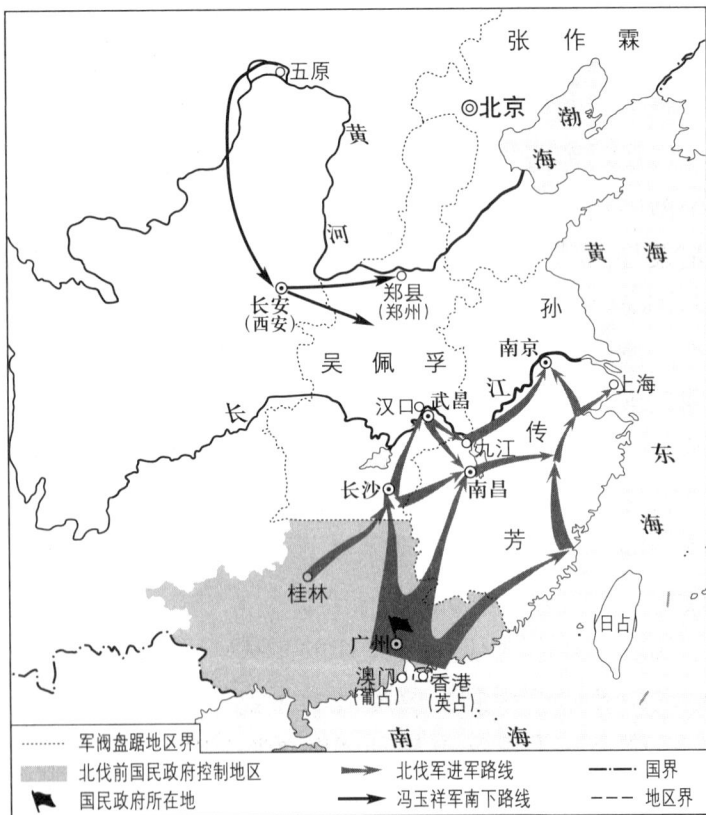

北伐战争形势示意图

把部队改编为国民军，自任总司令；还邀请孙中山北上，商议和平统一中国问题。为争取国内和平统一，孙中山北上，并发表北上宣言。宣言提出对内要打倒军阀，召开国民会议；对外要推倒帝国主义，废除不平等条约。孙中山到达北京时，北京政权已落到段祺瑞手里。冯玉祥被排挤出北京。段祺瑞与帝国主义勾结，反对召开国民会议。孙中山与段祺瑞进行了斗争。孙中山因肝癌病发，于1925年3月逝世。北方仍在北洋军阀统治下。

为了彻底消灭北洋军阀，实现国家统一，1926年7月，国民政府决定北伐。7月，国民革命军正式从广东出师北伐。中国共产党发动工农群众支援北伐战争。在工农群众的大力支援下，北伐军胜利进军。10月，北伐军攻克湖北武昌，消灭了直系军阀吴佩孚的主力。不久，攻克江西南昌，消灭军阀孙传芳的主力。1927年3月，在周恩来等领导下，上海工人第三次武装起义获得了胜利。接着，北伐军占领江苏南京。这样，在半年多的时间内，北伐军占领了湖南、湖北、江西、安徽、江苏、浙江等省，工农运动也蓬勃发展起来，革命势力从珠江流域发展到长江流域。1927年1月，国民党中央、国民政府从广州迁到武汉，武汉成为革命运动的中心。

当北伐军在湖北战场激战的时候，冯玉祥在绥远五原誓师，宣布参加国民革命，任国民军联军总司令。为配合国民军北伐，他率领部队南下，进军河南。

国民党右派叛变革命和国民革命的失败 在革命形势胜利发展时，革命统一战线内部产生了国民党右派向革命派争夺领导权的斗争。国民党右派反对国共合作，反对孙中山的三大革命政策。孙中山逝世后，他们在北京西山开会，企图分裂统一战线。以蒋介石为代表的国民党新右派，通过制造"中山舰事件""整理党务案"等与共产党争夺革命领导权。在对待国民党右派争夺领导权等问题上，共产党内出现了以陈独秀为代表的右倾投降主义错误。陈独秀拒绝毛泽东、周恩来等人的正确意见，对国民党右派的进攻，妥协、退让，使蒋介石夺取了国民党、国民政府和国民革命军的最高领导权。在帝国主义和江浙财阀的支持下，1927年4月12日，蒋介石在上海公开叛变革命，大肆屠杀共产党人和革命群众。这就是"四一二"反革命政变。接着，蒋介石在南京建立了代表大地主大资产阶级利益的国民政府，与武汉的国民政府相对抗。蒋介石成为帝国主义和大地主大资产阶级利益的代表。

蒋介石叛变革命以后，共产党人周恩来等主张武汉国民政府先东征讨伐蒋介石，然后继续北伐，消灭北方军阀势力。武汉国民政府却决定先北伐，后东征讨蒋。1927年4月，第二期北伐开始。北伐军向河南进军。贺龙的部队英勇作战，攻破了奉军的防线。6月，北伐军在郑州与冯玉祥的部队会师。与此同时，蒋介石也打着北伐旗号，沿津浦路北上，占领徐州。奉军北撤。

这时，武汉国民政府汪精卫集团准备叛变革命。他们在郑州与冯玉祥开会，决定镇压革命。接着，冯玉祥去徐州，参加蒋介石召开的徐州会议。徐州会议以后，蒋汪合流，共同反对革命力量。

毛泽东、蔡和森等看到汪精卫集团即将叛变革命，主张组织革命武装，以备万一。但陈独秀坚持右倾投降主义错误，放弃革命领导权。7月15日，汪精卫集团不顾国民党左派宋庆龄等人的坚决反对，发动了反革命政变，在"宁可枉杀千人，不可使一人漏网"的反革命口号下，肆意屠杀共产党员和革命群众。第一次国共合作全面破裂，轰轰烈烈的国民革命失败了。

第一次国共合作发动的国民革命风暴，席卷了中国大地，它基本上推翻了北洋军阀的反动统治，给帝国主义和封建势力以沉重打击。它使广大人民受到了一次普遍的革命洗礼。中国共产党在群众中的影响扩大了，共产党开始掌握了一部分军队。这些都成为中国革命继续前进的起点。

这次革命失败的原因有：客观上，帝国主义和封建势力的联合力量大大超过了革命力量，国民党右派背信弃义叛变了革命；主观上，幼年的中国共产党缺乏理论修养和实践经验，以陈独秀为代表的中共中央和共产国际代表犯了右倾投降主义错误，放弃了对革命和武装的领导权。惨痛的教训，使共产党认识到，要领导人民取得革命的胜利，就必须坚持无产阶级对革命的领导权，必须掌握革命的武装，坚持武装斗争。

第二节　马克思主义的传播

马克思主义的传播　俄国十月社会主义革命以后，马克思主义在中国传播开来。一批新文化运动的领导人李大钊、陈独秀等，一边学习、研究马克思主义，一边开始在中国传播马克思主义。

"五四"运动，既是爱国运动，又是新文化运动。那时，马克思主义的传播，不仅为新文化运动增添了新的内容，而且成为新文化运动的主流，它把新文化运动推向一个新的阶段。

在中国传播马克思主义的先驱是李大钊。1918年，李大钊在《新青年》杂志上发表了《庶民的胜利》和《布尔什维主义的胜利》两篇文章，热烈歌颂俄国十月社会主义革命。他说：十月革命的胜利，"是世界劳工阶级的胜利"，

李大钊创办的《每周评论》。这是《每周评论》第29期刊登的《俄国的土地法》

"是二十世纪世界革命的新信条","由今以后,到处所见的,都是布尔什维主义战胜的旗。到处所闻的,都是布尔什维主义的凯歌的声。人道的警钟响了!自由的曙光现了!试看将来的环球,必是赤旗的世界!"为了扩大马克思主义的宣传,李大钊等还在北京创办了《每周评论》。1919年4月,《每周评论》刊登了《共产党宣言》的一段译文。

1919年,李大钊在《新青年》"马克思主义研究专号"上发表了《我的马克思主义观》一文,他全面地介绍了马克思主义学说,即马克思主义的唯物史观、政治经济学和科学社会主义。他说,这三部分理论是不可分的。此后,李大钊在与反马克思主义派别论战中,还发表了《物质变动与道德变动》《马克思主义的历史哲学》等许多宣传马克思主义的文章。这时期在宣传马克思主义方面,李大钊的功绩

1919年《新青年》第六卷第五号发表李大钊的《我的马克思主义观》一文。这是这期《新青年》的封面和刊载的李大钊的文章

最大，杨匏（páo）安①、李达、陈独秀、毛泽东、周恩来、瞿秋白等也作出了重大贡献。

马克思主义是崭新的革命理论，许多进步知识分子对它产生了极大的兴趣。因此，这时期，各地出现了不少研究、讨论马克思主义的社团组织。这些组织在宣传马克思主义方面发挥了重要作用。这时期，宣传马克思主义和社会主义的刊物也大量涌现。各地共产主义小组创办的刊物，用通俗易懂的语言，向工人宣传马克思主义，促使马克思主义与工人运动相结合。

各地研究马克思主义的团体

地区	研究马克思主义的团体	负责人
北京	马克思学说研究会	李大钊
上海	马克思主义研究会	陈独秀
长沙	俄罗斯研究会	毛泽东
济南	马克思主义学说研究会	王尽美

除原有的《新青年》《每周评论》外，比较著名的报刊有上海的《民国日报》副刊《觉悟》，上海共产主义小组创办的《共产党》月刊，湖北的《武汉星期评论》，北京的《晨报》副刊、《少年中国》，天津的《觉悟》，长沙的《湘江评论》，等等。全国有数百种之多。

一些报纸、杂志专门开辟了宣传马克思主义和社会主义的专栏。《新青年》设"俄罗斯研究"专栏，

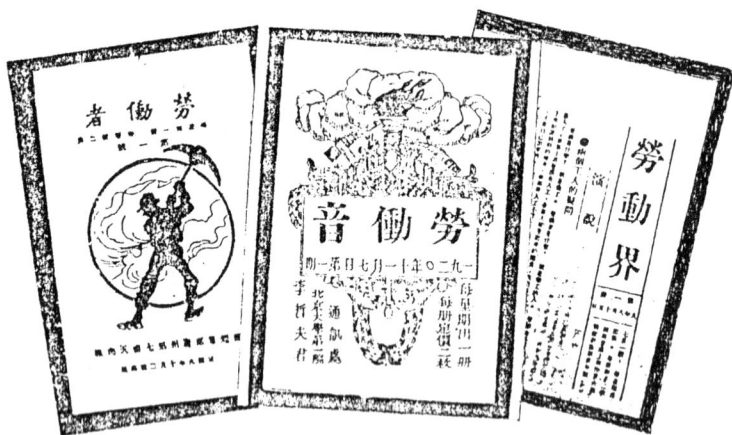

北京共产主义小组创办的《劳动音》、上海共产主义小组创办的《劳动界》和广州共产主义小组创办的《劳动者》封面

① 杨匏安（1896—1931），广东香山县（今中山市）人。1919年11月，杨匏安在《广东中华新报》上发表《马克思主义——一种科学的社会主义》一文，对马克思主义产生的历史和马克思学说的各个组成部分都作了系统的介绍，称得上是《我的马克思主义观》的姊妹篇。他是华南地区宣传马克思主义的代表。

《晨报》副刊设了"马克思研究"专栏。这时，销售马克思主义书籍和刊物的文化单位也很多，长沙有毛泽东领导的文化书社，武汉有恽代英领导的利群书社，北京有北京大学出版部等。长沙文化书社与六七十家报社、杂志社建立关系，在省内外广设分社，在一些学校设有推销员。他们销售《马克思资本论入门》《社会主义史》等二百多种书籍，四十多种杂志。

马克思主义与反马克思主义的争论　随着马克思主义的传入，一些反马克思主义的思潮也流入中国，引起了马克思主义与反马克思主义的三次论战。

首先是与胡适的资产阶级改良主义的争论。1919 年 7 月，胡适在《每周评论》上发表《多研究些问题，少谈些"主义"》的文章。他说空谈主义是很容易的事，是很危险的；少谈些主义，多研究些具体问题。他反对用革命手段来根本解决中国问题，主张一点一滴来改造。同年 8 月，李大钊针对胡适的改良主义谬论，发表了《再论问题与主义》一文。他说：问题与主义是不能分离的，我们的社会运动一方面要研究问题，一方面要宣传理想主义；他是喜欢谈谈布尔什维主义的；主义本身没有危险，危险是空谈的人给它的。李大钊说中国必须有一个根本解决，才有把一个个具体问题都解决了的希望。

此后，胡适又发表了《三论问题与主义》和《四论问题与主义》，为自己的观点进行辩护。正当问题与主义展开争论的时候，《每周评论》被反动政府查封了。后来这场争论在《新青年》上继续展开。问题与主义之争，表明新文化运动内部开始分化。在争论中，大部分人站到了李大钊一边。

第二是与张东荪、梁启超等人的假社会主义的争论。1920 年 11 月，梁启超、张东荪等人发表文章，一方面虚伪地承认"资本主义必倒，社会主义必兴"；一方面又宣扬中国实业不发达，先发展资本主义，后实行社会主义，说什么社会主义不适合中国国情。中国的国情是太"贫困"，中国当务之急，就是发展资本主义。他们实际上反对在中国进行社会主义革命，建立无产阶级专政。陈独秀在《新青年》上开辟"关于社会主义的讨论"专栏，对假社会主义的谬论进行了批判。马克思主义者指出，中国与欧美、日本不同的地方，只是工业发达的先后和发展的程度不同，"而社会主义运动的根本原则，却无有不同"。马克思主义的核心就是阶级斗争、无产阶级专政，就是无产阶级夺取国家权力，夺取资产阶级一切资本，把一切生产工具集中到无产阶级国家手里。

第三是与无政府主义的争论。1920 年前后，无政府主义的代表是黄凌霜、区声白等人。他们主张个人绝对自由，反对一切国家、一切强权和任何组织、纪律的约束。他们宣称：既反对资产阶级专政的"现在国家"，尤其反对无产阶级专政的"未来的国家"。因此，他们大肆攻击马克思主义关于无产阶级专政的学说。他们要求立即废除一切国家、一切权威，立即实行绝对自由的"无政府共产主义"。

那时候，无政府主义思潮相当流行，宣传无政府主义的刊物有几十种。刘少奇说："在起初各派社会主义的思潮中，无政府主义是占着优势的。马克思主义的拥护者到处都与无政府主义的拥护者争论着，斗争着。马克思主义直至在各方面克服无政府主义以后，并与中国的工人运动、人民反帝运动结合以后，才成为中国政治生活中一个雄伟的力量。"

马克思主义者对无政府主义者进行严肃批判。他们指出无产阶级要推翻资产阶级压迫，必须用革命手段推翻资产阶级国家，实行无产阶级专政。在人类社会里，自由总是相对的，不是绝对的，绝对自由是根本不存在的。在未来社会制度下，自由也不能是绝对的，也还要有组织纪律和集中统一。

马克思主义和反马克思主义的三次论战，使马克思主义得到进一步的传播，并日渐与工人运动相结合，为中国共产党的诞生准备了条件。

马克思主义的深入传播 1921年，中国共产党成立以后，为了宣传马克思主义，创办了《向导》周报，作为党中央的机关刊物，由蔡和森主编。1923年瞿秋白主编了《新青年》季刊。中国共产党还出版了《前锋》杂志。社会主义青年团出版了《先驱》半月刊和《中国青年》周刊。全国总工会也出版了《工人之路》。1925年，中国共产党又创办了《热血日报》，这是中国共产党创办的第一张报纸。这些报刊，对马克思主义的宣传发挥了重要作用。《热血日报》直接

《向导》周报

社会主义青年团创办的
《先驱》半月刊创刊号

指导了"五卅"反帝运动。

为了宣传工作的需要，中国共产党还直接领导成立了一些出版社和书店。1920 年，在上海成立了新青年社，1921 年成立了人民出版社，后来又成立了上海书店。那时候，还翻译出版了《共产党宣言》《资本论入门》《社会主义史》《社会主义从空想到科学的发展》《国家与革命》等马克思主义书籍。马克思主义得到进一步传播。

第三节　文学革命的发展

文学革命的发展　　"五四"运动以后，随着新文化运动的发展，文学革命也深入地开展起来。1920 年初，李大钊在《星期日》"社会问题号"上发表《什么是新文学》一文，阐发他的文学革命思想说："我的意思，以为光是用白话作的文章，算不得新文学；光是介绍点新学说、新事实，叙述点新人物，罗列点新名词，也算不得新文学。""我们所要求的新文学，是为社会写实的文学，不是为个人造名的文学。"因而"作者的心理中"必须有"宏深的思想、学理，坚信的主义，优美的文艺，博爱的精神"，它们"是新文学新运动的土壤、根基"。许多进步知识分子走进文艺革命园地，进行文艺创作。他们作品的内容，大都是控诉黑暗的封建社会，揭露封建礼教的罪恶。在文学形式上，除《新青年》自 1918 年 5 月起改为白话文外，这时许多报纸、杂志，如《星期评论》、《民国日报》副刊《觉悟》、《晨报》副刊、《小说月报》、《东方杂志》等也都相继采用白话文。1920 年，北洋军阀政府教育部承认以白话为"国语"，通令学校采用。这期间，新文艺团体、新文艺刊物像雨后春笋似的涌现。

据统计，1921 年以前中国没有独立的新文艺团体和文艺刊物。此后的五六年间，全国出现新文艺团体一百三十多个，新文艺刊物三百多种。

比较著名的新文学社团有文学研究会和创造社。1921 年，由沈雁冰、郑振铎①、叶绍钧②等发起，在北京成立了文学研究会。同年 7 月，留学日本的郭沫若、郁达夫③、成仿吾④等创办了创造社。文学研究会和创造社是当时成

---

① 郑振铎（1898—1958），浙江永嘉人。新文化运动的积极倡导人之一，现代著名文学家。
② 叶绍钧（1894—1988），即叶圣陶，江苏苏州人。现代著名文学家、教育家。
③ 郁达夫（1896—1945），浙江富阳人。现代著名作家。
④ 成仿吾（1897—1984），湖南新化人。现代著名作家、教育家。

立最早、影响最大的两个文学社团。文学研究会主张创作现实主义的反封建的内容，创造社则侧重于自我表现，有鲜明的浪漫主义倾向。它们揭起了现实主义和浪漫主义的文学革命旗帜。后来，创造社还主张文学应为革命而创作，爱好文学的青年应努力成为革命的文学家。文学研究会主办的杂志有《小说月报》《文学旬刊》等，还出版百余种丛书。创造社主办的杂志有《创造》季刊、《创造周报》、《创造日》等。1924 年，鲁迅、钱玄同①、周作人②等在北京组成语丝社，出版《语丝》周刊。新文学社团和刊物的大量产生，培养和锻炼了一支新文学作家队伍，也促进了新文学运动的发展。

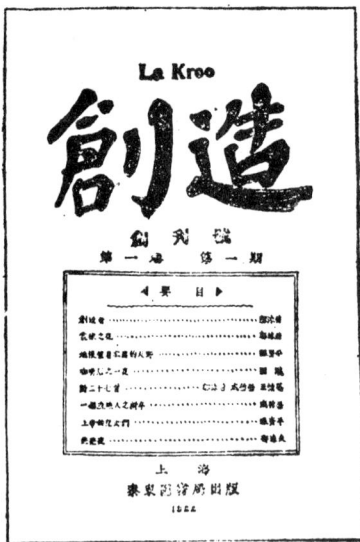

《创造》季刊创刊号

鲁迅的小说和郭沫若的诗　鲁迅的小说和郭沫若的诗是新文学革命中最有成就的代表。鲁迅自 1918 年发表《狂人日记》后，到 1925 年，先后写了《孔乙己》《药》《阿 Q 正传》《祝福》等二十五篇小说，编成《呐喊》和《彷徨》两本小说集。《阿 Q 正传》是鲁迅文学的辉煌代表作。小说通过辛亥革命前后一个流浪的雇农阿 Q 的命运，揭露了半殖

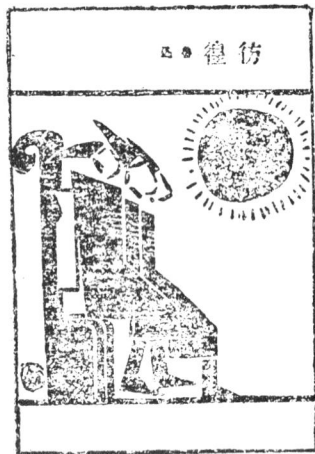

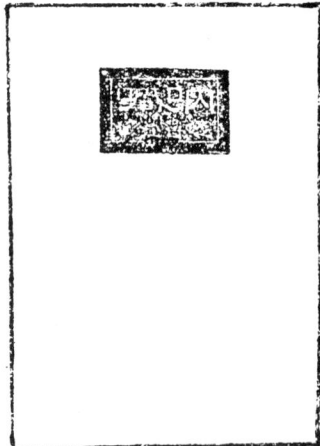

《呐喊》和《彷徨》的封面

民地半封建社会里农民所受到的奴役和压迫，暴露了地主阶级的残忍和卑鄙。《呐喊》和《彷徨》为中国现实主义文学革命奠定了基石，在世界文学史上闪

---

① 钱玄同（1887—1939），浙江吴兴人。新文化运动中的重要人物，现代语言文字学家。
② 周作人（1885—1967），浙江绍兴人。新文化运动中的重要人物，现代散文家。抗日战争时曾在汪伪政府任职。

耀着灿烂的光辉，使鲁迅成为 20 世纪有名的世界文学大师之一。此外，叶绍钧、郁达夫也是很有成就的作家。

1921 年，郭沫若的第一部白话诗集《女神》问世。诗集的大部分诗篇写于 1920 年前后，有强烈的"五四"时代精神。诗人倾吐了热爱祖国的深厚感情。那时的中国是一个灾难深重的国家，是帝国主义和封建主义的屠场和囚牢。因此，诗人诅咒黑暗，对未来又充满着胜利的希望。诗集中最有代表性的作品是《凤凰涅槃》，它借凤凰"集香木自焚，复从死灰中更生"的故事，喻义旧世界、旧中国的灭亡和新世界、新中国的诞生，反映了诗人反帝反封建的革命思想。郭沫若的《女神》，在诗歌领域里，具有划时代的意义，它开辟了中国诗歌的新时代。这时期，较有影响的白话诗人还有刘半农①和刘大白②。

《女神》的封面

郭沫若在《女神·序诗》中表明：

《女神》哟！

你去，去寻那与我的振动数相同的人；

你去，去寻那与我的燃烧点相等的人。

你去，去在我可爱的青年的兄弟姊妹胸中，

把他们的心弦拨动，

把他们的智光点燃吧！

这是女神的期望，也是郭沫若的期望。

在郭沫若的《女神》里，还有对"畏敬的俄罗斯"和"实行波尔显维克的列宁"的歌颂，有对工农劳动群众的礼赞。《女神》是创造社的丛书中的一种。

与复古主义的斗争　文学革命的发展，也遭到了旧文学势力的反对。跟文学革命运动公开对抗的，主要是"学衡派"和"甲寅派"。

1922 年，南京东南大学胡先骕、梅光迪等人，在南京创办《学衡》杂志。

---

① 刘半农（1891—1934），江苏江阴人。现代语言学家。
② 刘大白（1880—1932），浙江绍兴人。新诗的倡导者，现代著名诗人，文学史专家。

他们标榜国粹，反对文学革命，因而得名"学衡派"。他们在《学衡》上发表文章，认为白话不能代替文言，语文不应合一，拼命地提倡旧文学，诋毁新文学，赞成文言文，反对白话文。他们实际上是封建复古主义派。文学革命阵营里的作者对他们作了坚决的反击。反击最有力的是鲁迅。鲁迅在《估〈学衡〉》一文中，指出他们连文言文都写不通，并说："衡"了一下，仅衡出他们的铢两来，这于新文化无伤，于国粹也差得很远，他们居然还有发表的勇气。学衡派被打得败下阵来。

1924年，国共合作以后，随着反帝反封建国民革命高潮的到来，文学革命也进一步深入发展。一批封建主义旧势力又向文学革命扑来。1925年，章士钊①当了北洋政府教育总长以后，在北京复开《甲寅》周刊，故称"甲寅派"。甲寅派在政治上主张军阀统治，标榜贤人政治，反共反苏；在学术上主张封建复古，反对科学进步，崇拜唯心论。章士钊在《甲寅》上发表文章，攻击新文化运动是"窃高文美艺之名"，"陷青年于大阱，颓国本于无形"；污蔑白话文"流于艰窘，不成文理，味同嚼蜡，去人意万里"。《甲寅》周刊还登载了由章士钊起草的，经段祺瑞内阁通过的《整顿学风令》，公开镇压新文化运动。

主张文学革命的成仿吾、郁达夫等对甲寅派进行了反击，鲁迅的反击尤为猛烈。鲁迅指出章士钊把"二桃杀三士"的典故，错解为两个桃子杀了三个读书人，并指出他的虚弱和浅薄无知。鲁迅说："倘说这是复古运动的代表，那可是只见得复古派的可怜，不过以此当作讣闻，公布文言文的气绝罢了。"甲寅派在鲁迅等反击下惨败。不久，《甲寅》杂志就停刊了。

革命文学的主张　在文学革命的发展过程中，共产党人提出了革命文学的主张。1923年前后，瞿秋白、邓中夏、恽代英等在《中国青年》季刊、上海《民国日报》等刊物上发表关于文学的文章，宣传初步的马克思主义文学主张，批判文学作品脱离革命实际和为艺术而艺术的错误倾向。恽代英在《中国青年》1924年5月号上发表的《文学与革命》一文提出了对革命文学和革命文学家的要求。邓中夏说，这种革命文学须"表现民族伟大精神"，须"描写社会实际生活"，尤其要"彻底露骨的将黑暗地狱尽情披露"。他们指出一个文学

---

①　章士钊（1881—1973），湖南长沙人。清末《苏报》的主笔，后反对新文化运动。抗日时任国民参政员。解放战争时，作为国民政府代表团成员，参加北平和平谈判，后留北平。新中国成立后任全国人大常委会委员。

家"要先有革命的感情，才会有革命文学"；要做一个革命文学家，就要投身于革命实际活动，培养革命感情，去写表现民族伟大精神的作品，文学家应抛去"锦绣之笔"，离开"诗人之宫"，到"煤窟里"和"黑暗的隧道中"，把工人的生活描写出来。

共产党人对革命文学的主张，教育和影响着进步文艺作家。特别是1925年"五卅"反帝爱国运动给文艺作家以深刻的影响。沈雁冰、郭沫若、成仿吾等纷纷参加革命斗争。不少作家从政治上、思想上趋向革命。郭沫若于1926年发表《革命与文学》一文，号召青年"到兵间去，民间去，工厂间去，革命的旋涡中去"。他指出，时代所要求的文学，"是替被压迫阶级说话的文学"，是"同情于无产阶级的社会主义的写实主义的文学"。

共产党人早期革命文学的主张，为后来无产阶级革命文学运动的开展和革命文学的创作准备了条件。

第四节　教育改革和反对奴化教育

"五四"运动以后的教育改革　"五四"运动以后，北洋政府政治腐败，教育经费不足，各级学校的数量普遍下降。据统计，1925年以前，全国高等专科以上学校，由1919年前的108所下降到74所，中等学校也只有950多所。在校学生数也普遍下降。

新文化运动对中国教育改革产生了很大影响。1922年11月，北洋政府教育部颁发了一个仿效美国学制的《学校系统改革案》，规定学制：小学六年，包括初级四年，高级二年；中学六年，包括初中三年，高中三年；大学四至六年，大学可附设专修科；专门学校三年以上。另外，还有师范学校和职业学校。自此，中国的教育制度由过去学习日本改为仿效美国了。

新学制公布后，接着进行了课程的改革。1923年，全国教育会联合会组织的"新学制课程标准起草委员会"公布了中小学课程纲要。新课程纲要规定：小学取

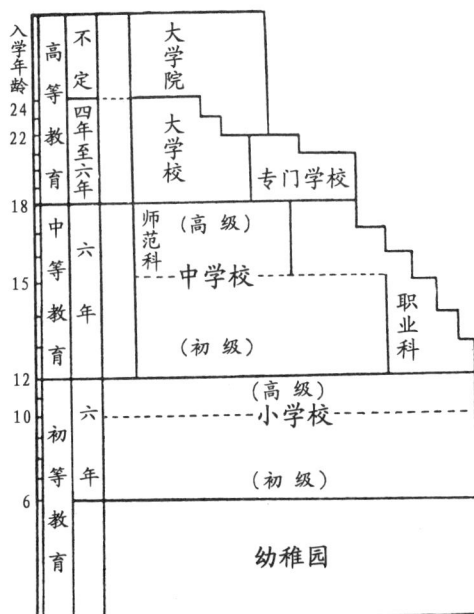
1922年学制系统图

消"修身"，增加"公民"和"卫生"。初级小学把卫生、公民、历史、地理合为社会科。设"自然园艺"科。"国文"改为"国语"，注重语言训练。初中课程分社会科（包括公民、历史、地理），言文科（包括国语、外国语），算术科，自然科，艺术科（包括图画、手工、音乐），体育科（包括生理、卫生、体育）。高中课程分公共必修科目、分科专修科目、纯粹选修科目三部分。高级中学又分为以升学为主要目标的普通科和以就业为主要目标的职业科。这个课程纲要虽未经政府正式公布，但各地都照此施行。

1919年，北京高等师范学校废除了学监制，成立了学生自治会。这是全国最早成立的学生自治会。此后，各地学校也成立了学生自治会。"五四"运动以后，妇女要求解放，要求大学"开放女禁"。1919年秋，北京大学破例招收女生，其他一些学校也招收了女生，实行男女同校。一些进步中学也开始招收女生。1922年政府颁布的新学制，取消了男女同学之间的差别。至此，妇女在教育上获得了与男子相等的权利。

杜威的实用主义教育思想　在教育思想上，这时杜威的实用主义在中国影响较大。

杜威是美国资产阶级教育家。应中国教育团体的邀请，他于1919年来华讲学，时间长达两年多，主要宣传实用主义教育思想，当时对中国教育界影响较大。胡适认为，"自从中国与西洋文化接触以来，没有一个外国学者在中国思想界的影响有杜威先生这样大的"。

杜威主张"教育即生活""学校即社会""儿童是中心"。他认为儿童、社会、学校和学科是教育的三个要点。教育要根据社会的需要，选择几种主要的社会生活，安排在学校里，使学生在学校的生活就是社会上最精彩的社会活动。杜威的教学方法，提倡"从做中学"，要求儿童从参加社会活动中学，使学生学的东西与人的实际生活联系起来。杜威的这种实用主义教育思想，是为资产阶级服务的。但他提倡教育与社会生活相联系，提倡个性教育，反对旧式的封建教育，又适应了中国"五四"以后反封建主义教育的需要。

反对日本帝国主义奴化教育　从1919年到1927年间，反对奴化教育的斗争，主要指反对日本帝国主义在中国办的进行殖民教育的学校和英、美、法等帝国主义在中国办的教会学校。

那时候，日本在中国东北办的各类学校近九百所①。这些学校分为两类：一类是为日本儿童办的"日本人学校"，专为培养侵略者，以实现其侵略中国的野心。另一类是进行殖民教育的学校，专为驯服中国儿童，使之安于被统治、被奴役的地位。在这类学校里，学生要学习日文，不准学习中国历史和中国地理，意图让中国儿童失去中国的民族性和国家观念，向日本化转化，成为服从日本殖民者统治的奴隶。"五四"以后，在关内人民反帝斗争的鼓舞下，东北人民掀起了反对日本殖民教育的斗争。1924年，奉天教育会成立收回教育权运动委员会，发表收回教育权宣言，提出收回教育权的要求。在全国人民的支持下，东北人民进行长时期的斗争。1925年以后，这一斗争与全国反教会斗争、"五卅"运动汇合成强大的反帝爱国浪潮。

反对教会学校奴化教育　教会学校是帝国主义进行文化侵略的工具。帝国主义在不平等条约保护下，在中国开办了大量教会学校，截至1926年，基督教会在中国开办各级学校一万三千六百多所，有学生三十五万多人。其中有几十所大学，著名的有北京的燕京大学、辅仁大学，济南的齐鲁大学，南京的金陵大学、金陵女子大学，苏州的东吴大学，上海的沪江大学、圣约翰大学、震旦大学，广州的岭南大学等。教会学校占全国公私立学校的7.6%。这些学校除进行文化科学知识教育外，还进行殖民教育。帝国主义办教会学校的目的，主要是在思想上麻痹和奴役广大中国人民，培养一批"能够通过从知识和精神上支配中国的领袖们"，"来对中国的发展进行一种最令人满意的又最为巧妙的控制"。教会学校往往禁止学生参加爱国运动，这就激起学生反教会学校的斗争。

1922年3月，世界基督教学生同盟会要在北京清华学校举行大会，讨论"如何宣传基督教于现代之学生"等问题。在中国社会主义青年团倡议下，北京、上海等地组成"非基督大同盟""非宗教学生大同盟运动"，开展反教会学校奴化教育的斗争。中国共产党对这场斗争进行正确领导。后来，这一斗争发展成为全国性的反帝斗争高潮。

1924年，英国圣公会在广州办的圣三一学校，禁止学生组织学生会，禁止学生举行"五九"国耻纪念会，并一再开除学生。学生举行罢课斗争，举起了反教会奴化教育的大旗。同年，广州学生发表了《广州学生收回教育权运动委员会宣言》，指出教会学校是"无形的文化侵略手段"，是帝国主义者侵略弱

---

① 指1931年"九一八"事变前统计的数字。

小民族的半殖民化国家最高明最狠毒的方式，坚决要求"收回一切外人在华所办学校之教育权"，反对进行宗教教学和强迫学生做礼拜、念圣经等。这个宣言发表后，全国各地教会学校学生都纷纷罢课、退学，掀起了一个反教会奴化教育的浪潮。

"五卅"运动时，上海圣约翰大学的中国学生在校内升国旗，向"五卅"惨案中遇难的烈士致哀。美国人校长不但不准学生参加反帝爱国活动，竟然还毁坏中国国旗，侮辱中国。中国学生全体退学，以示抗议，全国学生声援他们的爱国行动。上海圣约翰大学陷于瘫痪状态。

全国反教会学校奴化教育的斗争，不断取得胜利。中华基督教教育会被迫于1925年决定：基督教学校采用"新学制课程"，在精神、文字两方面力谋适合中国的标准，在大学必须设置语言、文学、历史、地理。后来又决定，教会小学前期取消英语教学，中学除外国语学科外，别的科目概用中文课本。1927年，再次决定将学校逐渐交还中国人管理。同年，广州国民政府从美国人手里接收了岭南大学。这是反教会奴化教育取得的胜利。但是，由于国民革命运动的失败，国民党政府与帝国主义相勾结，镇压人民革命运动，人民的反教会奴化教育的斗争不可能获得彻底胜利。

第六章　土地革命时期的政治概况和文化

国民革命失败以后，国共合作分裂，国内阶级关系发生变化，出现了国共对峙的局面。

那时候，资本主义世界发生经济危机。德日等国的法西斯势力迅速发展。美国和日本是争夺中国的主要对手，美国依仗雄厚的经济实力，采取经济扩张的手段，在中国处于有利地位。但对日本的侵华，美国最初奉行绥靖政策。日本为了摆脱国内经济危机，加紧推行"大陆政策"，1931年侵占了中国东北三省。随着日本推行独霸中国的政策，美英等国与日本的矛盾逐步激化。美英等国对日本的侵华，逐渐由绥靖转向遏制政策。

面对德日法西斯势力的疯狂发展，共产国际错误地估计了形势，制定了抢在法西斯势力发动世界大战之前争取革命胜利的"左"倾策略。这就直接导致了中国共产党内"左"倾错误的发展，给中国革命带来巨大危害。

遵义会议上中国共产党独立自主地运用马克思主义原理处理了党内的路线、方针问题，实现了革命战略的转移，中国革命进入一个新时期。

第一节　政治概况

国民政府的建立　"四一二"政变以后，蒋介石为了与张作霖争夺地盘，1928年4月发动了对奉系的"北伐"。奉军被逼撤往关外。张作霖从北京退往东北沈阳时，在皇姑屯被日本侵略者炸死。这就是"皇姑屯事件"。日本侵略者威逼张学良在东北独立。为了反对日本帝国主义侵略中国的阴谋，1928年底，张学良宣布"遵守三民主义，服从国民政府，改旗易帜"。这样，国民政府暂时取得了形式上的"全国"统一。从此以后，英美派买办资产阶级的主要代表蒋介石，充任了国民政府主席、国民党军事委员会主席和国民党总裁，集政权、军权、党权于一身，建立了独裁统治。宋子文、孔祥熙、陈立夫和陈果夫等控制了国民党和国民政府的组织部、财政部、教育部等重要权力机构。这样，全国的政权、军权、财权，基本上被蒋、孔、宋、陈四大家族垄断了。国民党一党专政的政权对人民实行法西斯统治。

人民革命政权的建立　中国共产党为了挽救革命，反抗国民政府的屠杀政策，1927年8月7日，在汉口召开中央紧急会议。会议批判和纠正了陈独秀的右倾投降主义错误，确定开展土地革命和武装推翻国民党反动统治的总方针。党先后派周恩来等领导了南昌起义，派毛泽东等领导了秋收起义，派张太雷等领导了广州起义，开始创建人民军队。1927年10月，毛泽东领导秋收起义革命武装，在井冈山创建第一个革命根据地。第二年，朱德、陈毅率领南昌起义保存下来的革命军上井冈山，与毛泽东领导的工农革命军胜利会师，建立了中国工农红军第四军，巩固了井冈山根据地。后来，又建立起中央革命根据地。与此同时，党的其他革命者方志敏、贺龙、彭德怀、徐向前、邓小平等也先后建立起闽浙赣、洪湖、湘鄂边、湘赣、湘鄂赣、鄂豫皖、左右江等革命根据地，全国有三百多个县建立了工农兵苏维埃政权。1931年11月，在江西瑞

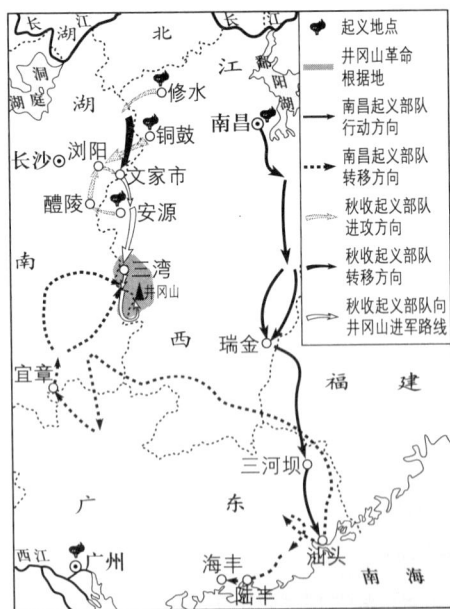

南昌起义、秋收起义和广州起义形势示意图

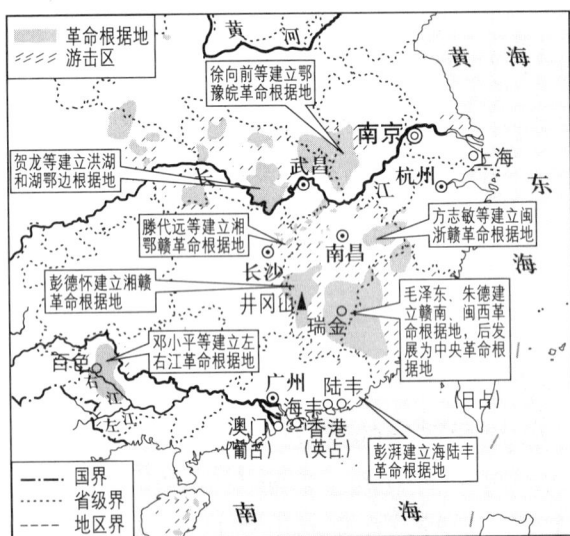

1932年革命根据地形势示意图

金召开了中华苏维埃第一次全国代表大会，建立了中华苏维埃共和国临时中央政府。中央苏维埃政府领导各革命根据地开展轰轰烈烈的土地革命，工农红军发展到 30 万人，革命形势有很大发展。"星星之火"，已成燎原之势。

国民党的"围剿"和工农红军的长征　革命势力的发展，威胁到国民党的反动统治和帝国主义在华的既得利益。国民党各派军阀暂时停止内部争权夺利的斗争，他们在帝国主义支持下，对共产党领导的各革命根据地，先后发动了五次反革命军事"围剿"，疯狂镇压革命力量。与军事"围剿"相配合，他们在国民党统治区也发动了反革命文化"围剿"，摧残革命文化。

中国共产党领导人民进行了反"围剿"斗争。在毛泽东的军事思想指挥下，红军粉碎了国民党军队前四次"围剿"。后来，王明"左"倾错误在党内占据统治地位，排挤了毛泽东在中央的领导地位，抛弃了毛泽东的军事路线，使红军没有能够粉碎国民党军队的第五次"围剿"。1934 年 10 月，党中央和红军撤离中央革命根据地，开始了二万五千里长征。长征途中，党中央召开了遵义会议，纠正了王明"左"倾错误，重新确立了毛泽东在党中央和红军中的领导地位。红军在以毛泽东为核心的新的党中央领导下，粉碎了国民党几十万军队的围追堵截，战胜了张国焘分裂党的阴谋，克服了重重险恶的自然条件。1935 年 10 月，中央红军长征胜利到达陕北，与刘志丹等领导的陕北红军胜利会师。第二年，红军三大主力会师。红军长征到达陕北，实现了革命战略的转移，为中国革命进入新时期准备了条件。

遵义会议会场

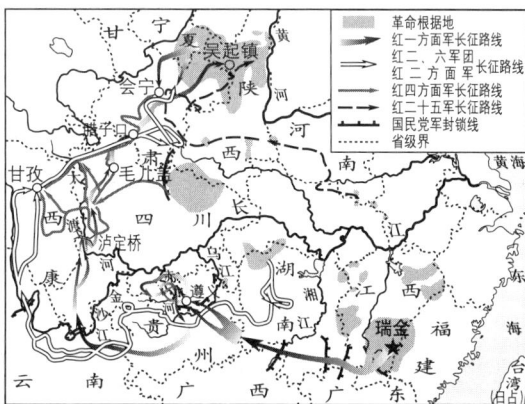

中国工农红军长征路线示意图

中国人民反对日本帝国主义侵略的斗争 在国民政府对红军和革命根据地进行"围剿"的时候，一直窥伺中国的日本帝国主义，于1931年发动了"九一八"事变，蒋介石不准东北军抵抗，几十万东北军被迫撤进关内。日本侵略者在兵不血刃的情况下，三个月就侵占了我国整个东北地区。

日军占领沈阳后，在城头开枪射击中国人民

由于国民政府对日本的侵略采取不抵抗政策，1932年，日本侵略者在上海又制造了"一·二八"事变。日本还不断向关内进攻，迫使国民政府签订了卖国的《塘沽协定》、"何梅协定"和《秦土协定》。日本侵略势力伸展到华北地区，中华民族处于生死攸关的时刻。

"九一八"事变激起了全国人民的抗日怒潮，中国人民的抗战开始了。为反对日本帝国主义的侵略，中国共产党在长征途中，发表了"八一宣言"，发出建立抗日民族统一战线的号召。中国人民纷纷成立抗日救国联合会，反对国民党政府的不抵抗政策，要求抗击日本帝国主义的侵略。1935年，北京学生开展了爱国的"一二·九"运动，掀起了抗日救亡运动的高潮。1936年12月，为抗日救国，张学良、杨虎城发动了西安事变。

张学良和杨虎城

由于中国共产党的努力，西安事变得到和平解决。西安事变的和平解决，使十年内战局面结束，抗日民族统一战线初步形成。

第二节 革命文化的发展和反文化"围剿"

"左联"的成立 国民党反动派叛变革命以后，疯狂屠杀共产党员和革命群众。革命知识分子在国民党统治区内站不住脚，郭沫若、沈雁冰等纷纷会集到上海租界区。他们对国民党的屠杀政策十分愤慨，对文学战线不适应现状也感到不满。这时，中国共产党正在农村领导武装起义，在城市开展文化革命运动，反对国民党反动统治。文化革命运动主要是继续宣传马克思主义，提倡无产阶级革命文学。1928年1月，郭沫若、成仿吾等创办的创造社出版了《文化批判》杂志，这是一个综合性的月刊，介绍马克思主义，提出如何建立无产阶级革命文学。这时候，宣传革命文学的，还有蒋光慈①等人组织的太阳社。太阳社出版了《太阳月刊》。革命文学蓬勃发展起来。

从1928年起，创造社与太阳社倡导了无产阶级文学运动。他们热情洋溢地提出无产阶级革命文学要以工农大众为服务对象，要采用接近大众的用语。但他们受"左"的错误影响，强调文学是一种"宣传工具"，"文学的形式是不可避免的要接近口号标语"，反对讲求艺术技巧，否定"五四"新文学和民族文学的优良传统，甚至把矛头指向了鲁迅、茅盾、郁达夫、叶绍钧等新文学的先驱。鲁迅撰文批评了创造社、太阳社成员的许多观点，指出文艺有它自身的特征，"当先求内容的充实与技巧的上达"，而不要忙于挂招牌。茅盾也批评了创造社、太阳社成员的文学创作漠视文艺特征所造成的标语口号倾向。中国共产党于1929年秋过问了这场争论，对双方都做了工作，帮助创造社、太阳社的青年作家提高认识，也请鲁迅等谅解他们。历经一年多的争论停止下来。

1930年2月，由于中国共产党的倡议，鲁迅、茅盾与创造社、太阳社等联合起来，成立中国左翼作家联盟，简称"左联"。继"左联"成立以后，又成立了中国社会科学家联盟，简称"社联"；还有新闻记者联盟、戏剧作家联盟等组织。这些联盟又联合成立了中国左翼文化总同盟。他们在中国共产党的领导下，开展了有计划的斗争。

"左联"斗争的理论纲领明确表示"我们不能不站在无产阶级的解放战争的战线上，攻破一切保守的要素，而发展被压迫的进步要素"，并公开声明"我们的艺术是反封建阶级的，反资产阶级的"。"左联"提出的斗争纲领，标志着中国新文学运动沿着社会主义方向、现实主义方向迈进了一大步。

"左联"在北京、日本东京设有分盟，在南京、天津等地有小组、支部，盟员有二百多人，吸引了大批左翼文艺青年，培养了一批青年革命文学作家。"左联"成立以后，在全国各地办了许多刊物，有《萌芽月刊》《拓荒者》《北斗》《文学导报》《现代小说》等，鼓励作家创作为革命服务的文艺作品。一些刊物还大胆地登载了苏区土地革命和红军反"围剿"斗争胜利的消息。

---

① 蒋光慈（1901—1931），安徽六安人。现代著名文学家。

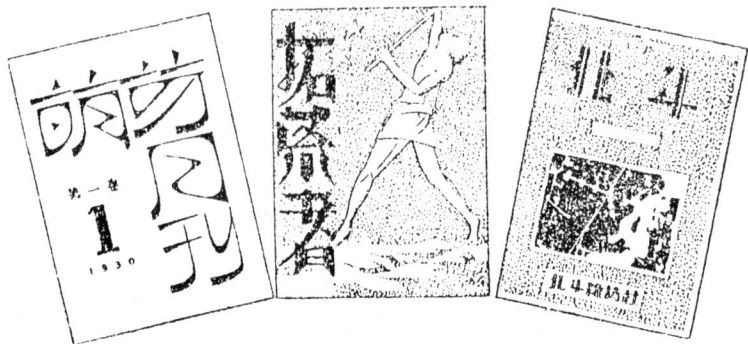

"左联"主编的刊物《萌芽月刊》《拓荒者》《北斗》的封面

国民党统治区的文化"围剿"与反文化"围剿"　　革命文化运动的发展，使国民党反动派很恐慌。国民政府在对红军进行军事"围剿"的同时，对国民党统治区的革命文化也发动了反革命"围剿"。国民政府对革命文化的"围剿"，主要是采用强制的高压手段和实行恐怖政策。他们禁止革命书籍的出版和发行。

据统计，自1929年到1935年被查禁的书刊达1 000种以上，"左联""社联"等出版的刊物都被查禁停刊。1936年，国民党中央宣传部秘密制定了所谓《取缔反动文艺书籍一览》《取缔社会科学反动书刊一览》，开列查禁的书刊有676种。

国民党反动派还派遣特务袭击进步文化机关，逮捕、暗杀革命文艺工作者。1931年，国民政府公布了《危害民国紧急治罪法》，对革命文艺工作者进行大肆迫害。1931年，国民党在上海龙华警备司令部秘密杀害了"左联"的柔石、殷夫、冯铿、胡也频、李伟森[①]五位作家。1933年，国民党特务在上海非法逮捕作家丁玲[②]、潘梓年等，1934年，又暗杀了《申报》总经理史量才。1935年，《新生》周刊发表了《闲话皇帝》一文，国民党政府以妨碍中日邦交的罪名，逮捕了主编杜重远，封闭了《新生》周刊。鲁迅也遭到国民党的通缉，并被列入暗杀的黑名单。在国民党高压政策下，革命文艺工作者被迫转入地下斗争。1928年，郭沫若在中国共产党的劝说下，离国旅居日本，开始了十年的流亡生活。

---

　　① 柔石（1902—1931），浙江宁海人，现代小说家。殷夫（1910—1931），浙江象山人，现代著名诗人。冯铿（1907—1931），广东潮州人，现代女作家。胡也频（1903—1931），福建福州人，现代著名作家。李伟森（1903—1931），又名李求实，湖北武昌人，现代文学翻译家。
　　② 丁玲（1904—1986），湖南临澧人。现代著名女作家。

国民党反动派在对革命文艺工作者和革命文艺实行高压政策的同时，还纠集一批反动文人、特务、政客，如潘公展、朱应鹏等人，发起"民族主义文艺"运动，围攻革命文艺。这些人被称为"民族主义派"。他们打着复兴民族的幌子，说"文艺的最高意义就是民族主义"，说当时中国文坛的危机就是缺乏中心意识——民族主义，向无产阶级革命文艺发起进攻。

　　革命作家鲁迅、茅盾、瞿秋白①等对"民族主义派"进行了猛烈的反击。鲁迅写了《"民族主义文学"的任务和运命》，瞿秋白写了《屠夫文学》，茅盾写了《"民族主义文艺"的现形》等文章，指出他们所谓的"民族主义"，实际上是"民族投降主义"，是甘愿为日本帝国主义充当"警犬"，揭露了"民族主义文艺"运动的反动面目。"民族主义文艺"运动原形毕露，不到一年，就宣告破产了。

　　1928 年 3 月，梁实秋等创办《新月》杂志，被称为"新月派"②。他们提倡"艺术至上"，大肆宣扬资产阶级人性论，反对马克思主义的阶级论，说一个资本家和一个劳动者人性是没有两样的，叫嚷"革命文学"这个名词根本不存在。他们否定文学有阶级性，反对无产阶级革命文学运动，还认为现在是无政府主义，要国民党政府加强法西斯统治。

　　"左联"作家对新月派进行了尖锐的批判。鲁迅在《"硬译"与"文学的阶级性"》一文中，指出文学"在阶级社会里，即断不能免掉所属的阶级性，无需加以'束缚'，实乃出于必然"。他说："穷人决无开交易所折本的懊恼，煤油大王那会知道北京捡煤渣老婆子身受的酸辛，饥区的灾民，大约总不去种兰花，像阔人的老太爷一样。"鲁迅指出：新月派实际上是替国民党"维持治安"的走狗。鲁迅的批判，击中了新月派的要害，不久，新月派就销声匿迹了。

　　革命文化的发展　革命文艺工作者在反"围剿"斗争中，写了大量的作品。这时期，散文、小说、诗歌或戏剧、话剧、电影、音乐等都取得了卓越的成就，使文化革命运动进入一个新的阶段。

　　鲁迅在他一生的最后十年里接受了马克思列宁主义思想，成为伟大的共产主义者。他以杂文为武器，与帝国主义和国民党反动派进行了最坚决的战斗。

---

　　①　瞿秋白（1899—1935），江苏常州人。中国共产党早期领导人之一，著名作家、文艺理论家、文学翻译家。

　　②　新月派，资产阶级的文学流派，因组织新月社和创办《新月》月刊得名。主要成员有胡适、徐志摩、梁实秋等人。

他在这期间写的杂文，后来收集成册的有《而已集》《三闲集》《二心集》《南腔北调集》等。这些杂文深刻地揭露了敌人的罪恶统治，像"匕首"一样投向敌人，使敌人望而生畏。鲁迅的杂文在思想和艺术水平上都达到了前所未有的高度，成为现实主义的伟大作品。

1930 年时的鲁迅

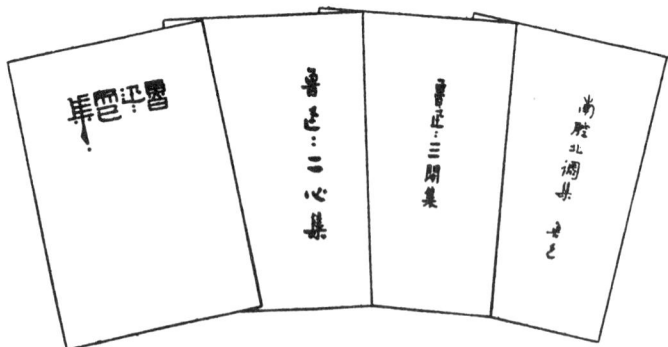

鲁迅的《而已集》等著作

鲁迅著名的杂文有《为了忘却的记念》《友邦惊诧论》等。《为了忘却的记念》一文，赞扬了柔石、殷夫等五位烈士的高贵品质和英勇牺牲精神，倾吐了作者的悲哀和愤怒，并告诉人们：先烈的血迹为后来人铺垫了通向胜利的道路。

他还以古代历史神话传说为题材写了《非攻》《理水》等五篇短篇小说，收集在《故事新编》里。

茅盾在 1932 年写成长篇小说《子夜》、短篇小说《林家铺子》和《春蚕》。《春蚕》与稍后发表的《秋收》《残冬》构成著名的农村三部曲。这些作品深刻地反映了 20 世纪 30 年代初，中国城市和农村的经济破产，工农群众生活的贫困

茅盾（1896—1981），浙江桐乡人

化。这时，著名的小说还有巴金的《家》，曹禺①的《雷雨》《日出》，老舍的《骆驼祥子》；话剧有田汉②的《名优之死》《乱钟》等。这些都是"左联"时

① 曹禺（1910—1996），湖北潜江人。现代著名剧作家，杰出的语言大师。
② 田汉（1898—1968），湖南长沙人。现代著名剧作家。

期革命文化的重要成就。

在"左联"领导下，这时期还翻译出版了一批世界无产阶级文学名著，有鲁迅译的《毁灭》、曹靖华①译的《铁流》、夏衍②译的《母亲》等。

瞿秋白的一生都贡献给无产阶级的解放事业。他除了参加政治斗争以外，还努力创作和翻译革命文学。1931年到1933年，他在上海写了许多战斗性很强的杂文，揭露旧社会的黑暗和腐败，指出革命的光明前途。瞿秋白的杂文编成《乱弹》一书。

这时期，瞿秋白与冯雪峰③、周扬④等在与国民党买办资产阶级文艺思想论战中，研究和宣传马克思主义文艺理论，使革命文艺工作者的马克思主义文艺理论水

巴金（1904—2005），
四川成都人

平有了显著的提高，也为我国的马克思主义文艺理论奠定了基础。瞿秋白还编译了马克思主义文艺论文集《现实》和《高尔基论文选集》。这些马克思主义理论在粉碎国民党文化"围剿"和批判资产阶级文艺观的斗争中发挥了巨大威力。

第三节　国民党统治区的教育和科学事业

国民党的教育和愚民政策　国民政府成立以后，为巩固其独裁统治，在学校实行文化专制主义，进行"党化教育"，推行新生活运动。党化教育主要是进行"一个党、一个主义、一个领袖"的教育。后来，为掩盖党化教育的反动本质，在国民党政府第一次全国教育会议上改称为实行"三民主义的教育"。国民党教育部和国立编译馆还编写了以贯彻三民主义为中心的各科教材，并规定教材内容首先必须符合"党义"。这实际上还是推行一个党、一个主义、一个领袖的教育。

国民党实行党化教育，首先是镇压学校中的革命活动，查禁一切进步学校。在清党的名义下，国民党逮捕和枪杀了许多进步师生。从1927年到1932

---

① 曹靖华（1897—1987），河南卢氏人。现代著名翻译家。
② 夏衍（1900—1995），浙江杭州人。现代著名剧作家。
③ 冯雪峰（1903—1976），浙江义乌人。现代诗人、文学翻译家、文艺理论家。
④ 周扬（1908—1989），湖南益阳人。现代著名文艺理论家。

年，国民党屠杀的百余万革命者中，就有不少是教师和学生。仅成都一地，一个月里就枪杀进步学生达 300 人。国民党对学校实行法西斯军事控制，在学校里设立特务组织，对高中以上的学生实行军事训练，初中以下的学生进行童子军训练，培养服从国民党统治的精神。

1929 年 5 月，国民政府在上海查封了上海大学、大陆大学、华南大学和建华中学；1930 年，又查封了陶行知在南京创办的晓庄师范学校。陶行知也遭到通缉，避居日本。国民政府还查封了成都的西南、民主、岷山三个大学。

国民政府的教育方针，要求中小学校都要培养学生"忠孝、仁爱、信义、和平"的封建道德。蒋介石鼓吹这是"国家和民族的灵魂"。1934 年，他推行以"礼义廉耻"为中心的"新生活运动"，以达到控制、禁锢学生思想的目的。

国民政府为控制人们的思想，实行愚民政策，剥夺广大人民受教育的权利。国民政府投资教育的经费极少。1930 年的国家教育经费预算，只占国家经费总支出的 1.46％。这很有限的教育经费还常被挪用去作为进攻革命根据地的军费，使许多学校停办，学龄儿童得不到上学机会。全国有 80％是文盲，所以，中国的教育事业十分落后。

据调查，1931 年全国每 1 万人中能入学的学生数，小学生 246 人，中学生 11 人，大学生只占 0.93 人。

国民党在学校推行法西斯教育的同时，有人宣传教育救国论，提出"平民教育"理论，认为中国社会的根本问题是"愚、穷、弱、私"，这是中国社会的四大害，造成这四害的原因是中国教育的不普及，特别是广大农民没有受教育的机会。这些人的教育思想，得到了国民政府的赏识。还有些人认为中国社会没有对立阶级，只有士农工商职务不同，所以中国没有革命对象，解决中国问题唯一的出路是进行"乡村建设"，而乡村建设的一项主要内容是"乡农教育"。这样，可以确定人与人之间的伦常关系，安定民心，安定社会秩序。"平民教育""乡农教育"实际上起了配合国民党文化"围剿"、麻痹人民思想、反对共产党领导农村革命运动的作用。

对国民党的法西斯教育，鲁迅等人进行了严厉的驳斥。共产党人杨贤江[①]在批驳资产阶级教育学说、树立唯物史观的教育观方面作出了重大贡献。杨贤江对教育史作了深入的研究，1929 年出版了《教育史 ABC》一书，这是中国最早用唯物史观来研究教育史的著作。1930 年又出版了《新教育大纲》，这是

---

① 杨贤江（1895—1931），浙江余姚人。现代教育家。

一本最先系统地用马克思主义观点论述教育的著作。它科学地阐述了教育发展的历史，揭示了阶级社会教育的阶级性，批判了各种落后的教育思想，指出中国教育发展的社会主义方向，在中国近代教育史上产生了一定的影响。

陶行知的教育思想　陶行知的"生活教育"理论，是这一时期影响相当广泛的教育思想。1926年，陶行知发表《中国乡村教育之根本改造》一文，提出了他的新教育主张。他拟订了"筹募一百万基金，征集一百万同志，提倡一百万所学校，改造一百万个乡村"的改造全国乡村教育的计划。1927年，他在南京近郊创办了晓庄乡村师范学校，进行新教育的试验，为乡村教育培养教师。他提出"生活即教育""学校即社会""教学做合一"的理论。他主张人们过什么生活就受什么教育。为此，他在乡村创办"乡村工学团"，工学团是普及教育的组织形式。

陶行知（1891—1946），
安徽歙县人

陶行知的"生活教育"理论，在反对传统教育、普及教育方面具有进步意义，但是，它基本上属于"教育救国"的范畴，在当时的条件下是不可能实行的。

1936年以后，日本帝国主义加紧侵略中国，陶行知发起成立国难教育社，参加全国救国会，坚决主张抗日，反对国民党不抵抗政策，宣传抗日救国，走上了民主主义革命的道路。他的教育思想也有了明显转变，提出教育要配合救亡运动，培养保卫祖国，争取祖国独立、自由平等的战士。他提出"国难教育""战时教育""民主教育"的主张，创办了育才学校、社会大学，为国家培养了一批又一批的人才。

科学研究的成果　国民党政府统治时期，科学研究有一定发展。1928年，中央研究院正式成立。之后，又成立物理、化学、工程、地质、天文、历史、社会科学等研究所。

1934年，国民政府制定了"大学研究院暂行组织规程"，规定大学研究院分文、理、法、教育、农、工、商、医各研究院。凡具备三个研究所以上者，可称研究院。至1935年底，清华、北大、中山、中央、南开、燕京等九所高等院校设立19个研究所。

这个时期，科学研究方面取得了一定成果。在地质学方面，20世纪30年代，李四光根据多年研究冰川遗迹的成果，提出了中国存在"第四纪冰川"的学说，否定了国内外学者认为中国无第四纪冰川的结论。这不仅为地质学、地理学和人类学研究作出了贡献，也为中国矿产勘探、工程地质及第四纪冰川研究等作出了重大贡献。李四光在地质构造研究方面，还提出了山字型构造体系的学说。1936年，他写成了《中国地质学》一书，使中国有了自己系统的地质学说。之后，他又经过十多年的艰辛探索，1945年写成了《地质力学之基础与方法》一书，提出了地质力学的原理和方法，创立了地质力学这门崭新的地质学科，为中国的地质学理论作出了重要贡献。

李四光（1889—1971），湖北
黄冈人，蒙古族

在工程建筑、气象、化学、物理学等方面，也有不少专家，取得了卓越的成就，享誉中外。

茅以昇设计、督造的钱塘江大桥是我国近代桥梁史上的丰碑。侯德榜的联合制碱法，是制碱工艺的重大突破。梁思成在继承我国建筑的民族传统风格方面作出贡献。竺可桢对气象学的研究取得了多方面成就。

1927年，竺可桢负责筹建气象研究所后，在不太长的时间内，建立起四十多个气象台站，开展气象观测，进行天气预报，打破了帝国主义对我国气象事业的垄断。1934年，他发表了《东南季风与中国之雨量》一文，确立了海陆分布的季风形成说。1935年发表的《中国气候概论》，对我国的气候条件和资源第一个作

竺可桢（1890—1974），
浙江上虞人

出了科学的评价，并指出了我国气候的三大特点①。这对指导我国的经济建设具有重要意义。他对台风、区域气候、季风气候、农业气候、物候学、天文学史等方面的研究，都取得出色的成就。

考古学和史学　这时期，在考古学方面取得了辉煌成就。1927年，我国开始了"中国猿人"的发掘工作。1929年12月，古人类学家裴文中在北京周口店发掘出第一个完整的"北京猿人"头盖骨化石。第二年，中国考古工作者

---

①　三大特点是：1. 我国太阳总辐射量资源丰富，超过西欧和日本。2. 我国季风气候的特点是夏季高温，有利于水稻等作物生长。3. 我国北方旱，雨量变率甚大。

又在周口店发现了山顶洞人化石。北京猿人头盖骨和山顶洞人化石的发现，为研究中国的远古社会史和人类发展史提供了极为珍贵的资料。

郭沫若在被迫离开祖国旅居日本期间，在日本警察的监视下，从事中国古代史和甲骨文、金文的研究，并取得了巨大成就。1930年，他完成《中国古代社会研究》一书，这是运用马克思主义观点研究中国古代社会的划时代的著作，在中国史学界产生了巨大影响。

后来，郭沫若又发表了《甲骨文字研究》《卜辞通纂》《殷契萃编》三部综合研究甲骨文的重要著作，还发表了《两周金文辞大系》和《殷周青铜器铭文研究》，系统地探索了青铜器铭文和纹绘，是考古学中的重要建树，为金文的研究奠定了基础。

第四节　抗日救亡文化运动

全国文艺界抗日民族统一战线的初步形成　1931年日本帝国主义发动侵略中国的战争以后，在中国共产党的抗日主张和关于建立抗日民族统一战线的号召下，全国人民掀起了抗日救亡的高潮，文化界的抗日救亡运动也迅速开展起来。

"一二·九"运动爆发以后，上海文化界沈钧儒①等270人发表宣言，支持学生的爱国斗争，要求国民党政府停止内战，一致抗日，并正式成立了上海文化界救国会，提出了八项抗日救国主张。1936年初，北平文化界救国会也正式成立，发表宣言完全赞成上海文化界救国会提出的一切抗敌救亡主张，表示"任何压迫，无所畏惧"，呼吁"全国文化界火速起来，促进全国民众的抗敌救亡运动"。1936年初，"左联"自动解散，准备另组作家协会，以团结广大作家组成文艺界抗日民族统一战线。同年10月，鲁迅、郭沫若、茅盾、巴金等文艺界各方面代表共二十多人，联合发表《文艺界同人为团结御侮与言论自由宣言》，号召文艺界为抗日救国而联合。宣言为文艺界抗日民族统一战线的形成奠定了基础。

上海文化界救国运动宣言中说："国难日亟，东北四省沦亡之后，华北五省又在朝不保夕的危机之下了！……在这生死存亡间不容发的关头，负着指导社会使命的文化界，再也不能够苟且偷安，而应当立刻奋起，站在民众的

---

①　沈钧儒（1875—1963），浙江嘉兴人。上海文化界救国会领导人之一。新中国成立后曾任全国人民代表大会常务委员会副委员长。

前面而领导救国运动！华北教育界'最后一课'的决心，是值得赞佩的。华北青年热烈的救国运动，尤其引起我们十二万分的同情。因为华北事件的教训，我们应该进一步的觉悟！与其到了敌人刀口放在我们的项颈的时候，再下最大的决心，毋宁早日奋起，更有效的保存民族元气，争取民族解放。"

宣言称："假如到了今日还有人想用妥协，提携，亲善，甚至游说的方式，希求敌人的觉悟，那真是与虎谋皮了！"宣言要求政府"用全国的兵力、财力反抗敌人的侵略"。

抗日救亡文艺的发展　革命文艺工作者在抗日救亡运动中，创造出大量抗日救亡的文艺作品。在国防文学、国防戏剧等口号下，北平学生演出了《打回老家去》《放下你的鞭子》等独幕剧。电影方面，摄制了《渔光曲》《桃李劫》《大路》《风云儿女》《十字街头》等影片。音乐方面，有聂耳谱写的在电影《桃李劫》中的主题歌《毕业歌》，《义勇军进行曲》和《大路歌》；冼星海作曲的《救国军歌》；任光作曲的《打回老家去》；还有《救亡进行曲》《大刀进行曲》等。其中，《大路歌》被制成唱片，销行很广；田汉作词、聂耳谱曲的《义勇军进行曲》，吹响了救亡运动的号角。文学方面，有田汉的

电影《渔光曲》剧照

《回春之曲》和夏衍的《包身工》等。这些作品从不同的角度反映了人民热爱中华、保卫祖国的强烈的抗日激情。艺术方面，徐悲鸿的大幅油画《田横五百士》，歌颂了田横等人的高尚气节，反映了作者对日本帝国主义侵略的反抗和对国民政府不抵抗政策的强烈不满。

聂耳(1912—1935)，
云南玉溪人

冼星海（1905—1945），
广东番禺人

徐悲鸿画的奔马

第七章　抗日战争时期的
政治概况和文化

1931 年，日本发动"九一八"事变，挑起侵华战争。"九一八"事变成为中国抗日战争的起点，揭开了中国抗战的序幕。

"九一八"事变以后，日本大力进行以征服中国和称雄亚洲为主要目标的扩军备战，实行国民经济的全面军事化和广泛的战争动员。1936 年，日本制定了所谓"国策基准"的侵略方案，一方面要确保日本在东南亚大陆的地位，另一方面要向南方海洋发展。同时，为了摆脱经济危机，缓和国内阶级矛盾，扩大它在中国大陆上的殖民统治，日本积极策划全面侵华战争。1941 年，苏德战争和太平洋战争爆发。由苏、中、美、英等国发起，国际反法西斯统一战线建立。

1937 年的卢沟桥事变，是日本帝国主义全面进攻中国的开始，也是中国全民族抗战的开始。中国人民的抗战和中国的抗日战场是世界反法西斯战争的重要组成部分。中国人民的抗战为世界人民反法西斯战争的胜利作出了重大贡献。中国抗日战争的胜利，是中国人民近代以来第一次取得抗击外敌入侵的完全胜利，是中华民族由落后走向振兴的转折点。

第一节　政治概况

卢沟桥事变和抗日民族统一战线的建立　　1935 年华北事变以后，日本帝国主义加紧准备扩大对中国的侵略战争，妄图迅速灭亡中国。1937 年 7 月 7 日，驻北京丰台的日本侵略军向卢沟桥中国驻军发起进攻，中国军队奋起抵抗。从此，中国全民族抗日战争开始。

卢沟桥事变发生后的第二天，中国共产党发出通电，指出"只有全民族实行抗战，才是我们的出路"，并且号召："全中国同胞，政府与军队，团结起来，筑成民族统一战线的坚固长城，抵抗日寇的侵略！国共两党亲密合作抵抗日寇的新进攻！"7月15日，中国共产党向国民党提交了国共合作宣言。8月13日，日本侵略军又在上海发动"八一三"事变。日本帝国主义进攻上海，直接威胁到国民党政府的切身利益，也危害到英美帝国主义在中国的利益。国民党政府被迫宣布抗战。在中国共产党的推动下，9月下旬，国民党公布了国共合作宣言，蒋介石发表了承认共产党合法地位的谈话。至此，国共两党实现了第二次合作，抗日民族统一战线正式形成。从此，在抗日民族统一战线旗帜下，中国人民开始了全民族的抗战。中国抗战进入一个新的时期。

全国抗战初期的正面战场和敌后抗战 全国抗战初期，国民政府抗战比较积极，组织淞沪会战、太原会战、徐州会战和武汉保卫战等正面战场的抗战；国民党军队的广大官兵也英勇抗战，谢晋元率数百战士孤军坚守上海四行仓库，完成了掩护主力撤退的任务；李宗仁指挥徐州台儿庄战役取得胜利。但是，由于日军暂时处于优势和国民政府的片面抗战路线和指挥

淞沪会战，国民政府军队在抗击日军

无能，正面战场节节败退。全国抗战爆发后半年时间，华北国土几乎全部失守，首都南京也被敌军占领。1938年10月，华南重镇广州、中南要地武汉也相继沦陷，国民政府退到四川重庆，半壁河山陷于敌手。

日军每到一地，就大肆抢夺掳掠，奸淫烧杀，无恶不作。1937年12月13日，日军侵占南京后，六周之内，就屠杀手无寸铁的居民和放下武器的士兵达三十万人以上，制造了南京大屠杀。

晋察冀军区司令员聂荣臻在前线指挥作战

中国共产党实行全面抗战路线，在敌后创建抗日根据地。第二次国共合作后，根据国共两党协议，工农红军改编为国民革命军第八路军，南方八省的红军游击队

改编为国民革命军新编陆军第四军。接着，中国共产党召开洛川会议，制定了抗日救国十大纲领，提出广泛发动群众、开展全民族抗战的路线。八路军、新四军深入敌后，开展游击战争，在华北敌后、大江南北，建立起晋察冀、晋绥、晋冀豫、冀鲁豫、山东、苏南、皖东等敌后抗日根据地。八路军、新四军抗击着大量日军和几乎全部伪军，严重地威胁着敌人的后方，沉重地打击了日本侵略者，有力地配合着国民政府正面战场的作战。

在抗日民族统一战线旗帜鼓舞下，全国各界人民纷纷投入抗日斗争，广大文艺界组成了文艺界抗日民族统一战线，提出了文艺为抗战服务的口号，掀起了一个蓬勃发展的文艺抗日运动。

诱降政策和坚持抗战　1938 年 10 月，日本侵略军占领广州、武汉以后，由于兵力严重不足，改变了对华作战方针，对国民党政府由军事进攻为主转为以政治诱降为主、军事进攻为辅。日军以主要兵力进攻共产党领导的八路军、新四军。日本侵略军对共产党领导的敌后抗日根据地进行疯狂的"扫荡"，对游击区实行"蚕食"政策，在敌占区进行"清乡"。在沦陷区，日本侵略者为了以战养战，从经济上大肆掠夺；为了巩固统治，实行灭亡中国的奴化教育。

1938 年 11 月，日本首相近卫发表第二次声明，声称战争的目的在于"建立东亚新秩序"；很快，又发表第三次声明，提出"善邻友好""共同防共""经济提携"三原则。不久，日本新任首相平沼也表示："蒋介石将军与其领导之政府，假使能重新考虑其反日态度，与日本共同合作，谋东亚新秩序之建立，则日本准备与之作中止敌对行为之谈判。"

日本的政治诱降政策，使国民政府内部发生重大变化。亲日派头子汪精卫于 1938 年底公开叛国投敌，当了汉奸。在日本侵略者支持下，1940 年 3 月，汪精卫在"和平反共建国"的幌子下，在南京成立了汉奸傀儡政权伪南京国民政府，组织伪军，替日本侵略者"维持治安"。

以蒋介石为首的亲英美派，一方面与日本秘密谈判，进行投降活动；另一方面在军事上消极抗战。正面战场上，虽然广大爱国官兵仍努力作战，出现了像张自忠那样英勇抗战、为国捐躯的抗日将领，但是在日军进攻面前，国民党军队节节溃退，1944 年发生了豫湘桂大溃败。一些国民党高级将领打着"曲线救国"的幌子，投敌充当伪军。国民党对共产党实行"溶共、防共、限共、反共"政策，调动几十万军队袭击八路军、新四军，制造了皖南事变等反共事件。在国民党统治区，限制和镇压抗日民主运动，实行法西斯专制统治，使全国抗战初期出现的抗日民主高潮低落下来。但是，在共产党领导下，国民党统治区随即又出现了反对国民党一党专政的抗日民主运动。

中国共产党领导八路军、新四军和人民抗日力量，进行坚持抗战、反对投降，坚持团结、反对分裂的斗争。各抗日根据地坚持抗日斗争。1940年，彭德怀指挥八路军，在华北敌后发动了百团大战，打破了敌人的"囚笼政策"，粉碎了日伪军的大扫荡。八路军、新四军在敌后建立了大小十九块抗日根据地，抗击了大部分侵华日军和几乎全部伪军，在全民族抗战中起了中流砥柱作用。对国民党顽固派的反共投降活动进行了有理、有利、有节的斗争，粉碎了三次反共高潮。在敌后抗日根据地进行服务于抗日战争的政治、经济和文化建设。

抗日战争的胜利 1945年，世界反法西斯战争胜利发展的形势，加速了中国抗日战争胜利的进程。为了迎接胜利，1945年4月，中国共产党在延安召开了第七次全国代表大会，毛泽东作了《论联合政府》的报告，制定了夺取抗战胜利的政治路线。这次大会是团结的大会，迎接胜利的大会，为夺取抗日战争的胜利和胜利后的革命斗争作了准备。

1945年8月，美国先后在日本的广岛和长崎投了两颗原子弹。与此同时，苏联政府对日宣战，苏联红军出兵中国东北，对日本的关东军给以致命的打击。8月9日，毛泽东发出《对日寇的最后一战》的号召，第二天，朱德发布了大反攻命令。接着，八路军、新四军和人民抗日军队向日本侵略军发起大反攻，收复失地。8月15日，日本政府宣布无条件投降，9月2日，日本政府向盟军正式递交了投降书。9月9日，中国战区的日本侵略者头子冈村宁次将投降书交给了中国政府。10月25日，日本驻台湾总督安藤利吉也在投降书上签

1945年大反攻前夕共产党
在敌后建立的抗日根据地示意图

字，将投降书交给中国政府代表。这样，被日本统治达50年之久的台湾回到了祖国的怀抱。经过14年抗战，中国人民取得伟大的胜利。抗日战争的胜利，是中华民族近代以来反抗外国侵略者取得的第一次完全的胜利，是中华民族从衰败走向振兴的转折点。中国的抗日战争为世界人民反法西斯战争的胜利作出了重大贡献。中国人民也为之付出了巨大的民族牺牲。

但是，国民党政府抢夺人民抗战胜利果实，不准八路军、新四军参加受降，阴谋发动内战。这样，抗日战争胜利后，中国人民面临着两种命运和两个前途的斗争。

第二节　文艺界抗日民族统一战线的形成和抗日文艺运动的新发展

中华全国文艺界抗敌协会成立　1937年卢沟桥事变爆发以后，中国共产党立即发出通电，号召"全中国同胞、政府与军队，团结起来，筑成民族统一战线的坚固长城，抵抗日寇的侵略！"广大文艺工作者立即行动起来，开展抗日救亡工作。为统一领导，1938年3月，文艺工作者在武汉成立了中华全国文艺界抗敌协会，简称"文协"，选出了郭沫若、茅盾、夏衍、田汉、郑振铎、巴金、郁达夫等45人为理事。周恩来到会讲话，并被大会推选为名誉理事。"文协"声称："除了甘心媚敌出卖民族的汉奸，已无一不为亲密的战友，无一不为民族的力量。我们应该把分散的各个战友的力量，团结起来，像前线战士用他们的枪一样，用我们的笔，来发动民众，捍卫祖国，粉碎寇敌，争取胜利。""文协"的成立，标志着全国文艺界抗日民族统一战线组织正式形成。

"文协"成立以后，首先建立全国作家通讯网，建立各地分支机构，先后在广州、桂林、成都、延安、上海等地建立分会，团结广大作家开展抗日斗争。接着，"文协"提出"文章下乡、文章入伍"的口号，号召作家深入农村，走向前线，直接为抗战服务。为广泛发动群众的需要，"文协"还倡导文艺大众化，要求作家写通俗文艺作品，便于群众理解和接受。在"文协"的号召下，广大文艺工作者迅速投入战斗，在反抗日本侵略的斗争中，发挥了重要的作用，成为一个方面军。

抗日文艺运动的发展　全国抗战开始以后，广大文艺工作者以抗战为中心任务，在各条战线上积极展开抗日救亡斗争。抗日文艺运动出现了蓬勃发展的新气象。

卢沟桥战事发生后，茅盾在《炮火的洗礼》中高呼："在炮火的洗礼中，中国民族就更生了！让不断的炮火洗净了我们民族数千年来专制政治下所造成的缺点，也让不断的炮火洗净了我们民族百年来所受帝国主义的侮辱。"郭沫若"别妇抛雏"①，冒着生命危险，从日本返回祖国。他一到上海，就立即投入救亡运动。"八一三"事变后，他深入火线采访，慰问抗战将士，写出了《在轰炸中来去》《前线归来》等激动人心的报告文学。

郭沫若（1892—1978），
四川乐山人

8月，上海文化界救亡协会机关报《救亡日报》正式创刊。它高举起团结、抗战、救亡的鲜明旗帜，刊登了许多描述爱国将士浴血抗战的文章，反映了中国人民不甘做亡国奴的呼声。

上海文化界救亡协会组织文艺工作者，以抗战文艺为武器，向群众宣传抗日救亡，激励民族精神。戏剧家创作了以反映抗战为主题、以工农兵为形象的剧本。卢沟桥事变后，中国剧作者协会在上海成立。协会决定创作《保卫卢沟桥》剧本。会后，阿英②、宋之的③、崔嵬④等17人进行集体创作，由夏衍等人整理。三幕剧《保卫卢沟桥》剧本，从创作、定稿到付印，只用五天时间就完成了。由夏衍等组织赵丹、崔嵬等近百名导演、演员进行排演。《保卫卢沟桥》在上海正式公演，轰动了整个上海，大大地激励了上海军民的抗敌意志。这时，田汉在南京也创作了四幕剧《卢沟桥》，其他剧作家还创作了《台儿庄》等剧本。这时期，以独幕剧创作量最大，据1938年统计，有一百四十多个。上海话剧协会，在郭沫若等领导下，成立了十多个救亡演剧队，分赴前线和内地，演出抗战戏，鼓励抗战将士英勇杀敌。不久，又有中国旅行团、孩子剧团等十几个团体到农村、去战地演出。在音乐方面，不少曲作家也创作出一批优秀的抗日救亡曲目，如《全民抗战》《太行山上》《到敌人后方去》等，表达广

---

① 卢沟桥事变爆发后，旅居日本的郭沫若于7月25日凌晨，暗暗地告别了妻子和熟睡的儿女，回国参加抗日救亡运动。他在回国的船上写下了一首诗，诗中有"又当投笔请缨时，别妇抛雏断藕丝"一句。

② 阿英（1900—1977），即钱杏邨，安徽芜湖人。现代著名文学家、戏剧家。

③ 宋之的（1914—1956），河北丰润人。现代著名剧作家。

④ 崔嵬（1912—1979），山东诸城县人。电影和戏剧导演。

大群众共同的心声。冼星海的《黄河大合唱》，响遍了祖国大地，鼓舞着广大军民的抗战热情，成为我国音乐史上不朽的杰作。美术工作者也踊跃参战，汉口的画家在武昌黄鹤楼下的墙壁上，集体创作了一幅题为"全国总动员"的大幅壁画，鼓动全国人民参加抗日救亡斗争。其规模之大，在中国美术史上是空前的。

这时期，各种抗日救亡刊物纷纷出版。抗战开始后，邹韬奋在上海主编了《抵抗》杂志，茅盾在广州主编《文艺阵地》。文学社、文季社、中流社等集资合刊了《烽火》周刊。这是一个很有影响的宣传抗日救亡的刊物。此外，还有《文化战线》旬刊、《战时妇女》和《战时教育》等刊物相继出版。

邹韬奋（1895—1944），
江西余江人

上海失守后，上海的广大文艺工作者开始分流。除一部分留在上海坚持斗争外，一部分去延安，一部分到内地，大部分集中到武汉。当时武汉集中了一大批进步文艺工作者。郭沫若到武汉以后，在周恩来直接领导

各地出版的抗日救亡刊物

下，继续从事抗日救亡斗争。他除担任全国"文协"领导职务外，还任国民党军事委员会政治部第三厅厅长，领导抗战的文化宣传工作。在中华全国文艺界抗敌协会领导下，武汉抗敌文艺蓬勃兴起。各类文艺团体纷纷成立，各种抗敌的报刊大量出版。在武汉的文艺工作者统一组织成四个抗日宣传队、十个抗敌演剧队、两个漫画宣传队、四个电影放映队和一个孩子剧团。他们奔赴全国各地，深入农村和前线进行宣传，开展抗日救亡活动。邹韬奋的生活书店迁到汉口后，为适应宣传抗战文艺的需要，在全国各地设立五十多个分店和支店，积极宣传进步文化。

在宣传活动中，报告文学、诗歌是最流行而精彩的。仅一年内出版的《抗战中的中国》《抗战动员丛刊》等系列丛书就有近百种。刘白羽说："抗日战争爆发了，整个民族像一个巨人站起来，发出战斗的怒吼，鲜血冲洗着耻辱，生命换来光荣，这是血污的时代，这是求生存的时代，这是战火把天地照得通红的时代，这是黎明之光洒满中国的时代，报告文学就是这个时代的记录。"这时的诗歌中，光未然的《五月的鲜花》很为群众喜爱，它歌颂了挽救民族危亡的抗日志士："五月的鲜花开遍了原野，鲜花掩盖着志士的鲜血。为了挽救这垂危的民族，他们曾顽强地抗战不歇。……"这首诗后来被谱成歌曲，广为传唱。

留在上海的一批进步作家，如郑振铎、钱杏邨、景宋①等人，在上海地下党领导下，利用英法等国租界的特殊条件，进行了艰苦卓绝的斗争，称为上海"孤岛"时期的文学运动。他们在十分艰难的条件下，出版了《鲁迅全集》，翻译出版了斯诺介绍延安革命根据地抗日斗争的《西行漫记》，还出版了黄镇作的《西行漫画》等，在国内外产生很大影响。"孤岛"时期的戏剧运动，成绩也很卓著。上海艺剧社既演以抗日为题材的话剧，也演现实性很强的历史剧，如阿英的《葛嫩娘》、于伶的《大明英烈传》等，都产生了强烈影响。那时候，小型剧团也很活跃，有一百多个。这些剧团经常以上海各界救国联合会名义组织"义卖救难公演"，为新四军募寒衣、买军火、购药品，筹集了大量资金，还教育了群众，扩大了政治影响。1941年太平洋战争爆发以后，大部分作家转到国统区和敌后根据地，小部分留在上海坚持斗争。

第三节　国民党统治区和日伪沦陷区的文化和教育

国民党统治区的文化斗争　广州、武汉沦陷以后，由于日本帝国主义的政治诱降，国民政府对抗战的舆论和文化进行肆意破坏和摧残。1938年，国民政府公布了《战时图书杂志原稿审查办法》及《抗战期间图书杂志审查标准》等法令，压制抗日舆论。

国民党控制抗日舆论的办法很多，主要有：第一，强迫收买报纸，排斥进步记者，改变宣传内容。国民党特务以高价强买上海《立报》，迫使《立报》迁往香港，一些进步记者只好离开报社。国民党强迫改组四川重庆的《新蜀

---

① 景宋，即许广平（1898—1968），景宋是她的号，广东番禺人。现代女作家，鲁迅夫人。

报》和《国民公报》，还向南洋、印度、南美洲等十几家华侨办的报社派遣"总编辑"，以取消报纸的进步内容。第二，封闭主张抗日的报社与书店，枪杀抗日的记者。1939年，国民党政府迫使邵阳的《观察日报》停刊，将成都的《时事新

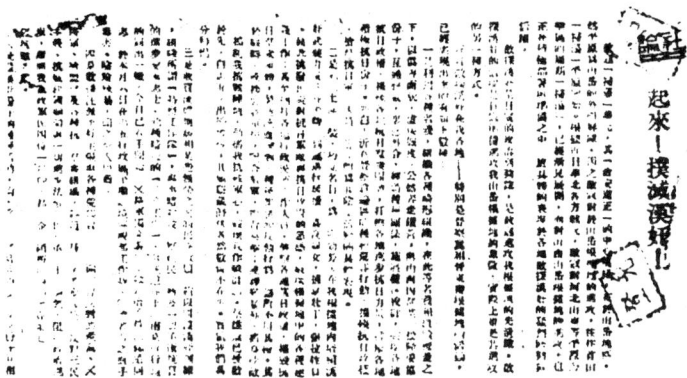

被国民党扣留的《新华日报》1940年1月6日的社论

刊》查封，枪杀了记者李亚凡。1940年，又逮捕了《大声》周刊的总编辑车耀先①，后来将他处死。邹韬奋经营的55个生活书店的支店和分店，被查封了44处，到1941年，全部被封。第三，封锁抗战消息，摧残抗战书报。国民党政府规定一律不准登载八路军、新四军对日作战的消息。国民党特务在全国建立检查所，规定所有报刊的稿件、评论必须送审。由于国民党扣押稿件，一些报纸经常"开天窗"。重庆《新华日报》有一天社论栏只印了"抗战第一、胜利第一"八个大字。据统计，1938年到1941年，被查禁的书刊达961种。

"开天窗"是一种暴露国民党扣押、删改稿件的特殊斗争方式。这种方式是把被扣、被删的文字在报纸的版面上留下一块块或大或小的空白，仅仅刊出文章的标题，让读者去品味。1940年1月6日，《新华日报》第一版社论，第一次拟刊登《论冬季出击的胜利》，重庆新闻检查所以"军事论文"为托词扣留；第二次《新华日报》拟转载华北版《起来，扑灭汉奸！》一稿，重庆新闻检查所又以内容未妥为由"免登"。《新华日报》"来不及写第三稿"，就在社论位置写了"抗战第一！胜利第一！"八个大字，并在末尾用小字说明稿件多次被扣的情况。

国民党政府对抗战文艺运动也实行高压政策，对革命的文艺工作者进行迫害。许多宣传队、演剧队被迫解散，部分文艺工作者被迫离开火热的战斗生活。一度蓬勃兴起的抗战文艺运动遭到严重的摧残，低沉下去。

为了抨击国民党顽固派的法西斯统治，革命文艺工作者开始创作暴露国民

---

① 车耀先（1894—1946），四川大邑人。抗日战争爆发后，在成都领导抗日救亡运动和统一战线。1940年被反动派逮捕，1946年在中美合作所被害。

党黑暗统治的小说、戏剧、诗歌。郭沫若运用他丰富的历史知识和卓越的文学才华，先后写了《棠棣之花》《屈原》《虎符》等六个历史剧。这些剧本以史喻今，表现反对侵略、反对投降、反对专制暴虐、反对屈从变节，主张爱国爱民、团结御侮、坚贞自守的精神，有力地揭露了国民党顽固派的卖国投降政策。这些剧本在重庆、桂林等地演出后，收到了显著的政治和艺术效果。

这些剧本中最成功的是《屈原》。他在《雷雨颂》中说：

电！你这宇宙中最犀利的长剑呀！……你劈吧，劈吧，劈吧！把这比铁还坚固的黑暗，劈开，劈开，劈开！……

光明呀，我景仰你，我景仰你，我要向你拜手，我要向你稽首。

郭沫若借用屈原之口说出了自己对国民党政府黑暗统治的怨愤，也表达了对光明和自由的渴望和追求。

茅盾在这时写的长篇小说《腐蚀》，以1941年皖南事变为背景，通过一个女特务在日记里的自白，揭露了国民政府法西斯特务统治的血腥罪行和反共反人民的种种罪恶阴谋。在当时"空前的投降危险和空前的抗战困难"的情况下，有深刻的政治意义和强烈的战斗精神。

在国民党统治区内进行战斗的进步文艺运动，是整个革命文艺运动的一个重要组成部分。革命的文艺工作者写下的优秀作品，在文艺史上产生了重要影响。

两种文艺思想的斗争　随着国民政府对抗战文化的压制和摧残，一批御用文人对抗战文艺思想发起进攻。他们提出了文学"与抗战无关"的论调。1938年底，重庆《中央日报》副刊《平明》上发表"编者的话"，强调"与抗战无关的材料"也是好的，还说什么"抗战八股"对谁也没有好处。接着，《今日评论》上也发表《一般或特殊》一文，提出"反对作家从政"，反对文学成为"宣传品"，鼓吹作家不要当"宣传家"，要做特殊的专门家，写"与战事"、"与政治""并无关系"的作品。

这种文学"与抗战无关"的论调一出来，就遭到进步文艺家的批判。宋之的在《谈"抗战八股"》一文中说，"没有一个人，没有一件事，在现在是'与抗战无关'"的，而真正感到没有益处的，只能是梦想着所谓的"王道乐土"的那些"蠢奴才"。进步作家在批判"反对作家从政"论时指出，这是要造成一批误国的文人。

1940年，昆明的一些教授，出版了《战国策》半月刊。他们主张作品应是"非红非白，非左非右，民族至上，国家至上"。他们把当时的反法西斯战争歪曲为"战国时代",宣称"国与国之间没有是非,只有强权"。

"战国策"派得到国民党反动文人头目张道藩的支持,也受到进步文化界的批判。1942年1月,汉夫在《群众》上发表了《"战国"派的法西斯主义实质》一文,欧阳凡海发表了《什么是"战国"派的文艺》,揭露批判了他们鼓吹的法西斯主义文艺观,指出他们是要把文学艺术从服务于抗战、服务于民族社会的尺度上脱离开,他们实际上是帮助日本侵略者灭亡中国。这给了"战国策"派以严厉的驳斥。

国民党统治区的教育 全国抗战爆发前夕,我国有高等院校108所,大部分在东南沿海一带。全国抗战爆发后,为了避免日军的破坏,许多大学纷纷内迁。如北京大学、清华大学和南开大学迁到昆明,成立西南联合大学;北平大学、北京师大、北洋工学院和北平研究院迁到汉中,成立西北联合大学;中央大学迁到四川重庆沙坪坝等。共计有40%的大学迁往西南和西北,保存了我国的教育事业。

抗战期间,同济大学为躲避日军破坏,曾六次迁移。"八一三"事变前,同济大学将教学设备、图书等由吴淞迁入市区。8月末,日军轰炸吴淞,学校被破坏。9月,学校迁往浙江

西南联大

金华。11月,日军进攻杭州湾,日本飞机不断空袭金华,同济大学第三次迁校,迁往江西赣州。1938年7月,九江局势危急,学校决定第四次迁校,由赣州迁往广西贺县,行程两个月。原定11月复课,但因华南局势突变,学校第五次迁移,大部分学生经越南谅山、河内、老街,再进入云南,1939年春节到达昆明。1940年夏,日机经常侵扰昆明,学校第六次迁校,西迁至四川南溪,至1941年3月复课。

抗战期间,国民政府继续推行封建法西斯教育。1937年8月,国民党政府颁布了《总动员时督导教育工作办法纲领》,提出以"战时须作平时看"为办理教育的方针,坚持"一个政党、一个主义、一个领袖"的封建法西斯专制

主义教育。国民党为了强化对教育的法西斯专制，1938年委派CC特务头子陈立夫为教育部长，使全国学校都置于特务统治之下。为了加强对青年学生进行封建法西斯思想统治，他们还采用德国学校的法西斯训育制，对大、中学校的青年学生进行所谓的"信仰训练"，妄图把大、中学生训练成"信仰或服从领袖"，要"时时刻刻心领袖之心，行领袖之行"。1938年以后，在全国各大专学校成立国民党、三青团组织，使高等学校更加"特务化"了。在中等学校强制推行反动的"导师制"，规定有特务身份的国民党员担任训育主任，掌管全校的训育工作。对高中学生继续进行军事训练，对初中以下学生继续进行童子军训练，并且在各校中成立和发展三青团组织。

为了加强对大、中学校教育的法西斯统治，国民党政府加强了大学课程的封建化和法西斯化，把"三民主义""军训"列为大学共同必修科目，同时又规定"四书"① 为中国文学系的必修科目。1942年，教育部奉蒋介石手令，又把"伦理学"列为大学一年级学生的必修科目。国民党政府还强迫中学生背诵蒋介石著的《中国之命运》。国民党教育部还编辑了一套"国定教科书"，这套教科书把"党化教育""渗透"到国文、历史、地理等科目中去，以反动的"公民"课为重要科目，对学生进行法西斯奴化教育。

全国抗战时期，我国的教育事业有所发展。到1945年抗战胜利，高等院校新增四十多所，在校生增加近一倍，达到八万多人。1937年，全国有中学生三十万九千多人，师范学生四万八千多人。到1946年，全国有中学生一百四十九万五千多人，师范学生二十四万五千多人。国民党统治区的初等教育发展缓慢。1936年，有小学校三十二万多所，小学生一千八百三十六万余人，到1945年，小学校数降为二十六万九千多所，小学生二千一百八十三万余人。

抗战期间全国高等学校发展情况

时间	学校数	学生数
1936年	108所	4.19万人
1937年	91所	3.11万人
1945年	141所	8.06万人

日伪占领区的奴化教育与人民的斗争 日本侵略者占领中国大片领土以后，为了达到巩固其殖民统治的目的，除继续军事高压政策外，还进行思想文

---

① "四书"：《大学》《中庸》《论语》《孟子》。

化上的奴化教育，主要反映在：

首先，用武力毁灭或强占中国的文化和文化机关及学校。日本侵略者所到之处，首先焚烧中国的抗日书籍和中国历史、地理等书籍。据统计，1932 年 3 月至 7 月的五个月内，日本在东北就烧毁书籍 650 万册。1937 年"七七"事变后一年内被破坏的高等学校达 85％，被破坏的小学校达 44％。抗战期间，日本侵略者对中国的文物、图书进行野蛮的掠夺和破坏。据统计，全国被毁或被劫走的古代文物达 36 万多件。其中，江苏吴兴嘉善堂珍藏的《永乐大典》残本，是国内所藏的精品，也被日本侵略者劫走。日本侵略中国期间，中华民族的文化遭受了空前的浩劫。

1937 年 7 月，日军进攻天津时，不仅炸毁了南开大学的三座教学大楼、三幢宿舍及二百多间平房，还掠走了大部分图书，其中有数百种元明时期的善本书。一口明朝永乐年间制造的大钟，重 1.8 万斤，钟面镌有金刚经全文，属稀世的历史文物，也被日军抢走。

其次，在占领区设置奴化教育机关，对中国人民进行奴化教育。日本侵略者除了向占领区大量倾销日本的报纸、杂志、图书外，主要是在学校中进行奴化教育，妄图从思想上征服中国的年青一代。以伪满洲国为例，从中央到地方，设立各级教

日本在沦陷区推行奴化教育

育行政机关，设有大、中、小学校。1937 年，伪满洲国政府公布了一个殖民地奴化教育的"新学制"。这个学制的特点是缩短中等教育和高等教育的学习年限，以限制青年学生的文化科学知识水平；加强中等教育的职业化，以培训为日本驱使的劳动大军；将日语定为必修的"国语"科，而将原来的国语（中文）改为"汉文"，企图以日语来同化中国人。这是殖民地奴化教育的重要特点。后来，这个"新学制"也在华北、华中、华东等占领区推行。侵略者还组织人编了一套进行奴化教育的教材，以"日支亲善""共存共荣""东亚和平"等口号来毒害中国年青的一代。

沦陷区的中国人民同日本侵略者的奴化教育进行了坚决的斗争。有的师生逃亡外地，有的师生参加抗日武装队伍。东北沦陷区的学生，每当校方命令他

们高呼"满洲国万岁"时，常杂有"满洲国完事儿"的呼声。北平的学生不愿穿伪市政府规定的制服，以示反抗；有些学生打电话把伪校长、教导主任痛骂一顿。沦陷区学校的师生，为了牢记自己的祖国，经常在汉奸、日本宪兵不在场时读中文课本，努力学习祖国的语言、文字和历史。

第四节　抗日根据地的文化和教育

新民主主义的文化纲领　1940年1月，毛泽东发表《新民主主义论》一文，提出了中国新民主主义的政治纲领、经济纲领和文化纲领。关于新民主主义的文化纲领，毛泽东指出：所谓新民主主义的文化，就是无产阶级领导的人民大众的反帝反封建的文化，在当时，就是抗日民族统一战线的文化。

他指出，这种新民主主义的文化是民族的。它反对帝国主义的压迫，主张中华民族的尊严和独立。我们的文化是革命的民族文化。中国应该大量吸收外国的进步文化，作为自己文化食粮的原料。但是，一切外国的东西，如同我们对于食物一样，必须经过自己的口腔咀嚼与胃肠运动，送进唾液、胃液、肠液，把它分解为精华和糟粕两部分，然后排泄其糟粕，吸收其精华，才能对我们的身体有益，决不能生吞活剥地毫无批判地吸收。所谓"全盘西化"的主张，乃是一种错误的观点。中国的文化应该有自己民族的形式。民族的形式和新民主主义的内容，这就是当时的新文化。

他指出，这种新民主主义

最初发表在延安《中国文化》创刊号上的
《新民主主义的政治与新民主主义的文化》

的文化是科学的。它是反对一切封建思想和迷信思想，主张实事求是，主张客观真理，主张理论和实践一致的。中国在长期的封建社会中，创造了灿烂的古代文化。清理古代文化的发展过程，剔除其封建性的糟粕，吸收其民主性的精华，是发展民族新文化、提高民族自信心的必要条件；但是决不能无批判地兼收并蓄，必须将古代封建统治阶级的一切腐朽的东西与古代优秀的人民文化，即多少带有民主性和革命性的东西，区别开来。中国当时的新文化是从古代的旧文化发展而来，因此，我们必须尊重自己的历史，决不能割断历史。但是这种尊重，是给历史以一定的科学的地位，是尊重历史的辩证法的发展，而不是颂古非今，不是赞扬任何封建的毒素。

他还指出，这种新民主主义的文化是大众的，因而即是民主的。它应为全民族中百分之九十以上的工农劳苦民众服务，并逐渐成为他们的文化。

民族的、科学的、大众的文化，就是人民大众反帝反封建的文化，就是新民主主义的文化，就是中华民族的新文化。

毛泽东关于新民主主义文化的理论，是新民主主义革命时期文化工作的指导思想，它给革命文化工作者指明了前进的方向。

延安文艺座谈会和文艺界的新面貌　在毛泽东的新民主主义文化理论指导下，解放区的文艺事业有了很大发展，广大文艺工作者非常活跃，他们深入工农兵群众展开群众性的文艺活动。但是，抗日根据地的文艺存在两个问题：一是作品的题材还没有突破知识分子的圈子；二是作品不大众化，脱离民族传统。造成这些问题的原因是作家们对文艺为谁服务和如何服务的问题没有解决；作家的世界观没有得到改造。为了解决这些问题，1942年5月，党在延安召开文艺座谈会。毛泽东到会作了两次讲话，明确地提出文艺必须为工农兵服务的正确方针，号召革命文艺工作者和一切革命知识分子改造自己，同工农兵结合，为工农兵服务。毛泽东《在延安文艺座谈会上的讲话》，大大推动了文艺事业的发展。从此，文艺界开始了一个新的时代。

文艺座谈会以后，大批文艺工作者到农村、连队，深入群众，熟悉工农兵的生活，创作出一批反映工农兵生活，为工农兵服务的优秀作品。在文学创作上，赵树理[①]连续发表了《小二黑结婚》《李有才板话》等优秀小说，反映了抗日时期农村中的剧烈变化，描写了农民与地主之间复杂尖锐的阶级斗争，也歌颂了给农民带来幸福的中国共产党。此外，王大化创作的新的秧歌剧《兄妹

---

① 赵树理（1906—1970），山西沁水人。现代著名作家。

开荒》，延安平剧研究院创作的历史剧《逼上梁山》《三打祝家庄》也很出色。
1945 年，鲁迅艺术学院集体创作的大型歌剧《白毛女》，更是别开生面。

1942 年 5 月，毛泽东与参加
延安文艺座谈会的代表合影

延安《解放日报》首次发表毛泽东
《在延安文艺座谈会上的讲话》的版面

《白毛女》的作者成功地塑造了一个佃农女儿喜儿的形象。从她身上反映
了农民在地主阶级剥削压迫下的悲惨遭遇，和在共产党的领导下获得解放的
愉快生活，生动地表现了"旧社会把人逼成鬼，新社会把鬼变成人"的主题。
这个剧在艺术上也很成功，体现了中国传统的民族形式。《白毛女》演出后，
受到了广大人民群众的热烈欢迎和高度赞赏。

《白毛女》剧照

陕北民歌《东方红》，歌颂了人民领袖毛泽东，也歌颂了伟大的中国共产党，反映了人民群众与党的血肉关系，是群众喜爱的一支歌曲。

那时候，群众性的文艺运动也迅速普遍地开展起来。据统计，太岳区22个县，有秧歌队2 200多个，剧团700个。农民、战士用自己的生活作题材，自编自演，歌颂敌后根据地的生活和斗争。

无产阶级的新文艺，缤纷多彩，别具特色，充满着生活的气息，跳动着时代的脉搏。它是文坛上茁壮的新苗，是长空中灿烂的群星。

敌后抗日根据地的教育事业　抗日战争时期，敌后抗日根据地的文化教育事业得到了蓬勃的发展。毛泽东说："我们的工作首先是战争，其次是生产，其次是文化。没有文化的军队是愚蠢的军队，而愚蠢的军队是不能战胜敌人的。"为了提高人民和军队的文化水平，党在解放区积极发展教育事业。当时，革命的中心任务是打倒日本侵略者，争取抗战的胜利。教育也是围绕这个总目标。1937年，党在著名的《抗日救国十大纲领》中，就提出要"改变教育的旧制度、旧课程，实行以抗日救国为目标的新制度、新课程"。党根据革命斗争的任务和根据地的具体情况，对旧教育制度进行了改革，打碎了旧的一套，建立和发展与根据地政治、经济状况相适应的教育。这就是以无产阶级思想为指导，使教育为抗日战争服务，教育与生产劳动相结合，提高人民群众抗日和生产所需要的知识和技能，增强人民群众的民族自尊心。

根据地的教育分为干部教育与群众教育①两个方面。干部教育主要是办高等和中等学校，群众教育包括小学教育和成年人社会教育。党为了培养各类干部，在根据地创办了各类干部学校。1936年，在陕甘宁边区创办的中国抗日军政大学，是干部学校的一个样板，影响最大。它培养了二十多万名干部，学员遍布祖国各地。1937年，党又在延安创办了陕北公学、鲁迅艺术学院、中国女子大学、泽东青年干部学校。1941年，陕北公学、中国女子大学、泽东青年干部学校合并，成立延安大学。后来，行政学院、鲁迅艺术学院、自然科学院也归属延安大学。延安大学为国家培养了大批政治、经济和文化等各方面的人才。干部学校中还有马克思列宁学院、军事学院等。敌后根据地的中等教育也有相当的发展。陕甘宁边区更为重视发展师范教育。1941年全区七所中等学校中，有五所是师范学校，有学生一千多人。

_____

① 群众教育，即国民教育。

中国抗日军政大学

　　1937年7月底，党中央决定成立陕北公学，委托林伯渠、吴玉章、董必武、徐特立、张云逸等几位热心教育事业的老同志和成仿吾一起筹备创建陕北公学。陕北公学8月开始招生，到11月初正式开学，第一期学员有六百多人，编为五个队，第五队是女生队，主任是宋玉连同志。据统计，第一期学员来自全国二十五个省，内有台湾青年一人，还有从南洋、越南、朝鲜等地归国的华侨青年。毛泽东为陕北公学题词：“要造就一大批人，这些人是革命的先锋队。这些人具有政治远见，这些人充满着斗争精神和牺牲精神。这些人是胸怀坦白的，忠诚的，积极的，正直的。这些人不谋私利，唯一的为着民族与社会的解放。这些人不怕困难，在困难面前总是坚定的，勇敢向前的。这些人不是狂妄分子，也不是风头主义者，而是脚踏实地富于实际精神的人们。中国有一大群这样的先锋分子，中国革命的任务就能够顺利的解决。”

陕北公学开学典礼

小学教育发展迅速。1940 年，陕甘宁边区有小学 1 341 所，三年内增加三倍。小学教育也很重视抗日的思想政治教育。特别是在 1941 年和 1942 年，敌人对根据地实行"三光"政策时，边区政府对儿童进行"五不"教育①，还组织儿童参加社会活动，如站岗放哨、查路条、送信等。成年人的教育是根据地教育的一个重要方面，通过办识字班、冬学、夜校等各种形式，向广大工农兵群众进行以抗日为内容的扫盲教育，普及科学知识，提高他们对抗日胜利的信心。

敌后抗日根据地的文化出版事业　抗日战争时期，延安和各抗日根据地的出版事业也有了很快的发展。在十分困难的条件下，根据地出版了大量的报纸、杂志和书籍。延安有两个大的印刷厂，印刷出版了《解放日报》和《八路军军政杂志》《中国文化》《中国工人》《中国青年》《中国妇女》等十几种报纸和杂志。《解放日报》是中共中央的机关报，是当时全国敌后抗日根据地办得最好的一份大报。其他敌后根据地出版的报纸、杂志在 150 种以上。各地新华书店和华北书店、抗敌书店，发行了毛泽东的《新民主主义论》《论联合政府》和朱德的《论解放区战场》等重要著作，向广大群众宣传中国共产党的政治主张。

哲学社会科学和自然科学事业的发展　陕甘宁边区政府十分重视自然科学的研究和实验工作。为促进根据地科学技术的发展，1940 年，陕甘宁边区成立了自然科学研究会，有会员 320 人，开展对医学、农学、地质、生物、化学等学科的科学研究。1941 年 8 月，在延安召开了自然科学研究会的第一次年会，由吴玉章②任会长。会上，朱德作了《科学与抗战结合起来》的报告，徐特立作了《科学与教育》的报告，张闻天③作了《自然科学与社会科学》的报告。这次大会对推动自然科学的研究起了很大作用。科学工作者对根据地的工农业生产、军事工业、文化教育事业的发展作出了不少贡献。

延安整风运动以后，哲学社会科学也有了新的成就。那时候，翻译、出版了《列宁主义问题》《斯大林选集》等马克思主义理论著作。1944 年 5 月，在晋察冀中央局领导下，晋察冀边区出版了由邓拓④编辑的五个分册的《毛泽东

---

① "五不"教育：1. 不告诉敌人一句实话；2. 不向敌人报告干部和八路军；3. 不报告地洞和粮食；4. 不要敌人东西；5. 不上敌人学，不参加敌人少年团。

② 吴玉章（1878—1966），四川荣县人。无产阶级革命家、教育家。

③ 张闻天（1900—1976），上海人。无产阶级革命家、理论家。

④ 邓拓（1912—1966），福建闽侯人。马克思主义史学家、文学家。

选集》。哲学方面，艾思奇①编著了《哲学讲座》。历史方面，中国现代史研究会编纂了《中国现代革命运动史》。范文澜②主编的《中国通史简编》，在《中国文化》杂志上陆续发表。

根据地出版的毛泽东著作

---

① 艾思奇（1910—1966），云南腾冲人。马克思主义哲学家。
② 范文澜（1893—1969），浙江绍兴人。马克思主义史学家。

第八章　人民解放战争时期的政治概况和文化

1945年世界反法西斯战争的胜利，使国际力量的对比发生了深刻的变化。社会主义的苏联进一步巩固和强大，亚洲、东欧等地区的一些国家建立了人民民主制度和社会主义制度。世界民族解放运动蓬勃发展，旧的世界殖民主义体系日益瓦解。这都为中国人民的解放斗争提供了极为有利的国际条件。

战后，美国成为世界头号经济和军事强国，它积极向全球扩张，企图建立在世界的统治地位。为了把中国变为它独占的殖民地，美国政府全力支持蒋介石发动反人民的内战。蒋介石坚持独裁和内战的方针，妄图消灭共产党及其领导的解放区和人民解放军。

为了人民的利益，中国共产党极力避免内战。但终因蒋介石坚持发动内战，中国共产党只能用人民解放战争的方式，夺取全国的胜利。经过艰难曲折的斗争，中国人民终于推翻了帝国主义、封建主义和官僚资本主义的统治，取得了新民主主义革命的伟大胜利。从此，中国历史进入了一个新纪元。

第一节　政治概况

内战阴谋和争取和平民主的斗争　抗日战争胜利以后，中国面临着两种命运、两个前途的斗争。依靠美帝国主义支持的国民党反动派阴谋发动内战，企图建立一个代表大地主大资产阶级利益的法西斯独裁国家，使中国仍旧回到半殖民地半封建社会的地位。饱经抗日战争苦难的中国人民，渴望和平民主，期望在中国共产党领导下，建立一个独立自由的人民民主专政的国家。

为了准备内战，欺骗人民群众，国民党反动派搞假和平谈判。1945年8

月中旬，蒋介石接连电邀毛泽东到重庆举行和平谈判。为了避免内战的发生，争取实现国内和平和民主，揭露国民党的假和平真内战的阴谋，教育人民群众，8月下旬，中共中央主席毛泽东在周恩来、王若飞陪同下，到重庆同国民党举行和平谈判。毛泽东到达重庆，受到各界人民的热烈欢迎，也使国民党十分被动。经过四十多天的斗争，中国共产党作出了重大让步，于10月10日，国共两党签订了避免内战、和平建国的"双十协定"。

毛泽东、蒋介石
重庆谈判时的合影

但是，蒋介石一面进行谈判，一面积极部署内战。在毛泽东到达重庆的第二天，国民党密令各战区大量印发蒋介石在十年内战时期编写的反共文件《剿匪手本》。国民党军队向解放区不断发动进攻。1945年9月，蒋介石命令阎锡山派遣3.8万人进攻上党解放区。10月，蒋介石又调集20万军队沿平汉路北上，向解放区进攻。中国共产党在和谈期间作了充分的自卫战争的准备，因而取得了上党战役和邯郸战役的胜利，打退了国民党反动军队的进攻。

国民党军事进攻的失败和人民反内战运动的高涨，迫使国民党回到谈判桌上来，于1946年1月10日签订了停战协定，召开了政治协商会议。政协会议通过了改组国民党政府、召开国民大会制定宪法、确定和平建国纲领等有利于人民利益的决议。

全面内战的爆发和人民的反内战斗争　在美帝国主义支持下，国民党反动派经过几个月的内战准备后，狂言只要三个月到六个月，就可以打败人民解放军。1946年6月下旬，国民党反动军队向解放区发动了全面进攻，挑起了全面内战。

中国共产党为打败国民党反动派，制定了正确的政治路线和军事路线，并根据全国人民的愿望，提出了"打倒蒋介石，解放全中国"的政治口号。中国共产党还建立了更为广泛的人民民主统一战线，领导人民解放军和全国人民进行伟大的人民解放战争。

人民解放战争初期，由于国民党反动派的力量暂时占优势，人民解放军实行战略防御，采取了集中优势兵力，以消灭敌人有生力量为主要目标的作战方针。经过一年作战，人民解放军消灭了国民党军队112万人，使敌我力量发生

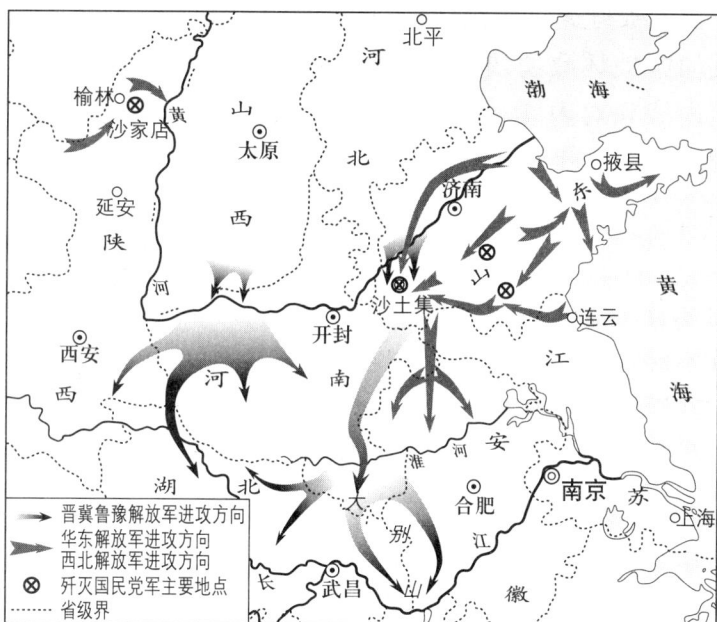

人民解放军战略反攻示意图

了根本性的变化，粉碎了敌人的全面进攻和重点进攻。解放战争第二年起，人民解放军发起了战略进攻。刘邓大军突进中原，把战场推向国民党统治区内，打到了敌人的心脏地区。其他解放区也发动了反攻。这一年人民解放军又消灭了国民党军队 152 万人，使国民党处于被动挨打的局面。解放战争进入第三年，党中央、毛泽东主席根据敌我力量对比的有利形势，适时地提出了与国民党军队进行主力决战的战略决策。经过 1948 年冬到 1949 年 1 月的辽沈、淮海、平津三大战役，歼灭和改编了国民党军队 154 万多人，国民党

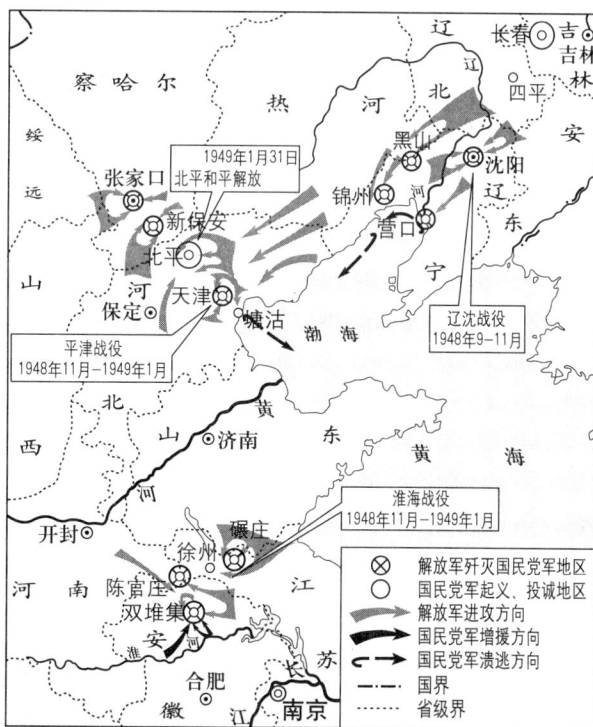

三大战役示意图

军队的主力基本上被歼灭。国民党政权已经摇摇欲坠了。

国民党反动派破坏政协决议、发动全面内战和对内实行法西斯独裁统治，激起了广大人民的强烈愤懑。青年学生的"反饥饿、反内战、反迫害"的口号响彻南北各地，工人的罢工斗争连续不断，台湾人民爆发了"二二八"起义。国民党统治区的反内战、争民主运动蓬勃发展，形成了反对国民党统治的第二条战线。国民党反动派处在全民包围之中。

淮海战役总前委，自左起：粟裕、邓小平、刘伯承、陈毅、谭震林

国民政府为了挽救军事、政治上的危机，1947年发布了"戡乱总动员"令，一方面加强法西斯特务统治，镇压人民的爱国民主运动；另一方面则更疯狂地搜括国统区的物力和人力，作垂死的挣扎。

中国共产党为发动群众，满足农民对土地的要求，在解放区进行了土地改革，废除了封建的剥削制度。广大农民翻了身，得到了土地。翻身农民的革命积极性和生产积极性大大提高。他们踊跃参军，积极支援前线。广大农民支援前线，为革命战争的胜利提供了可靠的保证。

人民解放战争的胜利 为了迅速夺取全国胜利和革命胜利后建设新中国，1949年3月，中国共产党召开了七届二中全会。会议决定在革命胜利以后，党的总任务是迅速地恢复和发展生产，使中国稳步地由农业国变为工业国，把中国建设成为一个伟大的社会主义国家。会议还指出，党的工作重心由乡村转移到城市，开始由城市领导乡村。全党要努力学会管理城市和建设城市。七届二中全会为夺取全国革命胜利和胜利后建设新中国，从政治上、思想上作了准备，解决了由新民主主义革命向社会主义革命转变的重大问题。

在人民解放军的强大攻势下，国民党政府作垂死挣扎。1949年元旦，蒋介石发出了求和声明，要求在保存伪宪法和国民党反动军队等条件下停止内战。中国共产党为迅速结束战争，实现国内和平，愿意在惩办战争罪犯、废除伪宪法、改编反动军队等八项条件下，同南京国民党政府进行和平谈判。4月1日，国共两党代表在北平举行和平谈判。经过双方努力，达成了一个国内和平协定的修正案。但是，国民党反动政府拒绝在和平协定上签字。这就再一次暴露它的假和谈阴谋。

4月21日，中国人民解放军发起渡江作战，23日解放了南京。统治人民达22年之久的国民政府覆灭了。人民解放军以秋风扫落叶之势，追歼国民党残余军队。国民党残余势力退往台湾。到1950年6月，人民军队共歼灭国民党军队807万人，解放了除台湾、西藏和沿海一些岛屿以外的全部国土，取得了人民解放战争的伟大胜利。

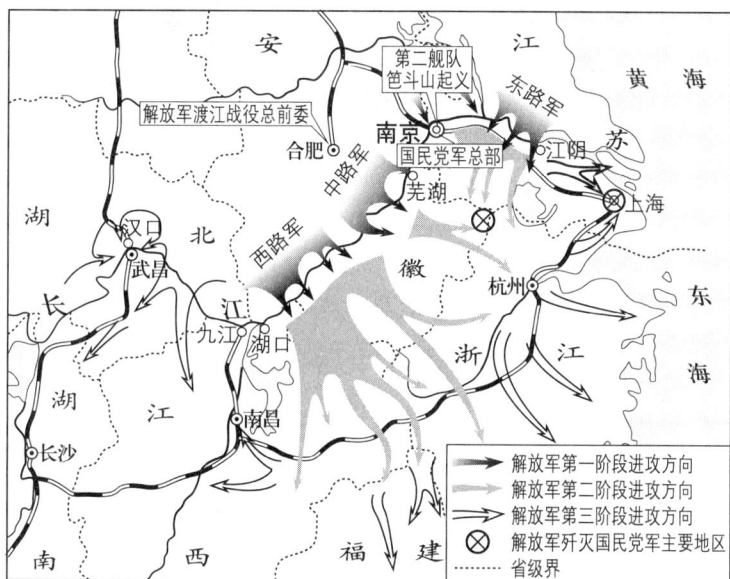

渡江战役示意图

1949年10月1日，中华人民共和国宣告成立，中华民族历史进入了一个新的伟大历史时期。

第二节　国民党统治区的文化和教育

文教战线上的法西斯专制　抗日战争胜利以后，国民党在文化教育战线上与经济、军事方面一样，疯狂地掠夺抗战胜利果实。1945年9月，国民政府发布了"管理收复区报纸、通讯社、杂志、电影、广播事业暂行办法"的训令。他们利用接收日伪文教事业的机会，大肆抢夺人民财产。1946年发动全面内战以后，国民政府又颁发了所谓的"戡平共匪叛乱总动员令"。他们派出特务、打手，封闭进步报馆，查禁进步书刊，迫害革命作家，对革命文化运动进行残酷迫害和摧残。1946年，国民党特务殴打民主人士、文化界领导人郭沫若、李公朴。后来，他们又先后暗杀民主战士李公朴、闻一多，制造了"李闻血案"。

国民党统治区的文学艺术成就和教育事业

但是，这支久经锻炼的革命文艺队伍并没有被反动派摧垮。他们在中国共产党的领导下，为争民主、争自由，与国民党的法西斯统治进行坚决斗争，同时还创作出一批优秀的作品。文学小说有沙汀①的《还乡记》，艾芜②的《山野》，巴金的《第四病室》《寒夜》和老舍的《四世同堂》等。戏剧有陈白尘③的《升官图》、田汉的《丽人行》等。音乐歌曲方面有《团结就是力量》《民主青年进行曲》和《跌倒算什么》等。电影方面有《八千里路云和月》《一江

老舍的《四世同堂》插图

春水向东流》《万家灯火》《乌鸦与麻雀》等。这些作品从不同角度帮助人民分清是非，鼓动人民起来与国民党法西斯统治作斗争。

抗日战争胜利以后，国民政府对教育事业进行恢复。许多内迁的学校陆续迁回原地，复校上课。1946年和1947年，是国民政府时期教育发展最快的年代。之后随着内战的不断扩大，教育事业也受到影响。

解放战争时期国民党统治区教育变化情况

日期	高等教育		普通中学		小学教育	
	学校数	学生数	学校数	学生数	学校数	学生数
1946年	207 所	15.4 万	4 266 所	149 万	28.9 万	2 368 万
1949年	205 所	11.6 万	4 045 所	103 万	34.6 万	2 439 万

注：高等学校是1947年的统计数字

国民党为了建立独裁统治，在教育方面，除了继续推行法西斯教育外，还在学校镇压一切爱国民主运动。

---

① 沙汀（1904—1992），原名杨朝熙，四川安县人。著名作家。
② 艾芜（1904—1992），原名汤道耕，四川新繁人。著名作家。
③ 陈白尘（1908—1994），原名陈增鸿，江苏淮阴人。著名剧作家。

1947年10月，国民党浙江省保安司令部非法逮捕浙江大学学生自治会主席于子三，并在狱中把他杀害。这一暴行，激起了浙江大学全体师生员工的愤怒，他们举行罢课抗议。浙大校长竺可桢挺身而出向反动政府抗议，支持学生的正义斗争。北京的北大、清华等校五千多名学生举行了于子三追悼会，一百六十多位教授联名发表宣言，同情和支持学生的罢课斗争。1948年4月，北大、清华、师院等十所大学为反对查禁学生联合会，实行总罢课，接着各大学校教职员工、北平研究院研究人员、北大医院的医师护士联合实行罢教、罢职、罢工、罢研、罢诊，形成震动全社会的六罢斗争。4月9日晚，反动军警特务冲进北平师范学院学生宿舍打人、捕人，造成"四九"惨案。

美帝国主义加紧对中国文化教育的侵略　美帝国主义企图变中国为它独占的殖民地，在战后也加紧了对中国文化教育的侵略。1946年11月，国民政府与美帝国主义签订了《中美友好通商航海条约》后，美国进一步控制了中国的教育权，推行其殖民奴化教育。国民党统治区的教育也就进一步被美国操纵。据统计，解放前全国有20所教会高等学校，其中接受美国津贴的有17所；三百多所教会中等学校，接受美国津贴的有200所；小学接受美国津贴的有一千五百多所，约占全国教会小学的四分之一。美国对接受津贴的学校的学生进行亲美、崇美、恐美的思想教育，妄图毒害中国学生的思想，摧毁中国的民族文化。美国还提出了一个"中国社会教育计划"，以帮助中国推行成人教育为借口，企图实现全面的文化侵略。中国人民与美国的殖民奴化教育进行坚决斗争，反对美军暴行、反对美国干涉中国内政的斗争一浪高于一浪。

1948年6月，上海大中学校五千余名学生在外滩游行示威，反对美国干涉中国内政。北平437位大学教授联名向司徒雷登发出抗议书。清华大学朱自清、金岳霖、张奚若、吴晗等百余人发表声明，拒绝购买美援平价面粉。

第三节　解放区的文化和教育

文化事业的发展　解放战争时期，解放区的文化教育得到了蓬勃的发展。

新闻出版事业。1945年11月，共产党在东北创办了《东北日报》，同年12月，苏皖边区出版了《新华日报》的华中版。1948年6月，晋察冀和晋冀鲁豫两个解放区合并，成立华北人民政府以后，出版了华北统一的报纸《人民日报》。因为延安出版的《解放日报》于1947年3月停刊，《人民日报》实际上代替了《解放日报》，起了中共中央机关报的作用。另外，还出版了一批马列主义的著作。

史学研究的成就。史学方面，胡绳完成了《帝国主义与中国政治》一书，并正式出版。1948年，范文澜完成了《中国通史简编》的修订本，由华北新华书店出版。此外，范文澜还修订出版了《中国近代史》上编第一分册，这是一部研究中国近代史的开创性的著作。

文学艺术方面。整风运动以后，广大革命文艺工作者纷纷到前线、工厂和农村，深入工农兵中，熟悉工农兵生活。他们在火热的群众运动中，为创造新的文艺作品进行艰苦斗争，从而创作出一大批题材新颖、主题鲜明，为广大老百姓所喜闻乐见的文学艺术作品。文艺小说方面，赵树理继《小二黑结婚》以后，又写了长篇小说《李家庄的变迁》。周立波[1]的《暴风骤雨》，马烽、西戎[2]的《吕梁英雄传》和丁玲的《太阳照在桑干河上》也相继完成。报告文学方面，刘白羽[3]的《战火纷飞》《火光在前》比较出色。诗歌有李季[4]的长篇叙事诗《王贵与李香香》。歌剧有西北战斗剧社集体创作的《刘胡兰》。音乐方面有郑律成[5]的《中国人民解放军进行曲》，曹火星的《没有共产党就没有新中国》等。电影艺术方面，1946年10月，共产党在东北成立了东北电影制片厂，第二年就拍制出了"东北新闻"纪录片，后来又拍制了《桥》《赵一曼》等影片，颇受解放区人民欢迎。这些作品，都以新的语言、新的艺术形式反映工农兵火热的斗争生活，表现他们在生产斗争、阶级斗争中的英雄形象，对鼓励和教育人民进行生产和革命斗争起了重要作用。

教育事业的发展　解放战争时期，中国共产党对解放区教育的要求是迅速恢复、整顿、改造和发展学校教育，同时发展社会教育；用新民主主义的革命思想教育儿童、青年和革命群众，清除日伪奴化教育和国民党封建法西斯教育的影响；提高人民群众的政治觉悟，培养支援革命战争和建设新中国的干部。

为了适应革命形势发展对干部的需要，中国共产党对解放区的学校作了整顿。原中国抗日军政大学改为中国人民解放军军事政治大学，迁往东北，后来

---

① 周立波（1908—1979），湖南益阳人。现代著名作家。

② 马烽（1922—2004），山西孝义人。现代著名作家。西戎（1922—2001），山西蒲县人。现代作家。

③ 刘白羽（1916—2005），北京人。现代著名作家。

④ 李季（1922—1980），河南唐河人。现代著名诗人。

⑤ 郑律成（1914—1976），生于朝鲜全罗南道光州，后来中国参加革命。现代曲作家，国际主义战士。

改为东北军政大学。东北军政大学培养了几万名军事、政治干部。1948 年，将华北联合大学和北方大学合并，在河北省正定成立华北大学，由吴玉章任校长，范文澜、成仿吾任副校长。

1939 年，敌人要进攻陕甘宁边区。中央决定将陕甘宁边区的学校迁到敌后去。陕北公学和鲁迅艺术学院等四校合并成立华北联合大学，东渡黄河进入晋察冀根据地，在农村办学。1940 年，华北联合大学迁到河北平山县，成为晋察冀边区的最高学府。抗日战争胜利后，华北联合大学随军到张家口。1946 年春，周扬率领延安大学的师生员工到达张家口，后并入华北联大。不久，蒋介石发动内战，进攻张家口。华北联合大学转移到冀中束鹿县，在农村坚持办学。1947 年解放军解放石家庄后，华北联合大学从束鹿迁到河北正定。1948 年，华北联合大学与北方大学合并，成立华北大学。

那时候，华北大学的主要任务是吸收国民党统治区的大、中学生，学习马克思主义和毛泽东思想，为解放全中国和建设新中国培养干部。学校分设四部两院：第一部为政治训练班性质；第二部是教育学院性质；第三部为文艺学院性质；第四部为研究部，以研究专门问题和培养大学师资为目的，设中国历史、哲学、语文、外语、国际法、政治、教育、文艺等八个研究室。两院是农学院、工学院。华北大学为革命和建设培养了大批干部。

华北大学规模较大，开学时就有师生两千多人。名学者、名演员多。如李新、何干之、尚钺、丁浩川、艾青、光未然、艾思奇、范文澜、刘大年、何洛、李焕之、沙可夫等都在各部院任职。华北大学的许多机构，根据业务性质，都有相对的独立性。后来这些机构单独分出去成立独立的大学或学院，如农学院发展为中国农业大学，工学院发展为北京工业学院，戏剧系发展为中央戏剧学院，文工团发展为歌剧院、舞剧院，平剧院发展为中国京剧研究院等。

那时的中小学教育发展也很快。1949 年，华北地区有中等学校 144 所，有学生 24 000 多人。小学有 5.2 万所，学生 325 万。为了迎接革命胜利后建设事业的需要，解放区对学校进行了整顿。1949 年，东北解放区对高等学校进行了调整，设立工科、农科、医科、师范、文艺、外语、行政和朝鲜干部学校等共八类高等学校；对中等学校要求建立统一的教育制度和加强文化科学知识的教学。解放区还对工人进行有计划的政治和文化的教育。

全国文联的成立 1949 年春，平津解放以后，华北地区的文艺工作者陆续来到北平。不久，一批在国民党统治区长期艰苦奋斗的文艺工作者也先后进入北平。两支文艺工作者队伍胜利会师，形成了一支浩大的新中国的文艺大军。1949年7月，在北平召开了中华全国文学艺术工作者代表大会。毛泽东到会讲话，周恩来作了政治报告，郭沫若作了《为建设新中国的人民文艺而奋斗》的总报告。大

毛泽东、郭沫若、周扬、茅盾在全国文联第一次代表大会主席台上

中华全国文学艺术工作者
第一次代表大会会徽

会还听取了茅盾《在反动派压迫下斗争和发展的革命文艺》的报告，周扬《新的人民的文艺》的报告，以及傅钟作的《关于部队的文艺工作》的报告。在这个大会上，中华全国文学艺术界联合会正式成立，简称"全国文联"。这次大会是文艺史上继往开来的重要会议，它总结了30年来新文艺的成绩和经验，确认毛泽东文艺思想为指导思想，组织起了一支宏大的建设社会主义新文艺的队伍，为开创社会主义新文艺准备了条件。我国的革命文艺进入一个新的历史时期。

中国现代史

第一章　人民民主政权的巩固和社会主义制度建立时期的政治经济概况

1949 年 10 月，伟大的新中国诞生了。中国历史从此揭开新的篇章。

第二次世界大战以后，世界上存在着以苏联为首的社会主义阵营和以美国为首的资本主义阵营。两大阵营尖锐对立，不断斗争。社会主义新中国诞生以后，面临着重重困难，不仅遭受国内敌人的顽强对抗，而且遭到以美国为首的国际资本主义阵营的敌视、封锁。新中国向社会主义过渡的时期，就是中国共产党领导人民艰苦创业、克服重重困难的时期，也是巩固无产阶级政权、恢复和发展国民经济、建立社会主义制度的时期。

第一节　中华人民共和国成立

中国人民政治协商会议的召开　在国民党政权已经覆灭、人民革命取得全国胜利的形势下，成立新中国的条件已经成熟了。1949 年 9 月，中国人民政治协商会议①在北平隆重举行。中国共产党、各民主党派、无党派民主人士、人民解放军、各人民团体、各地区、各民族和国外华侨的代表出席了大会，讨论新中国的成立事宜。

会议制定了《中国人民政治协商会议共同纲领》②。《共同纲领》规定中华

---

① 简称全国政协。
② 简称《共同纲领》。

人民共和国是新民主主义国家，实行工人阶级领导的、以工农联盟为基础的、团结国内各民主阶级和各民族的人民民主专政。会议还规定了国家的经济、民族和外交等政策。在新中国宪法制定以前，《共同纲领》起到了临时宪法的作用。

会议还通过了《中华人民共和国中央人民政府组织法》。大会根据《组织法》一致选举毛泽东为中华人民共和国中央人民政府主席，选举朱德、刘少奇、宋庆龄、李济深、张澜、高岗为副主席，选举陈毅等 56 人为中央人民政府委员。

大会还决定改北平为北京，作为新中国的首都；以五星红旗为国旗；以《义勇军进行曲》为代国歌①；采用公元纪年。大会最后决定在天安门广场建立一座人民英雄纪念碑，以纪念在革命斗争中为民族独立和人民解放而英勇牺牲的革命先烈。

中国人民政治协商会议是人民民主统一战线的组织形式，它的召开，标志着全国人民的大团结，标志着中国人民民主革命的胜利。

中国革命的胜利是因为有了中国共产党的正确领导；有了马克思列宁主义和毛泽东思想的理论指导；走经过新民主主义向社会主义发展的道路；建立一支由共产党领导的革命军队，开展武装斗争；组织一个由共产党领导的最广泛的革命统一战线，团结一切可以团结的力量，共同奋斗。这是革命胜利的基本经验。

中国共产党的领导地位是在革命斗争中形成和确立的；中国走社会主义道路是中国近代历史发展的必然结果，是中国人民历史的选择。中国革命的胜利使压在中国人民头上的帝国主义、封建主义和官僚资本主义的三座大山被推翻了，中国半殖民地半封建社会的历史从此结束了，中华民族被侵略被奴役的历史永远结束了。中国历史由此进入一个新纪元，进入从新民主主义向社会主义过渡的新时期。

中华人民共和国开国大典　1949 年 10 月 1 日，中央人民政府举行第一次全体会议，国家领导人宣布就职，会议决定任命周恩来为政务院总理，以《共同纲领》为施政方针。

这一天下午，在北京隆重举行开国大典，30 万军民齐集天安门广场，毛泽东主席登上天安门城楼向全世界庄严宣告："中华人民共和国中央人民政府

---

①　1982 年第五届全国人民代表大会第五次会议正式将它定为国歌。

今天成立了！"在雄壮的国歌乐曲中，他亲自按动电钮，升起了第一面五星红旗。接着，举行盛大的阅兵仪式和群众游行。

毛泽东主席在开国大典上宣告：中华人民共和国中央人民政府今天成立了

新中国的诞生，揭开了中国历史的新篇章。中国人民从此站起来了，成为国家的主人。人民盼望已久的独立、统一的中华人民共和国，开始沿着社会主义道路向前迈进。

中国人民解放军步兵通过天安门广场接受检阅

新中国的诞生，在一个占世界人口近四分之一的大国里，冲破帝国主义的东方战线，壮大了世界和平、民主和社会主义的力量，鼓舞了世界被压迫民族和被压迫人民争取民族解放的斗争。新中国的诞生，是继俄国十月社会主义革命和世界反法西斯战争胜利之后世界历史上最重大的事件。

全国的基本统一 新中国成立初期，人民解放战争尚未完全结束，国民党残余军队还在祖国的西南、华南和沿海岛屿负隅顽抗，国民党大批特务、土匪，也威胁着新生的人民政权。人民解放军以秋风扫落叶之势继续追歼国民党残余军队，同时在广大新解放区进行大规模剿匪作战。到1950年夏，除西藏、台湾及一些海上岛屿以外，国民党残余军队和武装土匪基本上被消灭了。

1951年，中央人民政府同西藏地方政府达成关于和平解放西藏办法的协议。西藏获得和平解放。至此，除台湾和少数沿海岛屿外，中国领土全部解放。全国各地建立了各级地方人民政府，祖国大陆基本上实现了统一。

毛泽东宴请班禅等人，庆祝《关于和平解放西藏办法的协议》签订

第二节　巩固人民政权的斗争

抗美援朝运动 新中国成立以后，面临着帝国主义侵略的威胁。1950年夏，朝鲜爆发内战。美国悍然出兵朝鲜，干涉朝鲜内政。美军越过"三八线"，把战火一直烧到中国边境。美国的军舰开到台湾海峡，美国的飞机还侵入中国沿海地区，轰炸城市和农村，严重威胁中国的领土安全。

中国人民志愿军跨过鸭绿江

在这严峻形势下，朝鲜政府请求中国政府出兵援助。为了抗美援朝，保家卫国，1950 年 10 月，以彭德怀为司令员的中国人民志愿军，开赴朝鲜，同朝鲜军民共同抗击美国侵略者。中朝军民连续进行五次大规模战役，把战线稳定在"三八线"附近。1951 年开始停战谈判。在中朝军民打击下，1953 年夏，美国侵略者不得不在朝鲜停战协定上签字，朝鲜战争结束。

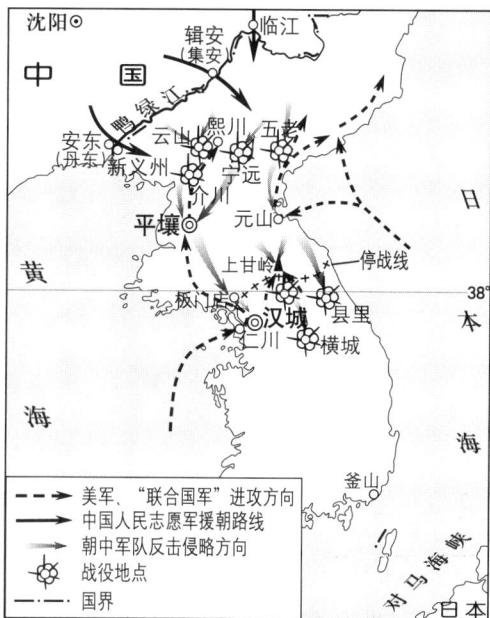
抗美援朝示意图

抗美援朝战争的胜利，证明了"西方侵略者几百年来只要在东方一个海岸上架起几尊大炮就可霸占一个国家的时代是一去不复返了"；打破了美国不可战胜的神话，粉碎了美国的战略计划；为中国的经济建设赢得了一个和平的环境。

"联合国军"总司令克拉克在《朝鲜停战协定》上签字

土地改革运动　1950 年，中央人民政府颁布了《中华人民共和国土地改革法》，在新解放区广泛地开展土地改革运动。到 1953 年春，全国除部分少数民族地区外，都已完成土地改革，有 3 亿多无地或少地的农民分到了土地。从此，在我国延续几千年的封建土地制度被彻底铲除了，地主阶级被消灭了；广大农民成为土地的主人，在政治上、经济上翻了身；农村生产力获得解放，为农业生产的发展开辟了道路。

四川金堂县农民在分配土地

镇压反革命运动　解放以后，国民党在全国许多地方还留下大批反革命分子。他们继续进行种种破坏活动。朝鲜战争爆发以后，他们以为"第三次世界大战"即将爆发，蒋介石要"反攻大陆"了，反革命活动十分猖獗。

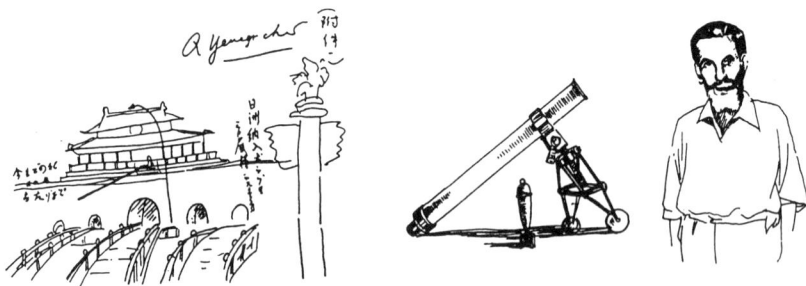

1950年，帝国主义间谍阴谋在国庆节炮轰天安门

为了巩固人民政权，1950年冬，中共中央发出《关于镇压反革命活动的指示》，立即在全国大张旗鼓地开展镇压反革命运动。这次运动打击的重点是土匪、特务、恶霸等反革命分子，坚决镇压那些罪大恶极、血债累累的反革命首要分子。经过一年斗争，基本肃清了国内的反革命残余势力。镇压反革命运动支持和配合了土地改革和抗美援朝运动。

与此同时，人民政府还取缔了旧社会遗留下来的娼妓、吸毒、赌博等丑恶现象，使社会风尚为之一新。

国民经济的恢复发展　由于帝国主义的长期掠夺、国民政府和四大家族的无休止的搜刮和长期战争的破坏，到全国解放时，国民经济已处于全面崩溃的境地。国民党留给人民政府的是一个贫穷落后、千疮百孔的烂摊子。新中国成立时，国民经济形势十分严峻。

新中国成立以后，为恢复国民经济，政府采取了一系列重要措施。

第一，没收官僚资本，接收帝国主义在华资产，归国家所有。这就使政府掌握了国家的经济命脉，建立了社会主义的国营经济，从而为人民政权的巩固和国民经济的恢复奠定了经济基础。

第二，打击投机倒把，稳定物价。解放初期，投机商人兴风作浪，使物价暴涨。为此，人民政府严厉打击了投机倒把活动，稳定了全国物价，结束了我国连续十多年物价暴涨的局面。这就安定了人心，政府赢得了人民的信任。

第三，统一全国财政，解决财政困难。人民政府决定将全国财政收入的主要部分集中到中央，全国物资的调动权由中央掌握，现金调动由中国人民银行管理。这样，把分散在全国的物力、财力统一到中央，从而实现了财政收支平衡、物资供求平衡、现金出纳平衡。国家财政开始好转。

此外，为恢复国民经济，人民政府还合理调整工商业，领导人民恢复发展生产。

全国人民经过三年的努力，到 1952 年，国民经济得到恢复，国家财政经济取得了根本好转，工农业生产达到或超过中国历史最高水平，市场物价稳定，人民生活水平有显著提高，这就为有计划地开展经济建设准备了条件。

"三反""五反"运动 1951 年是民族资本主义发展的"黄金时代"，资产阶级获得了过去不曾有过的利润。但是，一些不法资本家为牟取暴利，贿赂国家干部，偷税漏税，盗骗国家财产，偷工减料，盗窃国家经济情报，"五毒"横行。

那时候，有些国家工作人员贪图享受，经不起糖衣炮弹的袭击，犯了贪污、浪费、官僚主义的错误，有的人情节还很严重。

为了打退资产阶级的进攻，1951 年底，中共中央和人民政府决定在国家工作人员中开展"反贪污、反浪费、反官僚主义"的"三反"运动；在私营工商业中开展"反行贿、反偷税漏税、反盗骗国家财产、反偷工减料、反盗窃国家经济情报"的"五反"运动。"三反""五反"运动打退了资产阶级的进攻，挽救了一批干部，巩固了人民民主专政。

第三节　第一个五年计划的实现

第一个五年计划的制定 1953 年开始，我国进行有计划的社会主义工业化建设。中国共产党制定了过渡时期总路线和总任务。总路线规定要在一个相当长的时期内，逐步实现国家的社会主义工业化，并逐步实现国家对农业、手工业和资本主义工商业的社会主义改造。

人民政府根据党的过渡时期总路线和总任务，制定发展国民经济的第一个五年计划。它的基本任务是集中主要力量发展重工业，建立国家工业化和国防现代化的初步基础；有步骤地促进农业、手工业的合作化，继续对资本主义工商业进行社会主义改造，保证国民经济中社会主义成分的增长；保证在发展生产的基础上逐步提高人民的物质和文化生活水平。

第一个五年计划开始时，我国的重工业基础很薄弱，许多重工业产品的产量远远落后于发达国家，也不如印度。

中国与美国、印度的钢、电产量比较

品　种	中国（1952 年）	印度（1950 年）	美国（1950 年）
钢（人均）	2.37 千克	4 千克	538.3 千克
发电（人均）	2.76 千瓦时	10.9 千瓦时	2 949 千瓦时

第一个五年计划的经济建设提前完成　第一个五年计划的工业化建设，中心是发展钢铁、煤炭、电力、石油、有色金属等重工业。到 1957 年，各项生产指标一般都大幅度超额完成。尤其是工矿业的成就最突出，建成了钢铁、汽车、飞机、重型机械、精密仪器等方面的 500 多个重要工程项目。以鞍山钢铁公司为中心的东北工业基地建立起来了，沿海地区的工业基地得到了加强，华北、西北也建成一批新的工业基地。第一个五年计划开始改变了我国工业落后的面貌，为社会主义工业化建设奠定了初步的基础。

农业生产也按计划完成生产任务，粮、棉等产量也有所提高。交通运输业建设成就很大，建成了宝成、鹰厦等铁路 30 多条，武汉长江铁路公路大桥建成通车，使京广铁路南北贯通。康藏、青藏、新藏公路建成通车，

我国制造的喷气式飞机

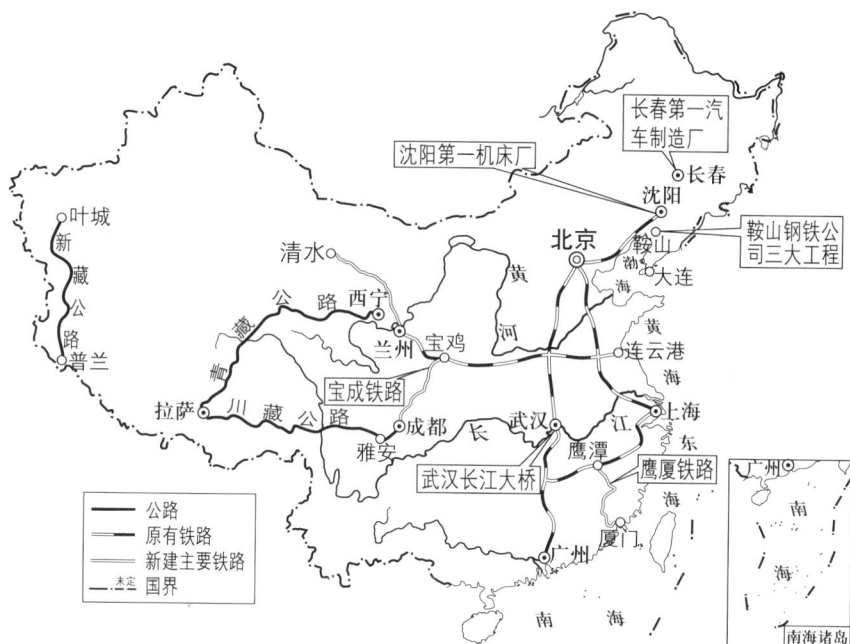

我国第一个五年计划工业建设部分成就示意图

沟通了西藏与各地的联系。

随着经济的发展，人民生活水平进一步得到改善。

三大改造的完成和社会主义制度的建立　根据过渡时期的总路线和第一个五年计划，1953年起，国家开始对农业、手工业和资本主义工商业进行社会主义改造。

国家对农业进行社会主义改造，开始时采取积极发展、稳步前进的方针，实行自愿互利原则，通过典型示范，逐步推进。1955年夏，合作化的步伐加快了，农村迅速掀起了农业合作化高潮。广大农民积极参加农业生产合作社，到1956年底，入社的农户达96％以上。同年，90％以上的手工业者，也参加了手工业生产合作社。

国家对资本主义工商业的社会主义改造，开始时实行以加工订货、代购代销为主的初级和中级国家资本主义。1954年开始，国家逐步实行企业公私合营的高级国家资本主义。后来，

农民申请加入农业生产合作社

上海工商界代表荣毅仁（左一）等申请实行公私合营

在农业合作化高潮影响下，资本主义工商业掀起了全行业公私合营的高潮。到1956年底，资本主义工商业的社会主义改造也全部完成了。

这样，到1956年底，国家基本上完成了对农业、手工业和资本主义工商业的社会主义改造，实现了把生产资料私有制变为社会主义公有制。这标志着我国对生产资料私有制的社会主义革命取得了决定性胜利，社会主义制度在我国建立起来了。从此，我国进入社会主义初级阶段。

但是，在社会主义改造的后期，对农业和手工业合作化的要求过急，工作过粗，对一部分工商业者的使用和处理不够适当，以致遗留了一些问题。

第一届全国人民代表大会的召开 随着经济建设的开展，我国社会主义民主政治建设也加紧进行。1954年秋，经过普选的第一届全国人民代表大会在北京隆重举行。这次大会的主要任务是制定《中华人民共和国宪法》。宪法规定了国家的性质和根本政治制度，体现了人民民主原则和社会主义原则。

第一届全国人民代表大会代表进入会场

这部宪法是中国人民革命胜利的经验总结，是社会主义建设的保证，是新中国第一部社会主义类型的宪法。宪法的公布极大地调动了全国人民建设社会主义的积极性。

根据宪法规定，大会选举毛泽东为中华人民共和国主席，朱德为副主席，刘少奇为全国人大常委会委员长，宋庆龄等13人为副委员长；根据毛泽东主席提名，周恩来任国务院总理。

第二章 社会主义建设在探索中曲折发展时期的政治经济概况

社会主义改造基本完成以后，我国进入了全面建设社会主义的历史新阶段。

1956年苏共批判了斯大林的严重错误并打破了对他的个人崇拜，但对他的评价并不公允。帝国主义乘机掀起世界性的反共反社会主义浪潮，在人民群众中造成不同程度的思想混乱，给国际共产主义运动带来巨大困难。中国共产党不赞成全盘否定斯大林；但是，也由此破除了对斯大林和苏联经验的迷信，更加注意总结本国建设经验，探索适合中国国情的社会主义建设道路。

与此同时，印度支那实现停战，国际局势又趋向缓和，为中国加速社会主义建设提供了良好的环境。

中共八大的正确决定 社会主义改造基本完成以后，我国进入了全面建设社会主义的历史新阶段。

为准备中国共产党第八次全国代表大会的召开，毛泽东总结新中国成立几年来的建设经验，并借鉴苏联的经验和教训，于1956年作了著名的《论十大关系》的报告。这个报告标志着中国共产党在实践中探索本国建设社会主义道路的开始。

1956年秋，中国共产党第八次全国代表大会在北京召开。大会正确地分析了国内形势和主要矛盾的变化，指出在社会主义制度已经建立的情况下，国内的主要矛盾是先进的社会制度同落后的社会生产力之间的矛盾。大会提出了

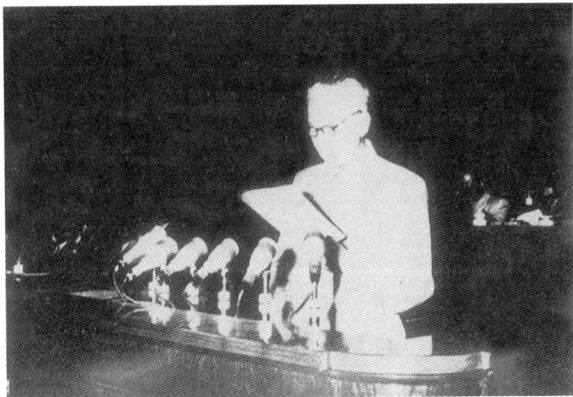

刘少奇在中共八大作政治报告

团结国内外一切可以团结的力量，为建设一个伟大的社会主义中国而奋斗的总任务。在经济上，八大坚持既反保守又反冒进，即在综合平衡中稳步前进的经济建设方针。

整风运动和反右派斗争及其扩大化　由于国内的敌我矛盾已经基本解决，人民内部矛盾突出地反映在各个方面。1957年春，毛泽东发表了《关于正确处理人民内部矛盾的问题》的讲话，提出必须正确区分和处理社会主义社会两类不同性质的矛盾，把正确处理人民内部矛盾作为国家政治生活的主题。他还提出正确处理人民内部矛盾的方法，即"团结—批评—团结"的公式。

同年，中共中央发出《关于整风运动的指示》，"在全党重新进行一次普遍的、深入的反官僚主义、反宗派主义、反主观主义的整风运动"。通过整风，要全党学会正确处理人民内部矛盾，以利于社会主义建设。

在整风过程中，有极少数资产阶级右派分子乘机向党和新生的社会主义制度放肆地进攻。针对当时情况，毛泽东和党中央发动了一场群众性的反击右派运动。

反右派斗争是必要的。然而，党中央对当时的阶级斗争形势估计得过于严重，反右派斗争严重地扩大化了。被划为右派的人达到了几十万，右派的性质定为敌我矛盾。反右派斗争的扩大化产生的一个重要影响，就是从理论上改变了中共八大关于我国社会主要矛盾的科学论断，而认为在社会主义建成以前，无产阶级同资产阶级的斗争，社会主义道路同资本主义道路的斗争，始终是我国内部的主要矛盾。这就成为后来党在阶级斗争问题上连续犯错误的根源。

总路线、"大跃进"和人民公社化运动　为适应社会主义建设全面开展的形势，1958年，中共八大二次会议上提出了"鼓足干劲、力争上游、多快好省地建设社会主义"的总路线。总路线反映了广大人民迫切要求改变我国经济文化落后状况的愿望，但忽视了客观规律。

总路线提出以后，毛泽东和党的一些领导人片面追求社会主义建设的高速度；同时，主观地认为农业合作化的规模越大、公有化程度越高，就越能促进生产的发展。因此，1958年党又轻率地

"大跃进"时期的漫画

发动了"大跃进"和人民公社化运动。这样，以高指标、瞎指挥、浮夸风和"共产"风为主要标志的"左"倾错误严重地泛滥开来。

国民经济的调整和十年建设成就 "大跃进"和人民公社化运动，致使国民经济比例严重失调，农业生产遭到极大破坏。那时自然灾害严重，苏联政府又背信弃义地撕毁两国经济技术合作协议。这一切造成我国国民经济自 1959 年至 1961 年的严重困难。

三年困难时期粮食生产状况

时间	粮食产量	比上一年减少
1958 年	2 000 亿千克	
1959 年	1 700 亿千克	300 亿千克
1960 年	1 435 亿千克	265 亿千克
1961 年	1 475 亿千克	

面对严重困难，从 1960 年冬，党中央开始纠正农村工作中的"左"倾错误，对国民经济实行"调整、巩固、充实、提高"的方针。1962 年初，党在七千多人参加的扩大的中央工作会议上，初步总结了"大跃进"中的经验教训。毛泽东等中央领导人带头作自我批评，并采取了一些纠正"左"的错误的措施。七千人大会鼓舞了全党和全国人民，从 1962 年起，国民经济逐步恢复和发展。

从 1956 年至 1966 年，我国在探索怎样建设社会主义的道路上，虽然屡遭挫折，但从总体上看，中国人民在中国共产党领导下，顶住压力，战胜困难，取得了巨大的成就，同时涌现出一批英雄模范人物，如大庆油田铁人王进喜、解放军好战士雷锋、党的好干部焦裕禄、党的好女儿向秀丽等。

王进喜带领工人制服井喷

全面建设社会主义时期农业生产简况

	1956 年	1965 年
总产值	610 亿元	590 亿元
粮食	19 275 万吨	19 453 万吨
棉花	144.5 万吨	209.8 万吨
油料	508.6 万吨	362.5 万吨

全面建设社会主义时期工业增长简况

	1956 年	1965 年
总产值	642 亿元	1 402 亿元
钢	447 万吨	881 万吨
煤	1.1 亿吨	2.32 亿吨
石油	116 万吨	1 131 万吨
新修铁路		8 000 千米

全面建设社会主义时期重要工程和科学技术主要成就

时 间	项 目	地 位
1965 年	人工合成结晶牛胰岛素	世界领先
1964 年	成功爆炸原子弹	中国第一颗
1965 年	新建兰新铁路	当时国内最长的铁路
1963 年	大庆油田	中国最大的油田
1960 年	新安江水库	
1957 年	扩建上海港	20 世纪 80 年代成为世界十个超亿吨港口之一

1957—1966 年主要成就分布示意图

第三章 "文化大革命"时期的 政治经济概况

从 1966 年 5 月至 1976 年 10 月,是"文化大革命"动乱的十年。"文化大革命"的产生是"左"倾错误发展到"以阶级斗争为纲"的恶果。它是中国共产党历史上"左"倾错误占统治地位时间最长、危害最大的时期。

20 世纪 60 年代中期,我国周边的国际局势趋于紧张。美国扩大侵越战争,中国援越抗美。中苏两党关系中断,两国关系恶化。中国政府抵住了来自各方面的霸权主义。进入 70 年代,国际形势又趋于缓和。

"文化大革命"的发动 1965 年冬,上海《文汇报》发表姚文元的《评新编历史剧〈海瑞罢官〉》的文章,点名批判北京市副市长吴晗写的《海瑞罢官》。这一批判得到毛泽东的支持,成为"文化大革命"的导火线。

1966 年夏,由毛泽东领导,中共中央先后召开中央政治局扩大会议和八届十一中全会,并在会上先后发出开展"文化大革命"的"五一六通知"和《中共中央关于无产阶级文化大革命的决定》(简称"十六条")。这两个文件认为,在文化领域和党、政、军各个部门,都混进一批资产阶级代表人物,提出"这次运动的重点,是整党内那些走资本主义道路的当权派"。八届十一中全会上,毛泽东还发表《炮打司令部——我的一张大字报》,实际上指出刘少奇、邓小平是党内资产阶级司令部的代表人物。这两次会议的召开,标志着"文化大革命"的全面发动。康生①、陈伯达②、江青、张春桥等组成的中央文革小组,成为"文化大革命"的实际指挥部。与此同时,毛泽东写信支持红卫兵的造反精神,红卫兵运动在全国狂热地掀起。

二月抗争和林彪反革命集团的覆灭 1967 年初,由张春桥、姚文元等策

---

① 康生,那时为中共中央政治局候补委员。在中央文革小组里任顾问。

② 陈伯达,那时为中共中央政治局候补委员。在中央文革小组里任组长。

划，上海出现了"一月革命"，造反派夺取党、政各级领导权，得到毛泽东支持。"文化大革命"进入"全面夺权"的新阶段。全国各省市都掀起夺权高潮，许多地方发生武斗，生产受到严重破坏。

面对这种形势，这年二月，谭震林、陈毅、叶剑英等老同志，挺身抗争，严词批评"文化大革命"的种种倒行逆施。江青一伙诬之为"二月逆流"，并进一步打击迫害老同志。他们甚至把刘少奇打成所谓的"叛徒、内奸、工贼"，永远开除出党，造成党内历史上最大的冤案。

"九一三"事件林彪所乘飞机的残骸

"文化大革命"以来，林彪的地位上升很快。中共九大确定他为毛泽东的接班人。以他为首的集团，势力发展迅速，加紧争夺权力。这种现象被毛泽东觉察。

林彪集团见形势不妙，就策划武装政变。毛泽东、周恩来闻风，立即采取措施，粉碎了这场政变。林彪见阴谋败露，于1971年9月机毁人亡。这就是"九一三"13日慌忙率叶群、林立果外逃，途经蒙古时，事件。这一事件的发生，促使广大干部、群众从个人崇拜的狂热中清醒过来，客观上宣告"文化大革命"理论和实践的破产。

周恩来、邓小平努力纠正"左"倾错误

"文化大革命"的动乱，很快扩展到经济领域，国民经济受到严重影响，工农业生产损失巨大。

"九一三"事件以后，周恩来主持中央日常工作。在批判林彪时，他提出批极左思潮，并着手恢复调整国民经济，还进行了解放干部等工作，使各方面的工作有了转机。到1973年，国民经济形势出现了"文化大革命"以来最好的局面。这一年，党中央恢复了邓小平国

"文化大革命"中的周恩来

务院副总理的职务。

正当国民经济明显好转的时候，江青、王洪文等提出开展所谓"批林批孔"运动，把矛头指向周恩来。毛泽东多次批评他们，并宣布他们是"四人帮"。

1975 年，由于周恩来病重，毛泽东让邓小平出来主持中央日常工作。邓小平明确提出全面整顿的思想，并采取有效措施。社会秩序逐步趋于稳定，交通运输堵塞现象消除，国民经济迅速回升。

"文化大革命"中复出的邓小平

1975 年国民经济回升情况（部分）

	总产值或收入	比上年增长
工农业	4 504 亿元	11.9%
工业	3 219 亿元	15.1%
农业	1 285 亿元	4.6%
国家财政收入	815.6 亿元	

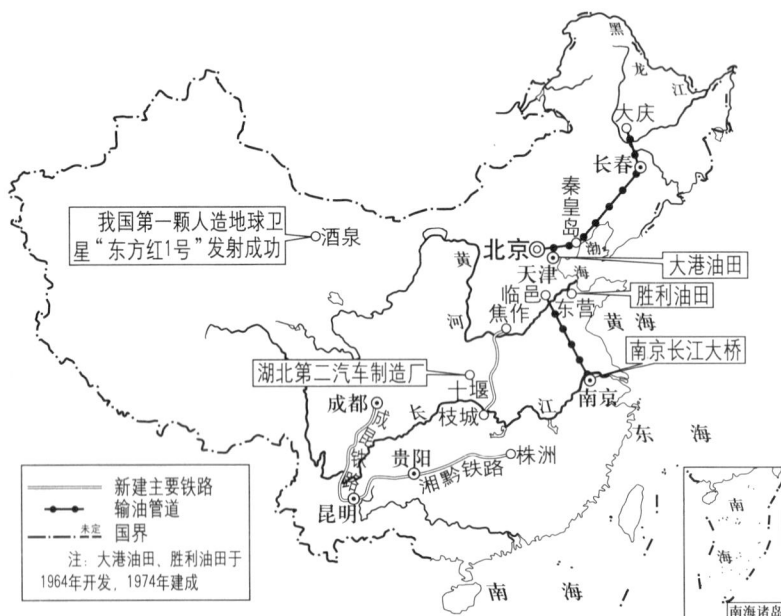

1966—1976 年主要建设成就示意图

"文化大革命"十年里，按正常发展计算，国民经济损失总计约 5 000 亿元；由于周恩来、邓小平主持中央工作时的努力和广大干部、群众对"左"倾错误的抵制，经济建设还是取得了一定成绩。

四五运动和江青反革命集团的覆灭 邓小平的全面整顿，实际上是系统地纠正"文化大革命"的错误，从一开始，"四人帮"就猖狂反对。毛泽东逐渐也不能容忍，又发动了"批邓、反击右倾翻案风"运动，刚刚稳定的局势，又陷入混乱。

1976 年 1 月，人民的好总理周恩来逝世，全国各族人民无限悲痛。北京和各地群众利用清明节掀起全国范围的悼念周恩来、痛斥"四人帮"的强大抗议运动，即四五运动。运动遭到"四人帮"的残暴镇压。四五运动为后来粉碎"四人帮"奠定了群众基础。

接着，朱德、毛泽东相继逝世，亿万人民沉浸在巨大的悲痛之中。江青反革命集团却趁机加紧篡党夺权的阴谋活动。同年 10 月，主持中央工作的华国锋和叶剑英、李先念等，代表党中央采取断然措施，一举粉碎了江青反革命集团。消息传开，举国欢腾。

"文化大革命"是一场由领导者错误发动的运动。它的产生是"左"倾错误发展到"以阶级斗争为纲"的恶果。"文化大革命"被反革命集团利用，给党、国家和各族人民带来新中国成立以后最严重的挫折和损失。它是中国共产党历史上"左"倾错误占统治地位时间最长、危害最大的时期。然而，党和人民终于战胜了两个反革命集团，结束了这场长达十年之久的动乱。历史表明，中国人民是伟大的人民，中国共产党和社会主义制度具有强大的生命力。

第四章　社会主义现代化建设
新时期的政治经济概况

> "文化大革命"结束以后，我国进入社会主义现代化建设新时期。
>
> 这个时期，由于能够正确地总结社会主义建设正反两方面的经验，特别是吸取"文化大革命"的教训，中共十一届三中全会决定把党的工作重点转移到社会主义现代化建设轨道上来。这就逐步形成了建设有中国特色社会主义理论和社会主义初级阶段的基本路线。
>
> 这个时期，世界正处于历史的大变动之中。东欧剧变，苏联解体，两极格局结束，世界正在向着多极化格局发展。在这种形势下，中国仍然继续坚定地为建设中国特色社会主义而奋勇前进！

中共十一届三中全会　粉碎"四人帮"以后，为纠正"文化大革命"以来"左"的错误，思想理论界开展了关于真理标准问题的讨论。这次讨论否定了"两个凡是"① 的错误观点，肯定"实践是检验真理的唯一标准"，重新确立了实事求是的马克思主义思想路线。这就打破了长期以来个人崇拜和教条主义的束缚，是一次思想解放运动，为中共十一届三中全会的召开奠定了思想基础。

1978 年 12 月，中共中央在北京召开十一届三中全会。全会高度评价了真理标准问题的讨论，重新确立了一切从实际出发、实事求是、理论联系实践的马克思主义思想路线。全会果断地停止了"以阶级斗争为纲"的错误方针；作出把党和国家的工作重点转移到经济建设上来的战略决策，作出实行改革开放的伟大决策。全会还决定拨乱反正，审查和解决党内一批重大冤假错案，以及一些重要领导人的功过是非问题。

---

① "两个凡是"，即凡是毛主席作出的决策，我们都坚决维护；凡是毛主席的指示，我们都始终不渝地遵循。

中共十一届三中全会端正了党的指导思想，重新确立了马克思主义的思想路线、政治路线和组织路线，是新中国成立以来党的历史上具有深远意义的伟大转折。它标志着中国历史进入社会主义现代化建设新时期。

改革开放和辉煌成就 中共十一届三中全会以后，经济体制改革逐步展开。经济体制改革是在坚持社会主义制度的前提下，改革与生产力发展不相适应的生产关系和上层建筑，解放和发展社会主义生产力。在农村，实行以家庭联产承包为主要形式的责任制，统分结合，双层经营，发展乡镇企业。这就极大地调动了农民生产的积极性，解放了农村的生产力，推动了农业的

农民领取生产承包合同书

发展。现在农村改革正向专业化、商品化、社会化方向发展。

城市经济体制改革经过几年探索，1985年全面展开。这一改革主要是实行政企分开，改革经营管理体制，扩大企业自主权；改革计划管理体制，使多种经济成分得到充分发展。经过改革，城市经济生活出现空前活跃的局面。

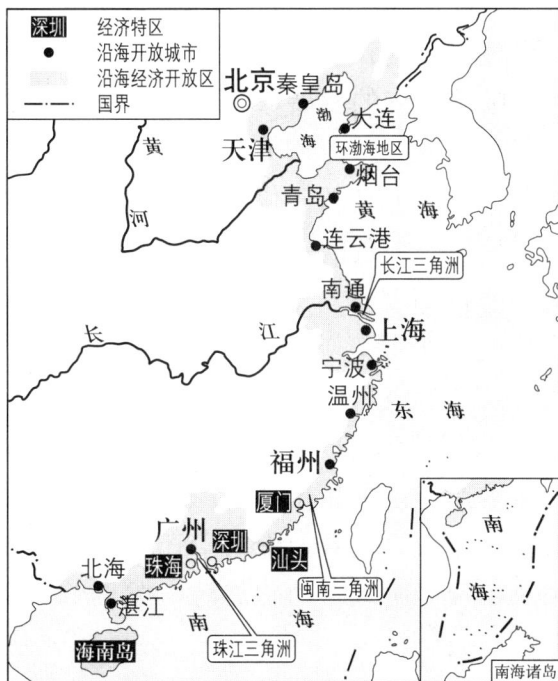

沿海开放地区示意图

中共十一届三中全会以后，我国迈出了对外开放的步伐。首先在深圳、珠海、汕头、厦门设立经济特区，在平等互利原则下，扩大对外贸易，引进外资，学习国外的先进技术和经营管理方法。后来，逐渐形成"经济特区—沿海开放城市—沿海经济开放区—内地"这样一个多层次、有重点，点、线、面结合的全方位对外开放的新格局。对外开放的目的是发展我国

的社会主义经济。

改革开放推动我国经济迅速发展，社会主义建设取得了举世瞩目的成就。农业方面，国家坚持把发展农业放在首位，农、林、牧、副、渔全面发展，农村经济得到

山西安太堡露天煤矿

全面振兴。粮棉产量稳步增加，跃居世界首位。乡镇企业异军突起，为农村致富和实现现代化开辟了一条新路。工业方面，基本建设和技术改革取得重大发展，建成了一批接近或达到世界先进水平的工程项目。如宝山钢铁公司建成投产，北京正负电子对撞机投入使用，银河Ⅰ型、Ⅱ型计算机研制成功，葛洲坝水利枢纽工程建成，秦山核电站和大亚湾核电站建成使用，扬子等四套30万吨乙烯工程建成。这时期，还调整了重工业的服务方向，加快了消费品工业的发展。我国已建成门类齐全的工业体系。

随着经济的发展，城乡人民生活水平有了显著提高。

在社会主义现代化建设新时期，针对拨乱反正时出现的错误思潮，邓小平提出必须坚持四项基本原则①，反对资产阶级自由化。但是，当时党的领导人贯彻不力，资产阶级自由化思潮愈演愈烈，最终导致1989年夏一场政治风波。党中央及时采取措施，平息了这场风波，捍卫了社会主义政权。接着，中共十三届四中全会清算了资产阶级自由化思想，拨正了社会

1978—1992年工业建设部分重要工程示意图

---

① 四项基本原则是：坚持社会主义道路，坚持人民民主专政，坚持中国共产党的领导，坚持马克思列宁主义毛泽东思想。

主义的航向。会议选举江泽民为总书记。

"一国两制"构想　1979 年元旦，全国人大常委会发表《告台湾同胞书》，第一次公开提出和平解决台湾问题的方针。与此同时，邓小平同志提出"一国两制"的构想。这为和平解决台湾问题，统一祖国创造了更加有利的条件。"一国两制"构想受到海峡两岸人民的热烈欢迎和拥护。海峡两岸的经济、文化交流日益发展。

根据"一国两制"构想，20 世纪 80 年代，中国先后同英国和葡萄牙签署了中英关于香港问题、中葡关于澳门问题的联合声明，分别规定 1997 年中国恢复对香港行使主权和香港回归祖国、1999 年中国恢复对澳门行使主权和澳门回归祖国。香港、澳门回归祖国以后，设立特别行政区，那里的社会经济制度 50 年不变，生活方式不变。联合声明的发表，为实现祖国统一大业迈出了一大步。1997 年 7 月 1 日，中国政府对香港恢复行使主权，正式成立香港特别行政区。英国殖民主义统治了一百五十多年的香港，终于回到了祖国的怀抱。1999 年 12 月 20 日，澳门也回到了祖国的怀抱。"一国两制"的伟大构想得以在香港、澳门地区成功实现。

为建设中国特色社会主义而奋斗　中国共产党在认识国情、总结社会主义建设经验的基础上，于 1987 年党的第十三次全国代表大会上，提出了社会主义初级阶段的理论，并制定出党在社会主义初级阶段的基本路线，即：领导和团结全国各族人民，以经济建设为中心，坚持四项基本原则，坚持改革开放，自力更生、艰苦创业，为把我国建设成为富强、民主、文明的社会主义现代化国家而奋斗。概括地说就是"一个中心，两个基本点"。

1992 年，在中共第十四次全国代表大会上，江泽民总书记强调要以邓小平建设有中国特色社会主义理论为指导，并提出 20 世纪 90 年代建设的主要任务：坚持党的基本路线，加快改革开放，集中精力把建设搞上去。他还提出了经济体制改革的目标是建立社会主义市场经济体制，以进一步解放和发展生产力。这次大会为建设中国特色社会主义规划了 20 世纪 90 年代的行动纲领。现在，全国各族人民正在为建设中国特色社会主义而奋勇前进！

第五章　社会主义时期的文化

社会主义制度的建立，为新中国文化事业的发展提供了可靠的保障。新中国成立以来，我国在自然科学、工程技术、社会科学、文教卫生等领域都取得了可喜的成就。虽然"文化大革命"曾带来消极影响，但拨乱反正以后，文化事业以更快的速度向前发展。

20世纪中期以后，世界性的第三次技术革命到来，科学技术飞速发展，超过以往任何时代。赶超世界先进水平，成为我国科学技术界奋斗的主要目标。

第一节　科技、教育和史学研究的成果

科学技术的显著成就　新中国成立后，人民政府十分重视科学技术工作，很快成立了中国科学院，郭沫若任院长。在社会主义建设高潮中，中共中央发出"向科学进军"的号召，制定了12年的科技发展远景规划，把电子计算机、半导体、核科学等科学技术列为重点发展项目。广大科技工作者深受鼓舞，热情投入发展科学技术的建设项目中。身处海外的一些中国优秀科学家，也纷纷返回祖国，投入建设的高潮。1978年以来，邓小平多次提出"科学技术是生产力""科学技术是第一生产力"的精辟论断。这对科学技术同生产力的进一步结合，促进经济的发展，起了巨大的推动作用。我国的科学技术事业有很大发展，取得了丰硕的成果。

东方红1号卫星

新中国成立以来的重大科学技术成就

时间	成就	作用和意义
1957 年	武汉长江大桥落成	我国第一座横跨长江的铁路公路两用桥
1958 年	第一座实验性原子反应堆正式运转	我国首次和平利用原子能
1962 年	1.2 万吨水压机制造成功	我国是世界上第五个能制造此类大型锻压机械的国家
1964 年	第一颗原子弹爆炸成功	我国由此跨入核国家行列
1965 年	人工合成结晶牛胰岛素成功	世界首次人工合成蛋白质
1967 年	第一颗氢弹爆炸成功	距我国第一颗原子弹爆炸仅两年多时间，而同样的技术发展速度，美国用了 7 年，苏联用了 4 年
1970 年	第一颗人造卫星"东方红 1 号"发射成功	重量超过苏联、美国等国家的第一颗人造卫星
1981 年	首次用一枚火箭发射三颗人造卫星	我国是世界上第四个掌握一箭多星技术的国家
1982 年	潜艇水下发射运载火箭成功	我国具有了水下发射弹道导弹的能力
1983 年	"银河I型"巨型计算机系统研制成功	中国首次制成每秒运算 1 亿次的巨型计算机
1984 年	同步实验通信卫星发射成功	我国首次发射的定点卫星，进行通信、广播、电视的传送
1988 年	北京正负电子对撞机首次对撞成功	我国第一座高能加速器
1989 年	葛洲坝工程全部建成	当时我国最大的水利枢纽工程
1993 年	"银河Ⅱ型"计算机研制成功	每秒钟运算 10 亿次
1993 年	大亚湾核电站 1 号机组开始装载核燃料，并定于年内启动运转	当时我国最大的核电站

　　解放初期，我国自然科学技术人员仅 40 万人，到 20 世纪 80 年代末，已突破 1 000 万人。进入 80 年代以来，我国的国家级重大科学技术成果每年数以千计，仅 1986 年一年，就达近 1.5 万项。

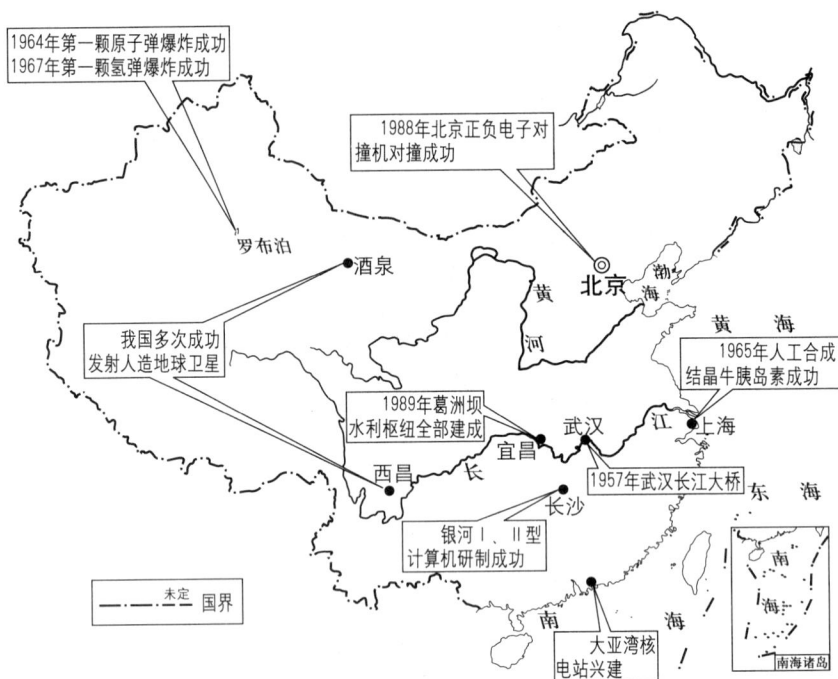

新中国成立以来主要科技成就示意图

新中国的杰出科学家 新中国成立以来，我国涌现了许多成绩卓著的科学家。钱学森、邓稼先、袁隆平等就是他们当中的杰出代表。

钱学森（1911—2009），浙江杭州人，青年时期毕业于上海交通大学，后到美国留学。他勤奋学习，获博士学位，被聘为空气动力学教授，成为美国一流的火箭专家。新中国成立后，钱学森冲破美国当局的阻挠，回到祖国。他先后组织和领导了我国火箭、导弹、人造卫星的研制和实验，为我国航天事业作出巨大贡献。

邓稼先（1924—1986），出生在军阀混战时期。新中国成立时，他正好在美国以优异成绩取得了博士学位，很快回到祖国。1958年，邓稼先受命研制原子弹。从此，他一直奋战在中国西部荒漠中的核基地。1964年，他指挥我国第一颗原子弹实验爆炸成功。"文化大革命"初期，基地实验人员分成两派，邓稼先力促两派联合，并于1967年成功地进行了第一颗氢弹的实验。此后他又领导了地下核实验。邓稼先结婚30年，但与妻子真正在一起的时间不足3年，他把毕生精力都投入到我国的核实验工作，被誉为"两弹元勋"。1986年，邓稼先患癌症逝世。直到这时，为中国核武器默默耕耘近30年的邓稼先才为世人所知。

水稻专家袁隆平，20世纪50年代大学毕业后，一直奋战在农业科研战线上。他从 60 年代起进行水稻良种的培育，经过多次杂交、近十年的筛选，70 年代在世界上首次育成籼型杂交水稻。这个新品种，单产可达 650 千克以上，比普通品种增产 20％～30％，在国内已大面积推广。这个新品种还被美国引进，产量超过美国的优良品种。据统计，90 年代初，世界水稻种植面积有 10％以上引种了袁

袁隆平在田间观察水稻

隆平培育成功的籼型杂交水稻。由于成就突出，袁隆平获得了新中国成立以来第一个特等发明奖。

人民教育事业的发展　新中国成立后，党和政府接管了国民党统治区的旧学校，收回了被帝国主义者侵占的部分教育主权，建立起人民的教育事业。

经过努力，人民教育事业取得巨大成就，培养了大批人才。党和政府制定了社会主义的教育方针，基础教育迅速发展。1983 年，邓小平提出教育要面向现代化，面向世界，面向未来，为我国教育事业的发展指明了方向。80 年代中期，《中华人民共和国义务教育法》颁布，我国的基础教育发展到一个新的阶段。

新中国成立以来我国教育发展情况

时间	初等教育			中等教育①		高等教育		15 岁以上人口识字率
	学校数	在校生数	学龄儿童入学率	学校数	在校生数	学校数	在校生数	
1949 年	34 万	2 400 万	20％	5 219	127 万	205	11.7 万	20％
1990 年	76.6 万	1.2 亿	97.44％	10.5 万	5 239 万	1 075	206 万	80％以上

新中国的高等教育为国家培养了大批各种专业人才②。各大学集教学和科

---

①　包括普通中等学校、中等师范学校、中等专业学校、中等职业技术学校。

②　到 1990 年，共培养博士 6 800 名，硕士 17.8 万名，各种专业人才 760 多万人。

研工作于一身，取得很大成绩，如在超导实验、电脑研究等方面，都走在社会的前列。

20 世纪 80 年代以后，为适应经济建设的需要，国家调整了中等教育结构，中等职业技术学校有了很大发展。各类中等职业技术学校培养出来的学生，深受社会的欢迎。

新中国的少数民族教育也有飞速的发展，全国建立了十多所高等民族院校。在少数民族聚居区，普遍建立了中学和小学，一些偏远村寨也不例外。

1958 年西藏大学成立

史学研究的新成果　新中国的成立，为马克思主义史学的发展开拓了新的道路，广大史学工作者以马克思主义唯物史观为指导思想，对许多问题展开研讨，在史学研究方面作出了很大成绩。范文澜重新修订的《中国通史》，郭沫若主编的《中国史稿》，翦伯赞主编的《中国史纲要》，侯外庐主编的《中国思想通史》等，都是新中国马克思主义史学著作的代表，有较高的学术水平。

史学研究取得丰硕的成果，与考古学的成就有密切的关系。元谋人化石的发掘，把我国原始社会的历史又提前到距今一百七十多万年以前；半坡、大汶口、河姆渡等氏族时代文物的发掘，为史学研究提供了丰富、确凿的史料；湖北随州曾侯乙墓出土的编钟、陕西临潼出土的秦始皇陵兵马俑等，更向世人展示了中华民族悠久的文明。

第二节　文学艺术和体育卫生事业的繁荣

文学艺术的繁荣　新中国诞生以后，文学艺术沿着社会主义的方向发展。讴歌中国共产党领导的人民革命斗争和社会主义风貌，成为这一时期文学艺术创作的主旋律。改革开放以来，文学艺术事业更加欣欣向荣。

长篇小说的第一次大丰收，是在 20 世纪 50 年代后期。这期间出现了一大批在现代小说史上占有重要地位的作品。

20 世纪 50 年代后期的著名小说及其作者

书名	《红旗谱》	《红日》	《青春之歌》	《创业史》	《红岩》
作者	梁 斌	吴 强	杨 沫	柳 青	罗广斌 杨益言

粉碎"四人帮"后，文学创作再次出现生机，数量大增，题材也更加广泛。进入 80 年代，我国设立了茅盾文学奖，一大批优秀作品获奖，推动了文学创作的发展。

散文在反映社会主义日新月异的发展上，发挥着巨大的作用，优秀散文家有杨朔、刘白羽等。报告文学有较大的发展，魏巍的《谁是最可爱的人》，是新中国成立初期很有影响的作品。

《红日》《红岩》《红旗谱》封面

新中国的诗歌创作以歌颂社会主义的题材为主。新中国成立初期何其芳的《我们最伟大的节日》就是其中的代表作。反映社会主义建设时代特色的作品中，贺敬之的《雷锋之歌》、郭小川的《将军三部曲》比较有名。粉碎"四人帮"后，诗歌创作进入历史性转折的新时期。艾青的诗集《归来的歌》留下了历史转折时期的烙印。

新中国成立以来的话剧创作，有了新的表现主题。老舍的《龙须沟》表现了新社会劳动人民生活的巨大变化。这时期还创作了许多历史剧，如田汉的《关汉卿》《文成公主》等就很受观众欢迎。70 年代末以后，话剧创作有了新的成果，《报春花》《丹心谱》等剧，揭示了一些深刻的社会问题，引起观众的共鸣。

解放以前，相声、弹词、评书等民间曲艺，只能出入于茶馆酒肆，或者到庙会去摆地摊，没有人看得起。解放以后，党和人民把民间曲艺作为大众艺术

的一个重要组成部分。曲艺演员发挥曲艺艺术短小灵活的特点，及时创作出大批反映现实的优秀作品，出现了侯宝林这样著名的相声大师。

我国的杂技艺术在解放后成就显著。杂技艺术家大胆创新，把惊、险、美完美地结合起来，创作出很多令人叫绝的节目，如《舞狮子》《钻地圈》等。在国际大赛中，中国杂技多次获奖。中国成为公认的杂技大国。

影视艺术是文化事业的重要组成部分。到90年代初，新中国拍摄的故事影片达两千多部，在国际上多次获奖。电视在中国虽然起步较晚，但在文化事业中是发展最快的。如今，从椰岛天涯到冰雪北国，从世界屋脊到东海之滨，人们足不出户，就可以通过电视了解到天下大事。

新中国第一部故事片《桥》，叙述了东北铁路工厂的工人为支援解放战争，修复一座铁路桥的故事；新中国第一部在国际上获奖的影片，是根据八位抗日女英雄投江故事创作的《中华女儿》；第一个在国际上获奖的演员，是电影《赵一曼》的演员石联星。改革开放以来，我国在国际上获奖的影片不断增加。

电影《李双双》剧照

新中国成立以来，书法、绘画、音乐、舞蹈等艺术，随着人民文化素质的不断提高，越来越为人民所喜爱。新中国建立了不少美术学院、音乐学院、舞蹈学院，培养出大批专门人才；组建了交响乐团、歌剧团、芭蕾舞团，经常演出，丰富了人民生活。具有中国民族特色的歌剧《洪湖赤卫队》、芭蕾舞剧《红色娘子军》、民族舞剧《丝路花雨》等，深受观众欢迎。

向体育强国迈进 旧中国贫穷落后，体育事业得不到发展，体育运动水平极低。外国人讥讽中国人是"东亚病夫"。

新中国建立以后，党中央提出"发展体育运动，增强人民体质"的方针。在这一方针指引下，群众体育活动蓬勃开展，学校体育工作不断加强。在此基础上，我国竞技体育水平不断提高。20世纪50年代后期以来，从举重运动员陈镜开开始，中国运动员在国际比赛中不断打破世界纪录，经常获得国际比赛冠军。

为增进学生体质，新中国制定了几套体育锻炼标准，到80年代末，达到体育锻炼标准的人数已超过四亿人次。据 1985 年调查，在 10 年当中，我国 7 至 18 岁的男学生平均身高增长了 3—4 厘米，体重增加 2—3 千克；女学生平均身高增长 2.5 厘米左右，体重增加近两千克。这说明我国学生的体质在逐渐提高。我国还建立了各级业余体育学校和一些行业体育协会，培养了大批体育后备人才。正是有了如此坚实而广泛的基础，我国的体育成绩才会不断提高，才会不断涌现出扬名世界体坛的众多明星。

1990 年，我国成功地主办了第十一届亚洲运动会。这是会徽和吉祥物熊猫“盼盼”

我国乒乓球运动员，从 1959 年到 1989 年，30 年中共获得团体和单项世界冠军 66 个，其中 1981 年包揽了世界锦标赛全部 7 项金牌。多年来，我国这项运动一直处于世界一流水平。我国的举重、跳水、体操、羽毛球等运动项目，也居世界先进水平。我国的女子排球队，从 1981 年起，连续五次取得世界性比赛的冠军，创下世界排球史上空前的“五连冠”的优异成绩。

步入 80 年代，我国的体育运动水平迅速提高。从 1982 年起，中国选手在亚运会上荣居亚洲体坛首位。从 1984 年起，中国派体育代表团参加了多届奥林匹克运动会，取得很好的成绩。2008 年，北京成功举办了第二十九届奥运会。

医疗卫生保健事业的发展　在旧中国，医疗卫生事业相当落后，卫生机构和医务人员奇缺，医疗设备简陋，医院集中在少数大中城市。广大农村缺医少药，疾病流行，加之天灾兵祸肆虐，全国人口平均寿命只有 35 岁。

新中国诞生以后，人民政府贯彻以预防为主的方针，大力开展疾病防治工作。经过几十年的努力，我国的医疗卫生保健事业有了很大发展，医疗保健网遍及城乡；一些农村医院，也有了 X 光机、B 超机等医疗设备；恶性传染病已基本上被消灭。我国人民的体质和健康水平大幅度提高，人口平均寿命已达 70 岁以上，远远超过一般发展中国家。

我国医疗卫生事业的发展情况

年代	卫生机构	医务人员	病床
1949 年	3000 个	不足 20 万人	8 万张
1984 年	20 万个	400 多万人	200 多万张

曾对人民危害很大的恶性传染病如天花、伤寒等，在 20 世纪五六十年代已基本消灭。江南地区曾使整个村庄被毁灭的血吸虫病，也取得很好的防治效果。云贵高原上"瘴疠之地"① 的疟疾，得到了较好的控制。克山病、大骨节病、甲状腺肿大等地方病的发病率大大降低。

中医、西医都得到很快的发展。人民政府提倡中西医结合治疗疑难症，使这种独具中国特色的综合性治疗方法得以推广。少数民族的传统医疗技术，如藏医、蒙医，也得到发扬。

中西医结合利用针刺麻醉实施大手术，技术达到世界先进水平。中西医结合治疗大面积烧伤和骨折，也都取得很好的效果。一些著名中药店，如北京同仁堂、天津达仁堂、杭州的胡庆余堂，还采用了中药西制的方法，既提高了药性，又方便了患者。

随着医疗卫生事业的发展，新中国涌现了不少贡献突出的名医，如老中医施今墨、妇产科专家林巧稚、泌尿外科专家吴阶平等。

---

① 瘴疠，指山林湿热地区流行的恶性疟疾等疾病。云贵高原地处亚热带，人烟稀少，山林密布，滋生大量蚊虫，是中国疟疾多发区，故称"瘴疠之地"。